法学者たちと出版

出口雄一＝小石川裕介◉編

戦後日本法学の
知的プラットフォームをたどる

弘文堂

はしがき

法学という学問分野の「作法」が他の学問分野と異なっているのではないか、という問いは、本書の編者双方が基礎法学というある種「外部」の視点を備えていることによるのではなく、むしろ、実定法学に正面から従事する当事者にこそ認識されるものなのではないだろうか。言うまでもなくこの問いは、「パンのための学問」というシラーの著名な批判とともに立ち現れる、「法学はそもそも学問なのか」という古典的な問いへと遡る。

実定法学の研究は、立法と判例を睨みながら行われる法解釈のあり方を深く検討することを通じて、社会に埋め込まれた法システムという回路が持つ意味について考えることに繋がる。このことはしかし、法学という「学知」が法的安定性を確保するためにも求められるという「実学」性を経由して、法律家や公務員として法を通じてその回路に参与することを志す人々が備えるべき前提をなす、という構造に回収され、「試験」という市場を形成する——今日専門出版はいずこも厳しい状況に置かれているが、近代国民国家における法律出版には一定程度のニーズが見込まれるのである。かくして法学研究者は、教育者としても法律出版に関わることになる。

一方で、法学研究者には折に触れて、その「学知」を社会的な価値として広く発信することも求められる。とりわけ、憲法秩序のような社会の基幹的価値が揺らぐ時期には、「実学」を超えた理念の発露を——出版を通じて——行うことが法学研究者に仮託されることは稀ではない。そして、そのような出版の場においてはしばしば、その広がりを確保するという要請から、「学知」の専門性が捨象されざるをえないという構造が含みこまれている。この点で、上述の「実学」性とは別のベクトルから、法学のあり方はゆらぎを与えられることになる。

一体、このような複雑な、ある意味では矛盾に満ちた出版という「プラットフォーム」が、法学という「学知」のあり方にどのように影響しているのか。本書はこのような問いに導かれて、主として歴史的な観点からその構造の一端を明らかにすることを試みた。本書の試みを端緒として、法学を取り巻く環境の多角的な検討が進められるようになるならば、編者としてはこれ以上の喜びはない。

もとより先行研究の乏しい領域であり、積み残した課題も多いが、法律出版の当事者としての素朴な疑問をまず編者にぶつけ、執筆者との討議を粘り強く重ねながら本書の完成にまで導いてくださったのは、弘文堂第一編集部の登健太郎氏である。ここに記して感謝を申し上げたい。

二〇二四年一一月

出口　雄一
小石川裕介

目次

はしがき　i

序章　「知的プラットフォーム」としての法律出版　出口雄一・小石川裕介　1

Ⅰ　学術出版のなかの法律出版――他の学問分野との比較　1

Ⅱ　近代日本の法律出版――弘文堂小史　4

Ⅲ　法律出版のマッピング――書籍と雑誌　9

第一章　「講座」の系譜――「岩波講座」を中心に　出口雄一　17

Ⅰ　はじめに　17

Ⅱ　法学領域における「講座」――戦前と戦後の「科学」　18

Ⅲ　『岩波講座　現代法』（一九六五～六六年）　24

Ⅳ　『岩波講座　基本法学』（一九八三～八四年）　32

Ⅴ　おわりに　39

Column❶ 明治前期の法律出版――『明治時代法律書解題』を踏まえて　山口亮介　58
Ⅰ 新令への適応をめぐる通俗的刊行物（58）／Ⅱ 法律学校の機関雑誌と出版条例（62）

第二章 「法学全集」につどう人びと――「実学」としての法学　荒邦啓介　71
Ⅰ はじめに――三つの「法学全集」　71
Ⅱ 『現代法学全集』　74
Ⅲ 『新法学全集』　83
Ⅳ 『法律学全集』　91
Ⅴ おわりに――「法学全集」の「実学」的側面　96

Column❷ 刑事法領域の専門雑誌出版
――『大日本監獄協会雑誌』と『警察監獄学会雑誌』　兒玉圭司　105
Ⅰ 『刑政』誌のルーツとなる二つの雑誌（105）／Ⅱ 執筆陣にみる両誌の特徴（106）／Ⅲ 記事の内容にみる両誌の特徴（109）／Ⅳ 『監獄協会雑誌』への統合と、求められる監獄官像の変化（113）

第三章 法律雑誌・法学出版と学問作法――法学と社会科学の交錯を考える　水谷瑛嗣郎　119
Ⅰ イントロダクション　119
Ⅱ メディアとしての法律雑誌　120
Ⅲ 法律雑誌と時評機能　127

Ⅳ 法学の学問作法と社会科学 133
Ⅴ おわりに――法律雑誌と法学の未来図 141

Column❸ 憲法学者の時論――美濃部達吉と宮沢俊義　小野博司 149
Ⅰ 多くの時論を残した憲法学者（149）／Ⅱ 美濃部達吉（150）／Ⅲ 宮沢俊義（152）

第四章 法学メディアと「党派性」――『法律時報』と『ジュリスト』　森元 拓 163
Ⅰ はじめに――法律雑誌とは 163
Ⅱ 『法律時報』の戦前――「法科大学の開放」「法律の社会化」としての雑誌メディア 165
Ⅲ 戦後の『法律時報』――法学界の熱き同人誌 171
Ⅳ 『ジュリスト』――学界と業界とを架橋するクールなメディア 181
Ⅴ おわりに――メディアの「党派性」？ 190

Column❹ 上杉慎吉の多彩な執筆活動について　坂井大輔 203
Ⅰ はじめに（203）／Ⅱ 法学雑誌以外への寄稿の開始（204）／Ⅲ 何を訊かれても答える上杉慎吉（205）／Ⅳ 随筆家・上杉慎吉（207）／Ⅴ 結びに代えて（210）

第五章　受験雑誌にみる高等試験──『受験界』と『国家試験』　小石川裕介　217
Ⅰ　法学と高等試験　217
Ⅱ　高等試験の概要　218
Ⅲ　『受験界』と『国家試験』　221
Ⅳ　受験雑誌にみる高等試験　225
Ⅴ　参考書の変遷　236
Ⅵ　受験雑誌と戦後への接続　249

Column ❺　『法律新聞』素描──近代法の定着と実務家の息吹　水野浩二　260
Ⅰ　『法律新聞』とは（260）／Ⅱ　実務家のメディア（261）／Ⅲ　法実務家の思いと生態（262）／Ⅳ　法学（者）へのまなざし（263）／Ⅴ　法学者の論考（264）／Ⅵ　法政策・法学（者）への影響は？（266）

第六章　戦後日本における憲法学者の「社会的位置」
──論壇誌の登場回数と新聞での規範的語りに注目して　山本昭宏　271
Ⅰ　はじめに──問題意識と方法　271
Ⅱ　戦後民主主義とは何か　274
Ⅲ　論壇誌の機能　277
Ⅳ　分析①　論壇誌への寄稿回数　282
Ⅴ　分析②　世代別の『世界』寄稿数の集計と分析　285
Ⅵ　新聞での論説──補足的事例として　291

Ⅶ　おわりに　301

終　章　法学における出版　小石川裕介・出口雄一　307

Ⅰ　法律出版の現況　307
Ⅱ　法学における「教科書」の使用　310
Ⅲ　法律出版社の役割と編集者　313

序章

「知的プラットフォーム」としての法律出版

出口雄一・小石川裕介

I　学術出版のなかの法律出版——他の学問分野との比較

学問が成立するための背景として「出版」が果たす役割は極めて大きい。東京大学出版会にその設立から勤務し、後に出版学者となった箕輪成男は、マスコミュニケーションの装置としての出版が果たす社会的機能として、報道、意見・言論、教育、娯楽の四つの機能を分類し、このうち広義の教育機能を研究（学術出版、学術コミュニケーション）と教育（教科書出版、児童書出版、宗教書出版、教育コミュニケーション）の二つの機能・四つの出版領域に分けて考えることを提唱する。高等教育機関における「教科書」は学術書の一部として捉えるのが一般的であるということも踏まえると、およそ学問にとって、学術コミュニケーションと連動して「知的プラットフォーム」を形成する学術出版の比重は極めて高い(1)。

学術出版のあり方が、それぞれの学問領域の歴史的な展開過程に応じた帰結として、「知的プラットフォーム」としての様相を異にしているのは極めて自然なことである。まず指摘しなければならないのは、自然科学と人文社会科学の間の差異であろう。一九世紀末から商業出版社が存在していた自然科学領域の学術出版は、一九六〇年代から専門誌の商業化が急速に進み、現在では、各大学図書館が時に非常に高額な購読料を支払うことで経営が維持されるという、人文社会科学とは相当に異質な構造になっている。査読制度およびピアレビュー制度を前提とし、インパクト・ファクターの導入によって英語に標準化された自然科学の「知的プラットフォーム」は、その基準が国家の「科学」政策の基準として採用されることを通じて、人文社会科学の評価基準とは相当の乖離があることを研究者たちに認識させる(2)。

その上で、法学の「知的プラットフォーム」としての日本における法律出版のあり方は、他の人文社会科学の学術出版ともかなり異なる特色を持っていると考えられる。そのキーワードとなるのは「実学」性であるといえよう。まず、公務員試験と関連して現れる「実学」性に関しては、明治国家における法学は高級官吏になるために必要とされる知見として位置づけられており、国家試験を受けようとする若者たちには法律出版に対する継続的な需要が発生していたことを指摘する必要がある〔第五章〔小石川〕を参照：この需要は、大学法学部が国家・地方公務員の給源として重要な役割を果たしている現在においても維持されているといってよい）。このことは、大学出版のあり方とも関係している。一五世紀のオックスフォード大学およびケンブリッジ大学に遡る大学出版は、その後一九世紀後半のアメリカにおいて発展を見せたが、これらの大学出版は、右に述べたように商業出版社が存在し、産業界からの補助も潤沢であった自然科学と異なり、その「学知」の公表が困難であった人文社会科学領域の学術出版に大きな役割を果たした(3)。一方、明治期の日本の大学出版の役割の一つが、特に私立法律学校においては通信教育と連動した講義録の刊行であったことは(4)、大学における「教科書」を中心とする法律出版には、商業出版として成立し得るレベルの需要が存在していたことを示唆する（終章〔小石川＝出口〕も参照）。なお、大学出版が独立組織として再編され、学術書の刊行が本格化したのは戦後になってからのことである(5)。

もう一つの「実学」性は、法律実務との関係である。言うまでもなく、法学は第一義的には裁判所において行われる法解釈のためのものであり、その学知は――法律家になるために不可欠であることはもとより――実務家が担うさまざまな社会的役割に直結している。研究機関としての役割をも担う大学がその「学知」を専門家に対して提供し、また、実務家の側から蓄積された経験がフィードバックされるという「知的プラットフォーム」は、近代国民国家において法を円滑に運用するための不可欠な装置であり、法律出版の特徴である法領域を網羅した「全集」（第二章〔荒邦〕を参照）のような形式で、あるいは、さまざまな機能を有した「実用」を謳う法律雑誌を通じて（第三章〔水谷〕を参照）、法律出版のいわば「本体部分」を支えている。また、実務家たちはその独自の共同体のあり方を、新聞という刊行頻度の高いメディアに依拠した情報交換により強化していた（Column❺〔水野〕を参照）。研究者と実務家が協働する「実学」としての法学出版にも、商業出版として成立しうる市場が存在しているのである。

なお、このような法学の二つの「実学」性は、自然科学や他の社会科学に比して、英語を共通言語とする必然性を失わせるという副次的効果がある。国家において第一義的に必要とされるのはあくまでその国家における実定法である上、明治期以降、もっぱらフランス法およびドイツ法を継受して形成されてきた近代日本法／法学にとって（Column❶〔山口〕を参照）、英語は戦後に入ってきた新しい要素と位置づけられるのである。(6)

Ⅱ　近代日本の法律出版——弘文堂小史

上述のように法律出版には、自然科学や他の人文社会科学とは相当に異なる「知的プラットフォーム」としての特色がある。それでは、日本近代において法律出版を担った出版社にはどのような特色が見られるであろうか。一般化することが困難なところもあるが、この序章においては、本書の刊行元である弘文堂の歴史を辿ることでその一端を明らかにすることを試みる。(7)

弘文堂は、出雲寺文次郎という仏書・仏具店に奉公していた八坂浅次郎によって一八九七（明治三〇）年に京都に古書店として創業されたが、そのきっかけとなったのは、同年に京都帝大が開設されることであったという[8]。日本における法律出版社の嚆矢と位置づけられる有斐閣が、東京大学等にほど近い文京地区である神田一ツ橋に古書肆有史閣として一八七七（明治一〇）年に創業し、その後、私立法律学校等との関係を背景として発展をとげているように[9]、学生街における古書流通の需要は法律出版の重要な背景となっている。有斐閣は明治二〇年代から法律書の出版を行うようになるが[10]、誠文堂新光社の創業者である小川菊松は、明治半ば頃まで法律出版を手掛けていたのは「有斐閣、清水書店、明法堂、八尾新助の四店くらいなもの」であり、「巌松堂は当時古本屋だつたが、神保町の学生街にあつたから、自然法律書に力がかたより、その出版にも手をつけるようになつた」として、「岩波書店や日本評論社が、この分野に乗り出して来たのもその後のことに属」すると述べ、有斐閣を「出版の経歴といい、風格といい、何といっても法律書肆の代表ともいうべき」であると位置づける[11]。

さて、一九一六（大正五）年に「書籍類及雑誌類ノ出版並ニ卸小売」を目的とする合資会社として京都上京区丸太町に本店を置いた弘文堂書房は[12]、翌年に刊行した河上肇の『貧乏物語』がベストセラーとなったことを機に出版社としての地位を確立する[13]。これに先立って一九一三（大正二）年にやはり古書店として創業した岩波書店が翌年に夏目漱石の『こゝろ』を刊行、その著作集を手掛けることでその地位を確立し[14]、やがてこの両社は「東の岩波、西の弘文堂」と称されるようになっていくが[15]、当初はどちらも法律出版を手掛けていなかった。岩波書店が初めて手掛けた法律書は鳩山秀夫『日本債権法総論』（一九一六年）であったが、これは同社の創業者岩波茂雄と鳩山が一高時代に同級であったという誼によるものであり、その後の東京帝大関係者の著作出版に繋がっていった。[16] 一方の弘文堂は、一九一六（大正五）年から司法試験参考書のシリーズを刊行していたが、[17] 河上肇の義弟であった末川博が京都帝大法科大学のスタッフとなったことが、法律関係への進出の足がかりになったようである。[18] 末川は八坂浅次郎について「学歴はなかったようだが、実に人を見る明〔ママ〕は鋭くてその眼識には驚くべきものがあるとともに、ねばり強い士〔ママ〕根性をもち、しかもいんぎん丁寧で人をそらさない商人道に徹していたといってよい人物であったように思う」と回顧している。[19] 一九三五（昭和一〇）年に『民商法雑誌』が弘文堂から発行された際、末川は竹田省と共に「地方雑誌に堕さしめないように」と尽力を惜しまなかった。[20]

関東大震災による出版物配給の混乱を打開するため、弘文堂書房は一九二四（大正一三）年に千代田区淡路町に東京店を設置し、追って合名会社への組織変更が行われた。[21] この頃、東京帝大法学部政治学科を卒業した八坂浅次郎の息子の浅太郎が編集に参加して京都と東京を往復しながら著者回りを行い、東京帝大法学部関係者による出版物も増えていった。[22] 戦後になって弘文堂から「法律学講座」の一冊として『会社法』を刊行した鈴木竹雄は、その出版に至る経緯を次のように回顧している。

弘文堂の当時の社長は八坂浅太郎という人だったのですが、私がまだ助教授の頃、本店の京都からときどき研究室に訪ねてきて、本を書いてくれぬかと頼みがあったんですが、私は当時、書物を書くなんてことは夢さらさら考えていませんでしたし、かりに出すとしても岩波か有斐閣あたりから出そうと思っていたので、そのときはもちろんいい返事をしなかったのです。ところが、私が留学をするとき、前にもお話〔ママ〕したように、横浜で乗った船が神戸に停泊することになっていたので、八坂氏がその停泊中に京都を案内したいから是非一日あけてくれということをいってきた。……そういう一宿一飯の恩義があったわけですが、戦後になって弘文堂が東京に移ってきて、間もなく八坂氏から田中二郎君と私とに特に懇請があったのです。田中君も同じような義理合いがあったのかどうか知りませんが、何とかしてやろうということになりました。当時われわれは四〇を出たばかりだったので、いわば青年将校が編集をして講座を出すなんていうことは、先輩の先生方からは生意気に思われたかもしれませんが、兼子〔一〕、石井〔照久〕の両君を語らって、それが「法律学講座」という企画になったのです。[23]

一九二八〔昭和三〕年に入社した久保井理津男をはじめ、西谷能雄や酒井明といったスタッフが入社したこともあって、弘文堂は総合出版社として本格的に発展していく。[24] 一九四〇〔昭和一五〕年に本社を東京へ移転してからも、京都学派に連なる高坂正顕・西谷啓治・高山岩男・鈴木成高らがブレーンとなって京都弘文堂に出入りし、「西哲叢書」「教養文庫」等の出版が実現した。しかし、戦後になると、京都学派の関係者に加えて八坂浅太郎にも公職追放のおそれが浮上、さらに、八坂浅太郎の会社利益の独占に加えて女性問題が深刻化し、弘文堂の経営は混乱する。[25]京都では追放を免れた鈴木成高が編集に参与して実現させた「アテネ文庫」が好評を持って迎えられ、[26]「社会科学講座」の企画も主として西谷能雄が担当して進められたが、[27]東京での企画であった「法律学講座」「新経済学叢書」については久保井理津男が社内調整に忙殺され、「緊密に著者と連絡を保ちながら温存することにつとめざるを得なかった」という。[28]

結局、経営の混乱を収拾するために弘文堂は体制の刷新を決定し、久保井理津男を代表取締役、関根敏・西谷能雄・酒井明を取締役とし、全社員を株主とする株式会社弘文堂が一九四八（昭和二三）年に発足した（弘文堂書房も形式としては存続）。しかし、一九五〇（昭和二五）年一〇月の株主総会で八坂浅太郎を含む旧体制派が取締役に選任され、久保井・西谷は取締役会の推薦により選任という結果となったため、両者は一九五一（昭和二六）年一〇月末日をもって退社し、久保井は創文社を立ち上げることになる。[29]「アテネ文庫」に木下順二『夕鶴』を収めるという自らの主張をめぐって早々に退社の意思を固め、未來社を立ち上げることになる西谷は「二十五年から二十六年にかけての弘文堂は一篇のドラマにもなりうる程のものである。権力欲と物欲の人間世界の醜い縮図、人間の相互不信がかもし出す一幅の絵巻は、トロツキーの『ロシア革命史』をまさに地でゆくようなドラマチックなものであった」と記している。[30]

以上、一九五〇年代までの弘文堂の歴史を辿ってきたが、[31]その後経営不振に陥り倒産した後一九六六（昭和四一）年に株式会社弘文堂新社として改組し、一九六八（昭和四三）年に株式会社弘文堂に商号変更してからの弘文堂は、法律出版を中心とする学術出版社として堅実な発展を遂げている。[32]その歩みから法律出版を手掛ける出版社の特徴として指摘できるのは、執筆者としての大学教員、および、購買層としての学生の双方の観点からの大学との繋がりのもつ意味の大きさと、大学教員との人間関係の継続性から、一族経営になる蓋然性が高いことの二点であると考えられる。さらに、実務における人間関係と編集ノウハウの蓄積により、独立を果たす出版人が出ることがあるということも導かれそうである。

Ⅲ 法律出版のマッピング——書籍と雑誌

Ⅰで述べたように、自然科学領域の学術出版は専門誌が提供するオンライン購読サービス、および、近時は、著者が費用を負担して行われるオープンアクセス化により、インターネットベースへと移行している。[33]人文社会科学領域においてもオンライン化は進みつつあるが、[34]自然科学に比べると図書館が果たす役割は現在でも圧倒的に大きい。そこで、大学図書館における配架をイメージしつつ、書籍と雑誌に分けて法律出版の特色を挙げてみよう。

書籍については、大学図書館をはじめとする多くの図書館がＮＤＣ（日本十進分類法）を採用しており、法律は第1次区分の3類「社会科学」、第2次区分の32「法律」に分類される。[35]最新の新訂一〇版（二〇一四年）の第3次区分では、基本六法を基準として法学（３２１）、法制史（３２

2）、憲法（323）、民法、民事法（324）、商法、商事法（325）、刑法、刑事法（326）、司法、訴訟手続法（327）、諸法（328）、国際法（329）となっており、さらに法領域に応じた細目表（たとえば、行政救済（323・96））が設定されている。[36]

法律出版としての書籍はこの細目表に従い、著者・編者名のアルファベット順で配架されるが、その態様に応じて、①単行書、②全集・選集、③叢書・双書・講座、④加除式図書に分けることができる。[37]

①単行書については、一人がその全てを執筆している場合と、複数人が執筆している場合があるが、用途に応じて、（a）当該領域において論点となりうるテーマを論じた研究書（単独執筆のモノグラフのほか、特定のテーマを掲げて共同研究がなされる場合も多い）、（b）特定の法領域の全体像や論点について記述した概説書・体系書（大学における教育を念頭に置くならば概説書、実務においても用いられることを想定するならば体系書と位置づけられる傾向があるが、両者の境界は明瞭ではない）[38]、（c）大学の講義において用いられる教科書、[39]（d）研究者のほか法務経験者などが手掛ける実務書等（法令の逐条解釈を行うコンメンタールもここに含めてよいであろう）等が挙げられる。

②特定の分野やテーマ、個人等の論文を編集した全集・選集には、特定の法学者の著作集・論文集等が該当する。ただし、既発表論文をまとめた論文集がモノグラフとして刊行されることも多く、単行書との内容的な境界は明瞭でない。

③特定の、または関連するテーマの下でシリーズとして継続的に刊行される叢書・双書・講座

等には、（a）法領域の網羅性を念頭に置いて、法学研究はもとより「実学」性にも目を配って「全集」の名を関したもの（第二章〔荒邦〕を参照）、（b）上記の単行書としての体系書を集積する形でシリーズ化し、法領域全体に目配りした叢書・双書、（c）特定の問題意識に基づいた共同研究を前提して全体の統一性・一体性を志向する傾向のある「講座」（第一章〔出口〕を参照）等が含まれる。

④法令集や判例集において見られる加除式図書は、法律出版の特色を表す出版物であり、図書館のかなりの棚を占めていたが、現在はその機能はほとんどデータベースに置き換わっており、図書配架を取りやめる図書館も出てきている。

雑誌については、特に法領域による分類はなされずに誌名のアルファベット順で配架されるが、やはり態様に応じて、①研究報告誌・学会誌、②大学や研究機関の紀要、③法律雑誌、④最高裁判所・国会・国の行政機関や地方公共団体による雑誌、⑤その他の雑誌に分けることができる。[40]

①学会が定期的に刊行する学会誌や研究報告誌は、各学会のシンポジウム記録などが掲載されるほか、本数は限られるものの、会員からの投稿を掲載する査読誌としての役割も果たしており、その刊行は有斐閣をはじめとする法律出版社が請け負うことが多い。なお、日本における法学系学会は一部の例外を除いて戦後に設立されたものであり、[41]学会誌の歴史も基本的には戦前には遡らない。学会は法領域の専門性に応じて細分化される傾向にあり、それに応じて学会誌の数

も増加している（学会誌を書籍扱いとする学会もある）。

②法学部を有する大学や法学関係の研究機関が刊行する紀要は、右のように学会誌における論文公表の機会が限られ、かつ、次に述べる法律雑誌は刊行頻度との関係から分量の多い論文の掲載には向かないため、法学領域においては、自然科学はもとより他の人文社会科学領域よりも学問的ウェイトが高い。大学および私立法律学校の成立とともに刊行されていることも多いことから、歴史的にも重要な媒体である。(42)

③書店で購入することのできる法律雑誌の数が豊富なことは、法律出版が他の領域と異なる顕著な特色である。学問領域ごとの専門誌も存在し、「実学」との結びつきの強い内容を持つほか、学部生向け・法科大学院生向け・実務家向けといったさまざまなニーズに応えた誌面づくりを行う雑誌も多く、出版社による個性が現れる（第四章〔森元〕を参照）。

④国家機関や地方公共団体による雑誌には、専門性が高いものも存在し（Column ❷〔兒玉〕を参照）、一般書店においては流通しない場合もあり、大学図書館においても部分的な収蔵に限られることもある。

⑤法学者が叙述の場とするのは法律出版に限られるわけではなく、一般誌や新聞などの多様な媒体で発信が行われている（Column ❸〔小野〕、Column ❹〔坂井〕を参照）。とりわけ戦後の言論空間においては、法学者が論壇誌に寄稿することで、出版の意見・言論機能に積極的に参与していた（第六章〔山本〕を参照）。

この序章においては、弘文堂の歴史を事例研究として、他の学問領域における学術出版との比較、および、書籍と雑誌に見られる法律出版のあり方の摘示を通じて、法律出版の特色について本書の構成と結びつけながら概観することを試みた。各章およびコラムにおける検討が相互に乗り入れられている場合もあるので、詳しくは本文を参照されたい。

序章注

（1）箕輪成男『出版学序説』（日本エディタースクール出版部、一九九七年）一六二頁以下。

（2）詳しくは、有田正規『学術出版の来た道』（岩波書店、二〇二一年）を参照。この乖離は、科学研究費の採択基準や大学内の待遇の査定基準などの形で、人文社会科学の研究者に影響することが多い。

（3）箕輪成男『歴史としての出版』（弓立社、一九八三年）一二六頁以下。

（4）早稲田大学出版部（編）『早稲田大学出版部一〇〇年小史』（早稲田大学出版部、一九八六年）一三頁以下、江橋崇「中央法学会—日本最初の法学通信教育」法政大学 大学史資料委員会（編）『法律学の夜明けと法政大学』（法政大学出版局、一九九三年）一五七頁以下、村上一博「明治法律学校における講義科目・担当者の変遷と講義録の発行」同（編）『日本近代法学の揺籃と明治法律学校』（日本経済評論社、二〇〇七年）一〇頁以下等。

（5）大学出版部協会事務局（編）『大学出版部協会三〇年の歩み』（大学出版部協会、一九九三年）三頁以下。

（6）この点は、ドイツ法・フランス法由来の日本の法律用語を英語に翻訳することの難しさにもつながっている（古田裕清『源流からたどる翻訳法令用語の来歴』（中央大学出版部、二〇一五年））。

（7）弘文堂は正式な社史を刊行していないが、後述する事情で弘文堂を離れて創文社を設立した久保井理津男が「個人史」の形で在籍時の歴史を振り返っている（『一出版人が歩いた道』（創文社、二〇〇二年））。

（8）脇村義太郎「『貧乏物語』前後」『脇村義太郎著作集（5）』（日本経営史研究所、一九八一年）二四八頁以下。

(9) 矢作勝美(編)『有斐閣百年史』(有斐閣、一九八〇年)一六頁以下。

(10) 矢作(編)・前掲注(9)五九頁以下。

(11) 小川菊松『出版興亡五十年』(誠文堂新光社、一九五三年)一五四頁以下。小川が挙げる書店のうち八尾新助は明治法律学校の機関誌『明法雑誌』の主筆を務めた後書店を開業(明治大学百年史編纂委員会編『明治大学百年史(3)通史編(1)』(明治大学、一九九二年)四五三頁)、有斐閣と合版関係にあった鈴木敬親が開業した明法堂も(矢作(編)・前掲注(9)一〇七頁以下)「明治法律学校用達書肆」であった(鈴木敬親『明法堂出版販売書籍目録』(政治学講習会、一八九〇年)二頁)。葉多野佐兵衛が一八八九(明治二二)年に開業した清水書店に関しては、吉原丈司「須原鉄二と清水書店創業者葉多野太兵衛について―明治・大正期出版業史の一齣」『法史学研究会会報』二〇号(二〇一六年)九〇頁以下を参照。波多野重太郎が一九〇一(明治三四)年に開業した巌松堂については、波多野勤子(編)『追憶―巌松堂書店主　波多野重太郎』(巌松堂東京本社、一九七八年)を参照。

(12) 官報大正五年一二月四日。代表社員は瀧本秀三郎であり、八坂浅次郎は津田八郎兵衛と共に社員となっている。一九一八(大正七)年には「合資会社弘文堂書房出版部」と商号を変更、翌年に八坂浅次郎個人経営に戻している(京都書肆変遷史編纂委員会(編)『京都書肆変遷史　江戸時代~昭和二十年』(京都府書店商業組合、一九九四年)一四六頁)。

(13) 『貧乏物語』は三〇刷を重ね、脇村義太郎は「当時の書物は普通一版は五〇〇部」であり「一万五千部刷って売り切れとなったのでありましょう」と述べている(脇村・前掲注(8)二六五頁)。これに対して久保井理津男は、その後の印刷工場や居宅の拡大の実績から考え「どんなに少なく見ても三〇万部、或いは五〇万部いやそれ以上であったかもしれない」と推定している(久保井・前掲注(7)一二頁)。

(14) 紅野謙介『物語　岩波書店百年史(1)「教養」の誕生』(岩波書店、二〇一三年)一〇三頁以下。

(15) この通称の初出は確認できないが、久保井や後述の西村能雄等、後に弘文堂を離れた出版人が用いることが多いようである。

(16) 安倍能成『岩波茂雄伝　新装版』(岩波書店、二〇一二年)一二六頁。

(17) 久保井・前掲注(7)一九頁以下。
(18) 脇村・前掲注(8)二七一頁。
(19) 末川博「河上肇『社会問題研究』の復刻にあたって」同『末川博随筆集　七〇年代の流れにそうて』(栗田出版会、一九七五年)二六九頁。
(20) 谷口知平「末川先生と民商法雑誌・民事法研究会」『追悼末川博』(有斐閣、一九七九年)二九二頁。
(21) 久保井・前掲注(7)二二頁。官報昭和四年七月二三日。
(22) 同前二二頁以下。
(23) 鈴木竹雄『商法とともに歩む』(商事法務研究会、一九七七年)二三六頁以下。
(24) 久保井・前掲注(7)三二頁以下、西谷能雄「務台理作先生の人と思想」信濃教育一一四一号(一九八一年)五六頁。
(25) 同前四一頁以下。合名会社弘文堂書房は一九三八(昭和一三)年に京都市左京区田中西浦に移転しており、追って京都営業部は閉鎖された(京都書肆変遷史編纂委員会(編)・前掲注(12)一四六頁)。
(26) 清水康次「「アテネ文庫」の研究(1)~(2)」京都光華女子大学研究紀要四四~四五号(二〇〇六~〇七年)を参照。
(27) 「〈座談会〉未来社の一五年・その歴史と課題」松本昌次(編)『西谷能雄　本は志にあり―頑迷固陋の全身出版人』(日本経済評論社、二〇〇九年)七二頁以下〔初出一九六七年〕。
(28) 久保井・前掲注(7)七八頁以下。
(29) 同前八〇頁以下。しばらく後に酒井明も弘文堂を退社し、酒井書店を立ち上げている。なお、戦前に『刑事訴訟法綱要』を弘文堂書房から出版していた團藤重光は、高円寺の自宅が戦災で焼失した後しばらく東京帝大の研究室に起居していたが、その後久保井の世話で一時弘文堂の二階応接室に夫妻で間借りしていた時期がある。團藤の『新刑事訴訟法綱要』の初版は弘文堂書房、三訂版は株式会社弘文堂から、四訂版以降は創文社から刊行されている(團藤重光『わが心の旅路』(有斐閣、一九八六年)一三五頁以下)。
(30) 西谷能雄「木下順二著『夕鶴』」松本(編)・前掲注(27)二二三頁〔初出一九六六年〕。
(31) なお、八坂浅太郎に代わって渡辺昭男が社長に就任するに先立って、新社屋建築をめぐるトラブルから、中曽根康弘・児玉誉士夫らが株主となった時期がある（大下英治『黒幕　昭和闇の支配者（1）』（大和書房、二〇〇六年）二二九頁以下）。

(32) 倒産に際して別途株式会社弘文堂書房が設立されたが、同社はミネルヴァ書房との間でフクロウの図形の使用をめぐる訴訟を行い、敗訴している（大家重夫「弘文堂書房対ミネルヴァ書房仮処分決定抗告事件」著作権判例研究会（編）『最新著作権関係判例集』（ぎょうせい、一九七八年）九三一頁以下）。

(33) 有田・前掲注（2）八九頁以下。

(34) 長谷川一『出版と知のメディア論　―エディターシップの歴史と再生』（みすず書房、二〇〇三年）を参照。

(35) なお、図書分類が構想された西洋において十進分類とは別に構想された「展開分類法」や、日本において帝国図書館において用いられた「八門分類法」では、法律は社会科学の下位分類としては位置づけられていない（藤倉恵一『日本十進分類法の成立と展開―日本の「標準」への道程　1928―1949』（樹村房、二〇一八年）一六頁以下。

(36) 蟹瀬智弘『NDCへの招待―図書分類の技術と実践』（樹村房、二〇一五年）一〇一頁以下。

(37) いしかわまりこ＝藤井康子＝村井のり子『リーガル・リサーチ〔第五版〕』（日本評論社、二〇一六年）一一頁以下。以下の分類は同書を参考としつつ、一部改変している。

(38) 荒木尚志「概説書と体系書の間―『労働法』を刊行して」書斎の窓五九〇号（二〇〇九年）一八頁以下。

(39) 日本の大学教科書の問題点については、箕輪・前掲注（3）一七〇頁以下を参照。

(40) いしかわほか・前掲・注（37）一二頁以下。以下の分類は同書を参考としつつ、一部改変している。

(41) 国際法学会が一八九七（明治三〇）年に設立されているほか、戦時中には日本経済法学会が存在している。

(42) たとえば、『法学協会雑誌』が東京大学の「法学協会」から刊行されたのは一八八四（明治一七）年である（『東京大学百年史　部局史（1）』（東京大学、一九八六年）三五頁以下）。

第一章

「講座」の系譜――「岩波講座」を中心に

出口雄一

I　はじめに

法学の知的プラットフォームとしての出版の特色について考えるにあたって、他の人文社会科学領域と際立って異なる特色をなすのは、単行書が集積された〝シリーズもの〟の多さではないだろうか。その「実学」としてのあり方を直接に反映する法令集・判例集や、膨大な条文を備えた法典に対応して学界の総力を動員して編まれる逐条解説書（コンメンタール）はもとより、あらゆる法領域を網羅する「法学全集」（第二章〔荒邦〕を参照）が書棚を埋める様は、法学の学問的な特殊性を示して余りある。

そのような法学系のシリーズものの中には、「全集」のほかに「講座」の名を冠した単行書群が多く見られるが、その内容は実は一様ではない。後述するように、戦後において実定法学／法解釈学が（再）興隆するのと併せて、実学的観点および教育的観点から多くの「講座」が刊行されることになるが、本章で主に取り上げる「講座もの」、すなわち、「多数の執筆者の協力を組織して体系的に問題を整理し、分冊出版するという形式」は、[1]法学系のシリーズものとしての「講座」とは異なる学問領域において確立されたものであり、法学にとって必ずしも自明とはいえない方法論を導入して編まれているものなのである。

本章においては、岩波書店[2]から刊行された「講座もの」を主な題材として、そこに見られる出版形態が法学という「学知」のあり方とどのように関係していたか、別言すれば、社会が法学に対してどのような期待を寄せ、また、法学が社会にどのような発信を行おうとしてきたのかという点を、「戦後日本」という時空間における展開という観点から検討する。

Ⅱ　法学領域における「講座」——戦前と戦後の「科学」

「講座」の名称を持つシリーズものの出版物は大正期頃から散見されるが、帝国大学と密接に連携して「紙上の大学」を目指すという、「講座もの」と一般的に呼ばれる知的営為と出版形式を融合させたあり方は、一九二八（昭和三）年に『岩波講座　世界思潮』を刊行した岩波書店により確立されたとされる。[3] しかし、人文科学・社会科学・自然科学のさまざまな領域で陸続と刊行されていく岩波書店の「講座もの」には、戦前において法学を正面から取り扱ったものは見られない。[4] このことは、出版企画を成立させるための大きな前提条件をなす、書き手たる法学者たちによる大学を横断するようなネットワークが、戦前の法学領域においては構築されていなかったことと無関係ではないであろう。[5] そのような中で、「講座」の名こそ冠してはいないが、「我が国文化諸学者の総力的一致の大合作」として「現役一流の学者八十五氏の心からなる協力を贏ち得たこと、それは正に我が学界空前の慶事」と自負した、[6]『日本国家科学大系』(実業之日本社、[7] 一九四一〜四五年：全一四巻〔未完〕)の責任編集を務めた孫田秀春が、[8] 戦前において例外的に全国規模の法学者(東京帝大を除く)を集めて組織された日本経済法学会の中核的人物の一人であったことは、このことの逆説的な反映といえよう。[9]

しかし、『日本国家科学大系』において「我が肇国の歴史と民族精神とを培土として展望され集大成せられたる」ものの仮託対象とされていた「科学」概念は、[10] 敗戦とともにその意味を大きく変える。治安維持法の廃止により日本共産党が合法化されたこととも相俟って、多くの知識人たちにとっての「科学」は、少なくとも戦後最初期においては、マルクス主義とほぼ等価なものとして取り扱われるようになったのである。[11] このことは、法学のあり方についても少なからぬ影響を及ぼした。すなわち、戦後初期に「戦前の支配的法律学との自覚的断絶」の上で「戦後の日本社会の建設に相応しい法学」の構築を課題とし、日本社会の近代化とともに「法律学の科学化、社会科学としての法律学の形成」を目指した「戦後法学」は、[12] 研究分野としては法社会学、方法としてはマルクス主義をその主な構成要素として出発したのである。[13] 実定法学において全国規模の学会が成立をみるのが一九四八〜四九年であるのに対し、日本法社会学会が一九四七（昭和二二）年にいち早く成立していること、および、マルクス主義法学の母体となる民主主義科学者協会（民科）が一九四六年に成立をみているのは、「戦後法学」に繋がる動きが実定法学の（再）興隆よりも先行して始まっていたことを象徴している。[14]

「経済・政治・社会の諸現象との関連において法現象の構造と機能とを分析するというしごと」は、「かの実用法学に見られるような壮大な組織的しごと」としては試みられたことがない、という認識の下、「従来孤立していた法学が他の社会諸科学と手をたずさえて研究を進め、また相互に他の研究成果を摂取し得るようになること」を「心ひそかに期待」して刊行が開始された『講座　日本近代法発達史』（勁草書房、[15] 一九五八〜六七年〔未完〕）は、戦前から刊行されている「法学全集」を意識し、それと対置可能なものとして構想されたものであり、[16] 少なくとも企画および刊行当初の企図としては、「戦後法学」の圏域にあるものであったといえよう。[17]「資本主義と法の発展」をその副題とすることが明示するように、『講座　日本近代法発達史』が、研究分野としての法社会学に加えて、方法としてのマルクス主義の強い影響下にあったことは、編者の一人であった川島武宜が、このように述べていることからも明らかであろう。すなわち、第一次世界大戦後の社会変動に対応して組織された東京帝大法学部の判例研究会について、川島は「法の解釈ではなくて、裁判所に現実に行われている規範としての社会現象」としての判例研究を「法現象が経済や政治の中でどういう機能を果すかということに対する関心が出てきた」と位置づけ、このような研究が「もっとも大規模にやられた」のが、経済の領域における『日本資本主義発達史講座』（岩波書店、一九三二〜三三年：全七巻）であった、と述べるのである。[18]周知のように、『日本資本主義発達史講座』、および、同「講座」を端緒とする「日本資本主義論争」がその後の社会科学研究に与えた影響は極めて大きなものがあるが、[19]特定の学派による「講座」にはその名を冠しないという方針に基づき、『日本資本主義発達史講座』は「岩波講座」に含まれていない。[20]

このような分析視角に加えて具体的な編集スタイルについても、『日本資本主義発達史講座』と『講座　日本近代法発達史』には連続性が看取される。すなわち前者は「論文執筆に先立って、頻度、密度の高い共同研究会が持たれ、この研究会において執筆予定者が、自由で活発な研究発表・討論を行った」点に大きな特色があり、[21]このことは「この講座ではじめて行われた異例のこと」であったとされるが、[22]このような共同研究のあり方は後者においても「毎月一回づつ共同研究会を開いて相互に研究成果を批判しあい、また必要に応じて共同研究会に経済史或は政治史の専門家の出席を請うてそれらの領域の研究成果の摂取につとめた」という形で引き継がれた。[23]このような共同研究と出版との接続が、「講座もの」の大きな特色であると考えられるが、この特徴を最も強く継承しているのは、『基本的人権』（一九六八〜六九年：全五巻）に始まり、『戦後改革』（一九七四〜七五年：全八巻）、『ファシズム期の国家と社会』（一九七八〜七九年：全八巻）、

『福祉国家』（一九八四～八五年：全六巻、いずれも東京大学出版会）と続いていく、東京大学社会科学研究所による一連のプロジェクト研究であろう。(24)

ところで『講座　日本近代法発達史』の刊行は、来栖三郎と川島武宜の言説を契機として一九五三（昭和二八）年頃から「科学」を重要なキーワードとして開始された法解釈論争が、実定法学をも巻き込む広範な広がりを見せていた時期と重なっている。(25)しかし、これと相前後して刊行が開始された『法律学全集』（有斐閣、一九五七～八六年）による戦後における実定法学の「再生」に対しては、長谷川正安によって厳しい評価が下されている。(26)すなわち、「科学」をマルクス主義と等価に扱うことを自明の前提とする「戦後法学」の側にいた長谷川にとっては、『法律学全集』は『講座　日本近代法発達史』と共に「戦後世代の若い研究者を参加させていた」にもかかわらず「解釈法学と科学的法学の距離をちぢめる役割を果たすことはなかった」という、法学という学問における凝集力の低下の表象として理解されているのである。(27)『講座　日本近代法発達史』の刊行中に、長谷川に加えて渡辺洋三・宮内裕が編者となり「安保体制を軸にして現代の法・法学・法律家を分析」することを企図して刊行された『新法学講座』（三一書房、一九六二～六三年：全五巻）が「法学者の関心をそれほどひこうとはしなかった」という長谷川自身の評価もまた、このような動向と結びついている。(29)そして、実定法学との距離を広げていく「戦後法学」の内部においても、戦後最初期の「法社会学論争」においてすでに現れていた法社会学とマルクス主義との間の方法的な齟齬が、(30)「逆コース」の進行とその一応の沈静化の過程で、「実践」をめぐる温度差をめぐって徐々に拡大し始めていた。[31]

さて、後述する『岩波講座　基本法学』の編者となる星野英一は、「戦後の混沌期、または生みの苦しみの時代」について、「法解釈学に対する懐疑が強くなり、一時期法解釈学は衰退した」として、かなりの学者が実定法学と基礎法学の両方の仕事をしている「珍しい」時代であったと位置づけ、その後に再び実定法学が盛んになるとの時代区分を行っている。[32] このような実定法学の「再興」を目に見える形で表しているのが、戦後に設立された各学会と密接に連携して編まれた「講座」であった。その端緒となるのは、一九五二（昭和二七）年に刊行が開始された『刑事法講座』（全七巻）であり、これが戦前から法律書を手掛ける有斐閣（第二章〔荒邦〕参照）にとって初めてとなる「講座」形式の出版となったが、この後、『国際法講座』（一九五三〜五六年：全三巻）、『国際私法講座』（一九五三〜六四年：全三巻）、『民事訴訟法講座』（一九五四〜五六年：全五巻）、『法哲学講座』（一九五六〜六一年：全八巻）等さまざまな学会と連携した「講座」が刊行されることにより、有斐閣と法学各学界との連携は「従来の学会機関誌などの発売にとどまらず、いっそう深い関係ができるようになった」とされる。[33] 各学会が有斐閣と連携して編集した「講座」は、法学という学問における極めて特殊な出版形態であり続けており、共同研究・分担執筆という形式を共有しながらも、次節以降で検討を行う岩波講座とは相当質の異なる「講座もの」である。

なお、戦後においては、新制大学の設置などの動きを踏まえて、大学において行われる法学教育のあり方を、広く出版を通じて社会に発信することが法学出版社においても企図され、『大学講座叢書』（有斐閣、一九四六～五〇年）、『法学普及講座』（勁草書房、一九四九～五〇年）等が「講座」の名を冠して刊行されている。その後の実定法学の「再興」を踏まえて、『法律学演習講座』（青林書院、一九五四～五五年）、『法律学講座』（弘文堂、一九五二～五四年）等が刊行されているが、後者が『法律学講座双書』に引き継がれ、青林書院からもその後『現代法律学全集』が刊行されているように、これらは共同研究を踏まえたものではなく、「全集」に近い色彩の出版物と位置づけられるであろう（第二章〔荒邦〕を参照）。

Ⅲ『岩波講座　現代法』（一九六五～六六年）

「法学の全分野をあげての共同研究は、戦前、戦後を通じて初めての試みであり、法学研究に新風を吹き込むものとなった」と岩波書店が自負する『岩波講座　現代法』（一九六五～六六年：全一五巻）の刊行開始は、(34) 戦後二〇年の節目に当たると同時に、アメリカによる北ベトナムへの爆撃が開始されたことに対応して「ベトナムに平和を！市民連合」（ベ平連）が発足した年でもある。一九六五年四月、八十七名の文化人が賛同したベトナム問題についての要望書を発起人として佐藤栄作首相に手交した大内兵衛は、『岩波講座　現代法』への期待に関して、岩波書店の広報誌『図書』に以下のような当時の空気感を反映した文章を寄せている。すなわち、福田有恒等右要望書に懐疑的な意見を表明している「君子諸君」が、「日本の政策の基準は、アメリカの基準に合わす」べきであり、「そのため法律上何が正しいか、日本自身の政策として何が正しいかなどという問題はない」として、「日本国民がアメリカの思考と独立して、学問的思考をすることは無用であり、有害であり、やめたがいい《ママ》」と教えてくれている、と冷ややかに述べる大内は、『岩波講座　現代法』の計画を「何かふみにじられた「正義《レヒト》」（法）に対して「法的秩序の意識」が反撃を開始するのろしのような気がした。敵は南ベトナム軍なのであろうか、ベトコンなのであろうか」と挑発的に書きつけているのである。[35]

なお、右要望書の発起人には大佛次郎・谷川徹三とともに宮沢俊義・我妻栄が名を連ねており、[36]彼らがすでに、大内が代表世話人を務めていた憲法問題研究会とも連動した「岩波文化人」の位置づけにあったことを示しているが[37]（第六章〔山本〕も参照されたい）、この両者が参加せずに、企画された『岩波講座　現代法』の特色は、「講座もの」としての共同研究の成果であることと同時に、編者および執筆者が「戦中・戦後派」により占められているという「世代交代」にも求められるであろう。[38]第二巻『現代法と国家』の附録に文章を寄せた清宮四郎は「戦後のわが法学界が、にわかに、いちじるしく幅が広くなり、また、層が厚くなった」ことに言及し、「〔執筆者の〕大部分が戦中戦後にデビューした学者であることは、講座に新鮮味を与えると同時に、わが法学界の層の厚さを示すもの」であり「わたしどものような戦前派の老骨は割込む余地がないが、それはあたりまえである」として、共同研究による「国法の全体系にわたって」の政治・経済・社会との関連において法をとらえる試みに期待を寄せている。[39]

さて大内兵衛は、前述の文章において『岩波講座　現代法』の企図を「新興の学問の進軍ラッパ」であり「敵はベトナムになく、日本法学の戦前派である」と位置づけ、「この講座が往年の『日本資本主義発達史講座』以上に成功することをいのってやまない」と強い調子で期待と共に述べる。(40)章末に【資料1-1】として「まえがき」を掲げたが、比較的価値中立的に叙述されたその内容とはやや乖離する形で、『岩波講座　現代法』には、明らかに既存の法学との対抗関係を意識した、大内が明示的に言及する『日本資本主義発達史講座』、および、前述のようにそのあり方を踏まえた『講座　日本近代法発達史』に接続する「戦後法学」的な部分が色濃く含まれる。同じく章末に掲げた【資料1-2】に明らかなように、全体の序論もしくは総論の位置を与えられた第一巻『現代法の展開』において、「現代法の基本方向を包括的に捉える」ことを企図して冒頭に置かれた第I章「現代法の問題状況」では、公法・私法・社会法の三側面から「現代の法が近代法の変動から生じながら、ある部分では後者のアンチテーゼとして、ある部分ではその修正として、新たな展開を遂げつつある現象を体系的に総覧」することが試みられているが、(41)このうち私法に対応する渡辺洋三「近代市民法の変動と問題」は、渡辺が編者を務める第七巻『現代法と経済』の総論としての位置づけを持つ旨が明示されており、(42)同時代のマルクス主義経済学の展開を背景に、国家権力の社会への介入を独占資本主義段階の法たる「現代法」と把握する視角が提示されている。(43)その『現代法と経済』は、民科法律部会の会員が中心となって執筆され、(44)「経済過程に対する国家権力の介入が積極的となっている現代資本主義＝国家独占資本主義において、この法と経済の在り方を根本的に吟味することが現代法を理解するうえでの一つの基本視点であるという共通の問題意識」の下での共同研究となっているが[45]、冒頭に掲載された藤田勇「法と経済の一般理論」は、一九六〇年代以降に展開されるマルクス主義法学の理論的前提として重要な位置づけを占めることになる[46]。また、同巻の第Ⅳ章「日本資本主義経済と法」に含まれる利谷信義「戦前の日本資本主義経済と法」、および、渡辺洋三「戦後の日本資本主義経済と法」は、前記「近代市民法の変動と問題」、および、第一四巻『外国法と日本法』に収められた長谷川正安・利谷信義「日本近代法史」を踏まえた「歴史的前提の整理」という位置づけを与えられている[47]。さらに、第六巻『現代の法律家』の第Ⅰ章「戦前の日本社会と法律家」および第Ⅱ章「戦後の日本社会の法律家」は「二年間、歴史的社会的存在としての日本の法律家の分析を共通テーマとして相当に密度のたかい共同研究」を行った成果の一部であり[48]、問題意識および人的構成において、前述の三一書房『新法学講座』の第二巻『日本の法律家』との連続性が看取される[49]。長谷川正安が『岩波講座　現代法』を「非解釈学的な日本の現代法学がせいぞろいしていた」と評しているのは、これらの特徴を踏まえてのことと理解することが許されよう[50]。

一方で『岩波講座　現代法』には、編集段階で若干の編集委員が強く主張した結果として、【資料1-2】に見られるとおり、実定法学の成果を反映した「あまり左でない巻」も何巻か含まれることになったが[51]、これら「あまり左でない巻」における「戦後法学」的な方向性との結節点としての役割を果たしているのは、その研究分野としての法社会学であった。たとえば、第八巻

『現代法と市民』の編者となった加藤一郎は、本講座編集への参加経験を踏まえて各法分野における「孤立」、および、他の社会科学からの法学の「孤立」に加えて、「法解釈学と法社会学とは、対立とまではいかないとしても、分かれて発展してきたという感じが強い」として、「法解釈学もその基礎に法社会学的認識を踏まえ、法社会学もその成果を法解釈学として生かすことが重要なことは、いまさらいうまでもない」と述べるが[52]、同巻の冒頭に掲載された加藤による「市民法の現代的意義」は、渡辺洋三による前掲「近代市民法の変動と問題」と重複する論点を扱いつつも、意識的に「やや異なる視点も取り入れながら」論じられている[53]。また、第三巻『現代の立法』の編者となった芦部信喜も「戦後わが国では法社会学が目ざましい発達をみせている」という認識を前提としつつ、「法社会学に、政治制度を「権力」「政治的行動様式」または「決断形成過程」というような政治学的観点から分析することまで、期待することはむろんできない」として、「法社会学とならんで、新しい法政治学ともいうべき学問の領域を開拓すること」の重要性に言及し[54]、同巻の冒頭に掲載された「現代における立法」では、日本国憲法下における「現代国家」の立法がどうあるべきかを歴史的・理論的観点から論じている[55]。

このように、「解釈法学と科学的法学」あるいは「実定法学と基礎法学」の対抗関係が入り交じる形で編まれた『岩波講座　現代法』の大きな特色は、この対立する両者の立場についての独立の巻を設けて方法論的分析を加えている点であるが、前述のように「戦後法学」と実定法学の接点として焦点化される法社会学の位置づけはやや複雑である。第一五巻『現代法学の方法』の

【図1-1】広義の法学の主要分野（碧海純一「現代法学の体系」336頁より）

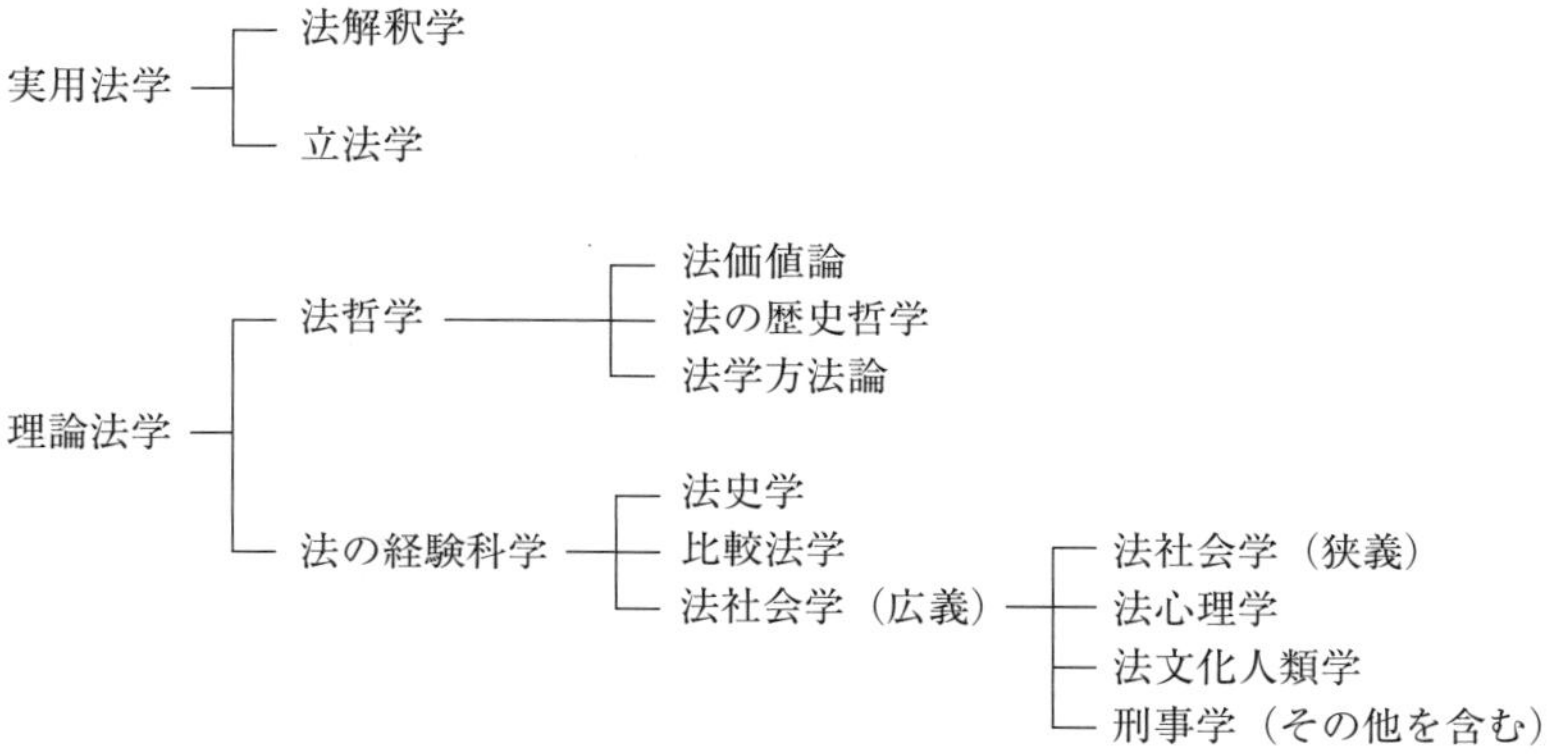

編者である碧海純一は、同巻の第Ⅳ章「現代法学の体系」の中で「法学連邦における各州国家のコンフィギュレーション」を描くにあたって、【図1-1】のように広義の法学の主要分野をまず「実用法学」と「理論法学」に分類し、後者を「法哲学」と「法の経験科学」に分けた上で、さらに後者を「法史学」「比較法学」「法社会学（広義）」に分類し、最後の「法社会学（広義）」の内容として、「法社会学（狭義）」と「法心理学」「法文化人類学」「刑事学（その他を含む）」とに分類する。碧海は、ここで挙げられた「法社会学（狭義）」とは「わが国の在来の文献において普通「法社会学」とよばれているもの」であり、同巻第Ⅱ章「現代基礎法学の方法」の中に含まれる潮見俊隆「法社会学」において挙げられた課題を持つ分野であるとやや突き放した形で述べ、その上で、この分類全体についての「今後の見とおし」として「行動科学的な研究方法が次第に法の分野にも浸透するにともなって、法の

経験科学相互の壁はますます広範囲にとりはらわれ、一層の総合化がすすむであろう」との展望を示す。[56]この叙述は、潮見による前掲「法社会学」が、日本の法社会学が「その課題を解決するために使っている方法」としての実態調査・歴史的研究・理論的整理と共に「社会科学諸分野の方法の利用」について触れるにあたって「アメリカで発達を示している行動科学理論によって研究を進めようとする傾向」があることに――やや消極的に――言及し、[57]同巻第Ⅲ章全体が「現代法学と行動科学」に割かれるという構成とも対応している。碧海が言及する「経験主義」や「行動科学」と潮見が取り上げる「法社会学」が、同巻において対抗関係に置かれていることは明らかであろう。

その上で碧海は、前掲論文の末尾でさらに、「われわれが今日当面している最大の困難のひとつ」として、「現代法学において科学的な方法を求める勢力そのものの中に、マルクス主義と現代経験主義(これは、分析哲学、近代経済学、行動科学などにおいてすでに重きをなしているが、法学の領域ではまだ微々たる少数派でしかない)とが対立していること」を挙げ、「両陣営の寛容で積極的な態度によって、みのりある「平和競争」に転化せしめて行くことが、現代日本の社会科学界全体の急務であると同時に、現代法学の一層の前進のためにも不可欠の条件であろう」と述べている。[58]これの叙述と平仄を合わせる形で、第一三巻『現代法の思想』では、第Ⅱ章「現代法思想の理論的基礎」において「現代法学の方法を代表する現代経験主義とマルクス主義法学とによって、それぞれになにができるかを呈示」するという企図に基づき、[59]碧海純一「経験主義」と長谷川正安「マルクス主義法学」が対置され、これに矢崎光圀「法実証主義」と阿南成一「自然法論」が加えられている。[60] しかし長谷川は同論文の中で、法社会学について「法学の研究領域を拡大し、社会科学としての法学の前進に非常に大きな役割を果たした」と評価する一方で、「事実認識と価値判断を峻別する二元論的方法論をとり、前者を自己の任務とする傾向がつよかった」結果、「法社会学とはまったくべつの領域に「実用法学」なるものがあらわれることになる」と批判を行っている。[61]

この批判に対応するように、碧海は「現代法思想界において最も大きな影響力をもっているところの二つの思想」である自然法論とマルクス主義に対し、方法的二元論をとる「現代経験主義」の側からの批判として、自然法論に対する「存在」から「当為」を引き出すことの論理的誤謬、すなわち「自然主義のファラシー」と、マルクス主義の「理論的骨格」である弁証法が「ポパー的な意味での反証可能性をほとんど欠いてしまう」という問題点を取り上げている。[62] この「自然主義のファラシー」こそが、第一五巻第Ⅰ章に碧海が執筆した「現代法解釈における客観性の問題」においても取り上げられる、法解釈論争における客観性を中心とする「科学」のあり方に関連して、[63] 法解釈に価値判断が混入した場合でも法解釈の客観性が担保されるとする、渡辺洋三ら「歴史の進歩」の概念に依拠する「戦後法学」の立場を維持する論者の見解につき、その方法論的限界を碧海が本質的なところで批判した際の、鍵となる概念であった。[64]

『岩波講座　現代法』に先立ち、川島武宜と碧海純一は一九六二（昭和三七）年に「経験法学研究会」を組織して、アメリカの社会科学理論を活発に紹介し、その成果を『経験法学の研究』（有斐閣、一九六六年）として公にしていた。(65)前述のように、編者の一人として『講座　日本近代法発達史』に関わり、「戦後法学」の構成要素の一角をなす法社会学の戦後の牽引者であった川島の方法論は、国家法を中心として社会を統制対象と見るという点では戦前から一貫していたと評される。(66)しかし、一九五〇年代半ば頃からの川島の「科学」概念は、法に対する「経験的」アプローチを導入することで、マルクス主義からアメリカ社会学へとその理論的根拠を移していくことになるのである。(67)マルクス主義の観点から支配層のイデオロギーを批判対象として捉える「戦後法学」にとって、「経験的」アプローチを採用して「科学」概念をマルクス主義とは異なる概念により充填しようとする川島法社会学への違和感が表面化するのは、いわば必然的な帰結であったように思われる。

Ⅳ『岩波講座　基本法学』（一九八三〜八四年）

一九六〇年代において見られた「戦後法学」内部、すなわち、法社会学とマルクス主義法学の方法論的な対立は、一九七〇年代に川島武宜（編）『法社会学講座』（岩波書店、一九七二〜七四年：全一〇巻）が刊行されることによって顕在化する（なおこの講座は「川島氏の指導のもとに企画・編集」されたという位置づけのため、(68)『日本資本主義発達史講座』と同じく「岩波講座」に含まれていない）。(69)川島は、同講座の編集に際しては「種々の異なった立場や方法を、できるだけ客観的に紹介することに努め、私自身の立場や方法を主張することを、ことさら避けることに」し[70]、社会科学の方法論および研究技法を取り上げた第三巻および第四巻において、「経験科学ないし社会科学の方法論を「法」ないし法社会学との関連で論じた研究はきわめて少ないのに比し、マルクス主義の科学方法論をそのような関連で論じた研究が甚だ多い」こと自体が「わが学界の特色」であることに鑑みて「マルクス主義の科学方法論についての説明を省略」した旨を明記している[71]。しかし、同講座を契機として開催された日本法社会学会シンポジウムにおける全体会議「法社会学の方法」において、マルクス主義法学の側から編者の川島に極めて強い批判が寄せられた[72]。川島はこれに対し「マルクス主義が完全無欠なものであり、非マルクス主義的なそれらの理論の試みがすべて「誤り」であり、それらを「講座」で紹介・解説することは「有害」である、という見解および、それらの非マルクス主義的研究ないしそれの紹介・解説は反マルクス主義的主張である、という見解」が前記の批判にはひそんでいると強く反発している[73]。

一方マルクス主義法学の側でも、『岩波講座　現代法』において部分的に展開された「現代法」のあり方は「半アカデミズム的」であったとして、現代法を「国家独占資本主義法」として把握することを企図して、民科法律部会において「現代法論争」が行われることになる[74]。その過程において、東京都内の五つの大学の学生が集まって行われた「民科法律学校」における成果を元にして、『現代法の学び方』（一九六九年）が岩波新書として刊行され[75]、さらに、民科法律部会創立三〇周年に合わせる形で、同書の姉妹編に当たる『現代日本法史』(一九七六年)が「占領中の「法社会学論争」から今日なお進行中の「現代法論争」にいたる民科法律部会を舞台に展開された諸論争の理論的成果を前提として」同じく岩波新書として刊行されている。[76]そしてこれと同年、「社会科学としての法学を、岩波版『法社会学講座』におけるような法社会学によって代表させることに満足していない」との立場を明示した、『マルクス主義法学講座』(日本評論社、一九七六〜八〇年:全八巻)の刊行が開始された。[77]一九七〇年代には、「戦後法学」の二つの構成要素であった法社会学とマルクス主義法学がそれぞれ固有の方法論を模索していった結果、両者の乖離は修復不可能なまでに広がっていたことは、川島が法社会学会創立三〇周年記念シンポジウムにおいて、「〔前掲の『経験法学の研究』に収録された論文を〕「マルクシズム法学」への挑戦と受けとった人々から、それ以来くり返し批判攻撃が続いていることは、ご存知のとおりです」と述べていることに象徴される。[78]

さて、『岩波講座　現代法』から約一五年を経て「一層細分化し、発展してきた法学各分野の研究を、ふたたび総合体系化し、また基本に遡って諸概念を再吟味し整理する必要性」に応えるために企画されたのが、『岩波講座　基本法学』(一九八三〜八四年:全八巻)である。[79]同講座は芦部信喜と星野英一にまず企画が持ち込まれ、その後竹内昭夫・新堂幸司・松尾浩也・塩野宏が加わって編集されたが、同講座の編集は難航し、編集委員会で各巻のテーマや内容を確定するまで「二年以上、約一五回」かかったという。[80]同講座は、『岩波講座　現代法』の前述した「あまり左でない巻」に比して周到な共同研究が行われている点で、戦前からの「講座もの」の系譜を引き継いでいるといえよう。[81]

ところで、『岩波講座　基本法学』の冒頭に置かれた、星野が作成し芦部が手を入れて最終稿に至った「刊行にあたって」と題する文章（章末【資料1-3】）には、[82]「『現代法』講座に含まれたある部分についてその後の変化を考慮に容れた新しい計画を構想することの必要性・有益性は、確かに大きいものがある」との一節がある。[83]「法律の基本的な制度ないし概念を各領域から、各面から捉えようという」企図により編まれた『岩波講座　基本法学』の実質的な取りまとめ役であった星野英一は、[84]第一巻『人』に寄せた論考「私法における人間」において、「近代法」の意味の多義性について注記した上で「「現代法」の語に至っては、もっと複雑な問題がある」として、民科法律部会による前掲『現代法の学び方』に言及し、「「現代法」を出発点としてこれを「国家独占資本主義法」と規定した上、その性格を取り上げて議論する立場がある」旨を言及した上で、同論考においては「ごく常識的に、一九世紀以降〔本文中に言及した〕右の「近代法」から変貌を呈してきた今日の法律を示すものとして用いる」と断っている。[85]明示こそ避けられているものの、前記の「『現代法』講座に含まれたある部分」への婉曲な批判にマルクス主義法学の同時代にいたるまでの動きが含まれているであろうことは、第五巻『責任』に「責任の沿革的・比較法的考察」を寄せ、[86]かつ、『岩波講座　基本法学』の刊行の少し後に星野英一と法解釈方法論についての論争を展開することになる平井宜雄の言説に、より明瞭に顕れている。すなわち平井は、法解釈の担い手を法律家一般に限定した上で、その「他の社会集団と相対的に独立した、自律的かつ独特の思考様式と「法」という特有の言語をもってコミュニケイトする協同体」のあり方を前提とするならば、「他の社会の変化や、あるいは社会一般の変化に従属してそれが変化する、というような関数関係の存在を前提とする議論は、一応視野の外におかれる」と述べ、心理学・社会学・社会心理学と関わる「裁判官の行動を規定する諸要因」と併せて、「マルクス主義的歴史観または社会科学観」と関わるものと思われる「歴史の進歩」あるいは「社会科学的認識」を法解釈論の分野にもちこむ試みは「この限りで排除される」と断じる。[87] このような平井の立場は、「現代日本法をトータルに把握」して「国家独占資本主義の法」として位置づけようとするマルクス主義法学の動向は、実定法学者にとっては「何の意味をもたない」と当時考えていた旨を回顧していることからもうかがい知ることができる。[88]

それでは、前述したように『岩波講座　現代法』の方法論的な結節点となっていた法社会学に対して、『岩波講座　基本法学』はどのようなスタンスをとっていたか。芦部信喜との対談において、やはり同時代にいたるまでの「裁判現象とか、法律を出発点としてそれがどう日本に浸透するかという方向の研究が行われている」との認識を踏まえて、星野は「いわゆる「前近代的」として斥けられるべきでないもので、日本の社会において生きて動いている法はありはしないか」として、「判例の研究は盛んですが、社会における生きた法現象のほうの研究は薄いようです」と述べる。[89] 章末【資料1-4】に示したように、『岩波講座　基本法学』は、第一～五巻は第

Ⅰ章が総論、第Ⅱ章が近代的概念の形成と変遷、第Ⅲ章が現代における新しい法現象という構成で統一される一方、第六〜八巻は「社会活動を動的に捉えたもので、やや違う観点からまとめたもの」となっており[90]、実定法学の側からの社会実態に対する関心が構成に一定程度反映されているように思われる。

その上で興味深いのは、『岩波講座　基本法学』に、マルクス主義法学の側から「戦後法学」とは異なる基礎法学方法論をとると位置づけられている執筆者がかなり含まれている点である。前掲したように、『岩波講座　現代法』第一三巻『現代法の思想』においては、碧海純一による経験法学の方法論に依拠する形でマルクス主義法学との対立軸が形成されていたが、『講座　日本近代法発達史』の編者であった福島正夫の還暦記念論集としてその少し後に刊行された『現代日本の法思想』（日本評論社、一九七二年）においては、同じく碧海が編集の中心となった『基礎法学シリーズⅢ　理論法学の課題――法哲学・法社会学・法史学』（ジュリスト増刊、一九七一年）が「マルクス主義との対決ということを言葉に出して意識している若手研究者を中心に論説を集めてまとめた本」と位置づけられ、若手研究者の一部では、同巻のはしがきにおいて碧海が記しているような「非マルクス主義法学の側からのマルクス主義に対する「建設的な」対決という問題意識が定着しはじめて」いる旨が述べられる[91]。同巻には、藤田勇「マルクス主義法理論の新段階――社会主義諸国」および松下輝雄「マルクス主義法学の現代的展開」が収められているものの[92]、「戦後法学」の圏域に含まれる執筆者はほぼ含まれておらず、一方で、『岩波講座　基本法学』への寄稿者との有意な重なりを見て取ることができる。[93] そしてその方向性は、後年編まれる『岩波講座　社会科学の方法』の第Ⅵ巻『社会変動のなかの法』（一九九三年）へと接続していくことになる。[94]

『岩波講座　現代法』には、第一四巻『外国法と日本法』において、野田良之を中心とする「日本における外国法の摂取」を含む比較法学の観点からの法継受論が収められており、同巻においては明示的に「戦後法学」とは異質な基礎法学方法論が混在していたが、[95] 一九六〇年代から七〇年代にかけての時期は、ここまで述べてきた経験法学の展開のほかにも、東京大学におけるオットー・ブルンナーの受容により育まれた「国制史」的視角、[96] さらに、マルクス主義の磁場にありながらも東北大学を中心に鋭敏な展開を見せた「社会科学の方法」等、[97] 基礎法学においてさまざまな方法論が確立され、相互に自立していく時期であった。そのような中、法社会学と訣別したマルクス主義法学もこの頃から「民主主義法学」という呼称を用いるようになるが、ここでいう「民主主義」は「何よりもまず歴史的事実に即し、歴史の発展の合法則性に即してとらえること」とされ、方法論的に先鋭化を見せている。[98] 基礎法学の各領域が方法論的に洗練されていくことと反比例するように、「戦後」という価値に凝集力を仮託していた「戦後法学」は、この時期にはもはや一体性を保つことができなくなっていたと言ってよいであろう。しかしそのことは、「理論」を追求する法学が眼前に展開する社会問題を看過しているということを意味しない。たとえば、実定法学において星野英一が主張した比較衡量論には、法規範を超えた「衡量」を要請する具体的な社会問題への対応という側面が認められ[99]、これを批判する平井宜雄もまた、法政策学という新たな営為により社会問題の解決を図ろうとしていたのである[100]。

V　おわりに

冷戦の終結という「戦後」の画期を経て、新世紀の到来を見越して編まれた『岩波講座　現代の法』（一九九七～九八年：全一五巻）は、『岩波講座　現代法』や『岩波講座　基本法学』とは異なり、全体を通じてのコンセプトは示されていない。取り扱われるテーマも多様であるが、『岩波講座　現代法』の特徴を引き継いでいると思われるのは、第一五巻『現代法学の思想と方法』において、独立の巻を設けて方法論的分析を行っている点である。本章において注目すべきは、同巻において広渡清吾が「介入主義的法の問題ないし法の実質化の問題」を一九八〇年代から主としてドイツにおいて議論されていた「法化」の概念を参照軸にしながら述べる際に、「日本でも、この問題は、いわゆる「現代法論」として従来論じられてきた」として、一九七〇年代に民科法律部会において議論された「現代法論」について、「国家の社会に対する、特に経済領域への介入の制度化が見られること、法が介入のための手段となること、そのことによって法の変質が生じていることなど」が指摘されたという形で言及している点である[101]。この問題意識を踏まえて広渡は、法制史学会におけるシンポジウム「法学における歴史的思考の意味」の記録に寄せた書評において、基礎法学方法論においては「「近代法」に普遍的な鋳型があるのか、あるとして、それは歴史的な定在として確定できるのかという議論」が長きにわたって行われているとし、この問いに向き合うことの重要性について言及する。その上で広渡は、『岩波講座　現代の法』における「現代法」についての議論は、かつて『岩波講座　現代法』において見られたような「段階的・構造的特徴を分析することから、「現在」の法を記述する「現代の法」へと歴史的意識を希薄化させている」ものであったと観察している。[102] この後刊行される『岩波講座　現代法の動態』（二〇一四〜一五年：全六巻）も含めて、「岩波講座」における「現代法」のあり方は、「戦後法学」に近接した問題意識に基づいた「実践」のモメントの大きな方法論から、基礎法学・実定法学双方の方法論的独立と洗練を受けて、「戦後日本」という磁場から相対的に自由な分析概念として用いられる形へと変化している――その意味において「歴史的意識」は希薄になってきている――と述べることが許されよう。別言すれば、「講座もの」のあり方は、共同研究に基づく編集という形式を維持しつつも、[103]「戦後日本」において持っていた特殊な位置づけを失い、学会が主導する共同出版物としての「講座」や、法領域を網羅する「全集」へと近づいている、といえるのかもしれない。

〔付記〕本研究は、ＪＳＰＳ科研費　Ｍ０３ＫＥ２３００７、Ｍ０３ＫＦ２３０５４による研究成果の一部である。

第一章注

(1) 岩波書店(編)『岩波書店八十年〔第二刷〕』(岩波書店、一九九七年)四九頁。

(2) 岩波書店は、一九一三(大正二)年に岩波茂雄により創業されている。人文社会科学・自然科学にまたがる幅広い専門書と併せて、岩波文庫・岩波新書のような出版形式により日本社会における知識社会の形成に大きく貢献した出版社である(岩波書店・前掲注(1)を参照)。なお、雑誌『世界』『思章』に関しては、第六章〔山本〕を参照されたい。

(3) 佐藤卓己『物語　岩波書店百年史(二)――「教育」の時代』(岩波書店、二〇一三年)二五頁以下。本章の「講座もの」および岩波講座に関する理解は、同書に負うところが大きい。

(4) 岩波書店(編)・前掲注(1)一三七四頁以下。

(5) さしあたり、拙稿「戦時・戦後初期の日本の法学についての覚書(二・完)――「戦時法」研究の前提として」桐蔭法学二〇巻一号(二〇一三年)四六頁以下。

(6) 孫田秀春「「日本国家科学大系」発刊に就て」国家科学(日本国家科学大系附録)一号(一九四一年)二頁以下。

(7) 実業之日本社は、光岡威一郎・増田義一が結成した「大日本実業学会」が一八九七(明治三〇)年に雑誌『実業之日本』を発刊したことにより創業され、現在にいたるまで幅広い出版事業を手掛けている(馬静『実業之日本社の研究――近代日本雑誌史研究への序章』(平原社、二〇〇六年)を参照)。

(8) 孫田秀春については、石井保雄『わが国労働法学の史的展開』(信山社、二〇一八年)二二三頁以下を参照。なお、拙稿「「日本法理」と「国家科学」――近衛新体制期の法学者・法律家たち」法史学研究会会報一八号(二〇一四年)も参照されたい。

(9) 日本経済法学会については、小石川裕介「戦時・占領期における「経済法」と法学」伊藤孝夫(編)『経済法の歴史』(勁草書房、二〇二〇年)一二一頁以下を参照。

(10) 孫田・前掲注(6)一頁。

(11) さしあたり、石田雄『日本の社会科学〔増補新装版〕』(東京大学出版会、二〇一三年〔初出は一九八四年〕)を参照。

(12) 広渡清吾「日本社会の法化と戦後法学」社会科学研究四九巻二号(一九九七年)四四頁以下。

(13) 広渡清吾「戦後法学と法社会学」法律時報八〇巻一〇号（二〇〇八年）七〇頁。
(14) 長谷川正安『法学論争史』（学陽書房、一九七六年）三頁以下。なお、拙稿・前掲注（5）四三頁以下も参照されたい。
(15) 勁草書房は、一九四八（昭和二三）年に石川県金沢市の百貨店大和《だいわ》の出版部として井村寿二により創業。社名は安倍能成が命名している。なお、同社創業の知的背景となった加越能青年文化連盟の代表逸見俊吾は、一九五八（昭和三三）年に柴田良太と共に青林書院を創業している（青林書院『青林書院三五年史』（青林書院、一九八九年）、けいそうビブリオフィル：https://keisobiblio.com/2018/05/31/keiso70_shacho03/）。
(16) 鵜飼信成ほか「編集委員のことば」『講座　日本近代法発達史（一）』（勁草書房、一九五八年）四頁。
(17) このように留保するのは、なによりも同講座が未完に終わっていることに加え、後述するように、一九六〇年代には「戦後法学」のあり方自体が変容していくためである。なお、「戦後法学」の企図に順接的な後継企画が「明治百年」批判の文脈で試みられたが、実現には至らなかった（吉井蒼生夫「福島法学の軌跡に関する覚え書」飯島紀昭＝島田和夫＝広渡清吾（編）『市民法学の課題と展望―清水誠先生古稀記念論集』（日本評論社、二〇〇〇年）二一二頁以下）。
(18) 辻清明ほか「〈座談会〉講座日本近代法発達史公刊に当って」『講座　日本近代法発達史（二）』（勁草書房、一九五八年）三二四頁。
(19) 文献は数多いが、さしあたり、中林真幸「日本資本主義論争」杉山伸也（編）『岩波講座　帝国日本の「学知」（二）―帝国の経済学』（岩波書店、二〇〇六年）を参照。
(20) 佐藤・前掲注（3）五六頁、岩波書店（編）・前掲注（1）一三七四頁。
(21) 大石嘉一郎「『日本資本主義発達史講座』刊行事情」岩波書店『日本資本主義発達史講座〔復刻版〕別冊（一）』（岩波書店、一九八二年）二七頁以下。
(22) 岩波書店（編）・前掲注（1）九三頁。
(23) 鵜飼ほか・前掲注（16）三頁。
(24) 東京大学出版会は、一九五一（昭和二六）年に東京大学総長南原繁の発意により、日本の国立大学では初めての大学出版部として創設された（東京大学出版会概要：https://www.utp.or.jp/company/

cc1452.html)。

(25) 法解釈論争とこの二人の法学者については、高橋裕「戦後日本における法解釈学と法社会学―川島武宜と来栖三郎における事実と法」法と社会研究一号(二〇一五年)を参照。

(26) 『法律学全集』については、第二章〔荒邦〕を参照されたい。

(27) 長谷川・前掲注(14)一一五頁。

(28) 一九四五(昭和二〇)年に竹村一・田畑弘・朴元俊により京都で創業。三一新書などで一九六〇~七〇年代において若者の支持を得た(会社概要:https://31shobo.com/)。

(29) 長谷川正安「解説」同(編)『法学文献選集(一)―法学の方法』(学陽書房、一九七二年)一四頁。「戦後法学」の側からは、後にこの講座は「立場のかなりハッキリしたもの」であった一方、「もっと十分に討議を重ねて準備をすべきだった」と回顧されている(潮見俊隆(編)『戦後の法学』(日本評論社、一九六八年)二〇三頁以下)。

(30) 藤田勇=江守五夫(編)『文献研究 日本の法社会学―法社会学論争』(日本評論社、一九六九年)。

(31) 拙稿「立法・解釈・「科学」―「戦後法学」の思想と行動」桐蔭法学二八巻二号(二〇二二年)五一頁以下。

(32) 星野英一「日本における民法学の発展と法学研究者の養成」曽根威彦=楜沢能生(編)『法実務、法理論、基礎法学の再定位―法学研究者養成への示唆』(日本評論社、二〇〇九年)一六九頁以下。タイトルには「民法学」が掲げられているが、同論考は「広く「法学」とは何か、何をするものか」という射程を持つものである(一六八頁)。

(33) 矢作勝美(編)『有斐閣百年史』(有斐閣、一九八〇年)四五三頁以下。

(34) 岩波書店・前掲注(1)五二一頁。

(35) 大内兵衛「講座『現代法』に寄す」図書一九〇号(一九六五年)一六頁以下。

(36) 大内兵衛ほか「ベトナム問題に関して日本政府に要望する」『世界』臨時増刊号(一九六五年)五八頁以下。なお宮沢は、同年に刊行された『世界』巻末の折込において『岩波講座　現代法』に「戦前に着せられた全体主義の制服を脱ぎ捨てた戦後のわが法学界のみごとな業績がここに結集される」ことへの期待を書き記しているが(宮沢俊義「戦後法学の成果の結実」世界二三五号(一九六五年)折込）、ここで用いられた「戦後法学」は無論、価値中立的な用語法である。

(37) 苅部直『物語　岩波書店百年史（三）――「戦後」から離れて』（岩波書店、二〇一三年）三五頁以下。

(38) もっとも、このうち「共同研究」に関しては、実定法学寄りの巻においては「一、二回ぐらい打合わせがあって、各自こんなことを書きたいと話して、それでOKだった」という場合もあったようである（星野英一『ときの流れを超えて』（有斐閣、二〇〇六年）一八四頁）。

(39) 清宮四郎「新鋭・協力・創造―岩波講座『現代法』の公刊に寄せて」『岩波講座　現代法（一）』附録（岩波書店、一九六五年）。

(40) 大内・前掲注(35)一八頁。

(41) 小林直樹「序論」同（編）『現代法の展開』（岩波書店、一九六五年）一三頁。

(42) 渡辺洋三「近代市民法の変動と問題」小林・前掲注(41)一一九頁。

(43) 広渡清吾「渡辺法学の構図」戒能通厚＝原田純孝＝広渡清吾（編）『日本社会と法律学―歴史、現状、展望―渡辺洋三先生追悼論集』（日本評論社、二〇〇九年）八三八頁以下。

(44) 大島和夫『日本の法学とマルクス主義―二一世紀の社会編成理論の構築をめざして』（法律文化社、二〇一九年）一一九頁。

(45) 渡辺洋三「まえがき」同（編）『現代法と経済』（岩波書店、一九六六年）i頁以下。

(46) 藤田勇「「法と経済の一般理論」をめぐって―一九六〇年代における方法論上の問題状況をふまえて」法学セミナー一六七号（一九七〇年）五二頁以下。

(47) 渡辺洋三「序論―Ⅳ章の対象と課題」同（編）・前掲注(45)一二六頁。

(48) 潮見俊隆「まえがき」同（編）『現代の法律家』（岩波書店、一九六六年）ii頁。

(49) なお、この巻についてのみ例外的に、附録においてその内容に対する直接的な批判を含む文章が掲載されている（川島武宜「潮見教授の『裁判官』および『検察官』を読んで」）。

(50) 長谷川正安「現代法と「法の解釈」」法律時報四六巻一号（一九七七年）一〇頁。

(51) 星野・前掲注(38)一八四頁。星野によると、戦後の岩波書店には「実定法学のがっちりした本はあまりなかった」ので、「岩波内部にも法律関係をもう少し充実させようということで、あの講座を企画して、その執筆者の中から将来の執筆者をリクルートしようとした」という（同）。

(52) 加藤一郎「孤立から総合へ」図書一九〇号（一九六五年）折込。
(53) 加藤一郎「市民法の現代的意義」同（編）『現代法と市民』（岩波書店、一九六六年）四頁以下。
(54) 芦部信喜「憲法の政治学的研究―講座『現代法』第三巻「現代の立法」を編集して」図書一九四号（一九六五年）一二五頁。なおこの巻も「関連項目の担当者相互の間での討論・意見交換や編集責任者による調整が行われたほかは、全員による充分な共同討議の成果を上げることができなかった」とのことわりがある（芦部信喜（編）『現代の立法』（岩波書店、一九六五年）ii頁）。
(55) 高見勝利『芦部憲法学を読む―統治機構論』（有斐閣、二〇〇四年）一〇六頁以下。
(56) 碧海純一「現代法学の体系」同（編）『現代法学の方法』（岩波書店、一九六六年）三三六頁以下。
(57) 潮見俊隆「法社会学」碧海（編）・前掲注（56）一〇三頁以下。
(58) 碧海・前掲注（56）三四七頁。
(59) 井上茂「まえがき」同（編）『現代法と思想』（岩波書店、一九六六年）iii頁。
(60) この巻にはこれに加えて、第Ⅳ章「法思想の断層」の中に天野和夫「戦後日本における順法と抵抗の思想」、第Ⅴ章「現代国家と法思想」の中に松下輝雄「社会主義体制における法思想」が収められている。
(61) 長谷川正安「マルクス主義法学」井上（編）・前掲注（59）八六頁以下。
(62) 碧海純一「経験主義」井上（編）・前掲注（59）四七頁以下。
(63) 碧海純一「現代法解釈における客観性の問題」同（編）・前掲注（56）三頁以下。
(64) 碧海純一「戦後日本における法解釈論の検討」同（編）『法学における理論と実践』（学陽書房、一九七五年〔初出は一九六〇年〕）一三九頁以下。なお、渡辺以外にこの立場として碧海が言及しているのは、家永三郎、田端忍、田中吉備彦である。
(65) 平井宜雄「『経験法学』のその後」同『教壇と研究室の間』（私家版、二〇〇七年）一六一頁以下〔初出は一九九一年〕。
(66) 六本佳平「戦後川島法社会学の遺産」法律時報六五巻一号（一九九三年）三七頁以下。
(67) 川島法学の方法論的変化については、「〈座談会〉川島法学の軌跡」ジュリスト一〇一三号（一九九二年）一〇頁以下を参照。

(68) 岩波書店（編）・前掲注（1）六〇三頁。
(69) 佐藤・前掲注（3）五六頁、岩波書店（編）・前掲注（1）一三七五頁。
(70) 川島武宜「編集にあたって」同（編）『法社会学講座（一）―法社会学の形成』（岩波書店、一九七二年）vii頁。
(71) 川島武宜「はじめに」同（編）『法社会学講座（三）―法社会学の基礎（一）』（岩波書店、一九七二年）六頁以下。
(72) 及川伸「法社会学の方法論と法社会学講座―講座三・四巻を中心に」法社会学二七号（一九七四年）四六頁以下。
(73) 川島武宜「法社会学の方法論について―「法社会学講座」に対する批判に答えて」法社会学二七号（一九七四年）六頁。
(74) 戒能通厚＝広渡清吾＝前田達男「〈座談会〉現代法論争の到達点と課題」季刊現代法一〇号（一九七九年）五五頁〔前田達男発言〕。
(75) 野村平爾「あとがき」同ほか（編）『現代法の学び方』（岩波新書、一九六九年）二一八頁以下。
(76) 長谷川正安「はしがき」渡辺洋三ほか（編）『現代日本法史』（岩波新書、一九七六年）iii頁。前述のように、民科は一九四六年に成立しているが、その後自然消滅し、法科部会が一九五七年に独立の学会として新たに設立されている（清水誠「民科法科部会の軌跡」法の科学二五号（一九九六年）八頁以下）。
(77) 天野和夫ほか「刊行のことば」同（編）『マルクス主義法学講座（一）』（日本評論社、一九七六年）iii頁。
(78) 川島武宜「私と法社会学」日本法社会学会（編）『日本の法社会学』（有斐閣、一九七九年）一八頁。以上の経緯については、拙稿「「戦後法学」のなかの「革命」」遠藤泰弘＝坂井大輔（編）『革命と法』（国際書院、二〇二四年刊行予定）にて詳論する予定である。
(79) 岩波書店（編）・前掲注（1）七七九頁。
(80) 星野英一「芦部さんとの交わり」ジュリスト一一六九号（一九九九年）七二頁。なお、有斐閣から創刊された『法学教室』は、『岩波講座　基本法学』の編集委員に田中英夫が加わって編集されている

（同）。

(81) なお星野は、同講座では「それぞれの巻の執筆者に一回は集まってもらい、編集者が全体の趣旨、各巻の趣旨、各項目の意味などを説明」したと回顧し、「最近の講座物を見ると、「また元にもどってしまったのか」と思うことが」あると苦言を呈している（星野・前掲注（38）二一三頁）。

(82) 星野・前掲注（80）七二頁。

(83) 芦部信喜ほか「刊行にあたって」同（編）『岩波講座　基本法学（一）—人』（岩波書店、一九八三年）ｖ頁。

(84) 星野・前掲注（38）二一一頁。

(85) 星野英一「私法における人間—民法財産法を中心として」芦部ほか（編）・前掲注（83）一六一頁。星野英一の民法学における『岩波講座　現代法』掲載論文とこの論文の位置づけに関しては、瀬川信久「研究から見た星野英一先生」論究ジュリスト七号（二〇一三年）一四四頁以下を参照。

(86) 平井宜雄「責任の沿革的・比較法的考察」芦部信喜ほか（編）『岩波講座　基本法学（五）—責任』（岩波書店、一九八四年）三頁以下（同『不法行為法理論の諸相　平井宜雄著作集Ⅱ』（有斐閣、二〇一一年）一頁以下に、当時の民法学が「ドイツ民法の解釈論に疑うことなく従う」という当時の「風潮または傾向」に関する追記を付して採録）。

(87) 平井宜雄「戦後日本における法解釈論の再検討—法律学基礎論覚書（一）」同『法律学基礎論の研究　平井宜雄著作集Ⅰ』（有斐閣、二〇一〇年）五八頁（初出は一九八八年）。

(88) 平井宜雄「現代法律学の課題」同・前掲注（86）三六頁以下（一九七九年の初出論文への追記）。

(89) 芦部信喜＝星野英一「現代社会と法—『基本法学』発刊に際して」図書四〇六号（一九八三年）四五頁。

(90) 星野・前掲注（38）二一一頁。

(91) 渡辺洋三ほか「〈討論〉現代日本の法思想」渡辺ほか（編）『現代日本の法思想』（日本評論社、一九七二年）二五三頁〔稲本洋之助発言〕。ただし、同シリーズの別の巻には「戦後法学」に連なる執筆者もおり、この観察はシリーズ全般には必ずしも当てはまらない。

(92) とりわけ藤田勇は、『岩波講座　基本法学』への寄稿者でもあり、本文で示すような図式を超える尊敬を実定法学の側からも集めていた（星野・前掲注（38）一三五頁、一九三頁）。
(93)『基礎法学シリーズⅢ　理論法学の課題』の執筆者として『岩波講座　基本法学』と重なっているのは以下の人びとである。〈座談会〉基礎法学と実定法学（青山義充、石井紫郎、芝原邦爾、前田庸）、「正法」問題の新局面（田中成明）、アメリカにおける「法と社会」の研究（六本佳平）、法の歴史的認識について（石井紫郎）、〈座談会〉現代基礎法学の方法（碧海純一）、文献選（碧海純一、六本佳平）。なお、石井紫郎と六本佳平は同書の編集協力者でもある。
(94)同巻には、ポストモダンの法理論（村上淳一）のほか、政治的・法的観念体系成立の諸前提（木庭顕）が掲載されている。
(95)なお野田良之は、後に碧海純一との共編により公刊した『近代日本法思想史』（有斐閣、一九七九年）に寄せた「近代日本法思想の問題点」において、マルクス主義について「すぐれた少数の学者」を除き「かなり固定化された教義を外発的にうけいれて信奉している者が大部分のように思われる」と厳しく批判している（五〇頁）。
(96)守矢健一「村上淳一のニクラス・ルーマン法理論受容について」思想一一七一号（二〇二一年）六八頁以下。なお、拙稿「法の社会史的考察と「戦後法学」―一九六〇年代の基礎法学方法論をめぐる覚書」桐蔭法学二五巻二号（二〇一九年）も参照されたい。
(97)岩野英夫「世良晃志郎の「法制史」観について―西洋中世法の性格をめぐる論争の整理のために」同志社法学四五巻一～二号（一九九三年）、齋藤暁「初期樋口陽一の憲法学と〈戦後憲法学〉の知的状況―日本戦後憲法学史・序説（一）～（三・完）」法学論叢一八三巻四号～一八五巻二号（二〇一九年）。『社会科学の方法』誌に集った東北大学の「学知」と「戦後法学」との関係については、稿を改めて検討することとしたい。
(98)藤田勇「七〇年代における民主主義法学の課題」法学セミナー一九六号（一九七二年）八〇頁以下。
(99)瀬川正久「日本における利益衡量論」ICCLP publications 一五号（二〇二〇年）一九頁。
(100)平井宜雄『法政策学』（有斐閣、一九八七年）。
(101)広渡清吾「日本社会の法化」岩村正彦ほか（編）『岩波講座現代の法（一五）　現代法学の思想と方法』（岩波書店、一九九七年）一五二頁。

(102) 広渡清吾「〈書評〉西川洋一・木庭顕・岡野誠・能見善久・樋口陽一「〈シンポジウム〉法学における歴史的思考の意味」法制史研究五三号(二〇〇三年)一五八頁。

(103) 大村敦志「はしがき」同(編)『現代法の動態(五)法の変動の担い手』(岩波書店、二〇一五年)viii頁。

【資料1-1】『岩波講座　現代法』まえがき（署名、日付なし）

現代の激しい歴史的変動のなかで、法律は政治・経済・社会の諸現象と密接に絡みあいながら、新しい思想の下に新しい制度をたえずつくり出してきました。すでに今世紀の初頭から、近代市民法の体系は急角度の転換を始めてきましたが、その趨勢はとりわけ第二次大戦を契機として、ますます広く、かつ深く全法律分野をつつんで進行しております。この世界的な動向のなかで、敗戦を境として激烈な社会変動を経験した日本の法体系が、いっそう大規模な変革を要請されたことはいうまでもありません。憲法をはじめとする全法律秩序は、内外の政治＝社会的な諸条件にとりかこまれて、複雑な過程をたどって変革されてきましたが、それだけにまた日本の法学もこの間にめざましい脱皮をとげてまいりました。

しかし戦後の二〇年間に各分野で数々のすぐれた成果を生みだしたにもかかわらず、わが国の法学が広範な社会変動に当面する法律のあり方に対し、理論と実用の両面にわたる十分な綜合的研究を提供してきたとは、必ずしもいい切れないように思われます。わけても昭和三〇年以降の高度経済成長政策の実施にともない、社会の近代化が急激に進行する反面、多くのひずみも現れつつある現状において、現代法の実態もいよいよ錯雑の度を加えるに至りました。現代の政治の頂点から経済・社会の底辺に至るまで、複雑に絡みあう現代法の膨大な量と多様な質とを考えれば、個人研究の照射し到達する度合いがおのずから限られるのは当然のことといわねばなりません。現代法を全体としてとらえ、その動向や問題性を体系的に解明するためには、在来の各法領域を超えた共同研究の体制が不可欠であることは、従来もしばしば指摘されてきたところであります。ただ実際上、専門分野の枠をとり払って共同の研究体制を組むことは、言うは易く行うは難いという実情が、体系的な現代法の解明を不十分のままにとどめていたと申してよいでありましょう。

本講座は、現代の法と法学が必要とする体系的な構成と理解に資するために、社会の新しい局面に展開する法律上の根本問題をえらんで、その意味と問題性とを広い視野から解明しようとするものであります。このために、法解釈学、法社会学、法哲学、比較法学などの各方法分野から、現代日本の法学界の第一線に立つ中堅・新鋭の学者一三〇氏が、その専攻と学風の如何をとわずこの企てに参加され、長期にわたる組織的な討議が続けられてきました。そして漸くここにその成果が、それぞれに有機的な連関をもつ全一五巻として世におくられることとなりました。

各論文はそれぞれに広くかつ斬新な視角から現代法の根本問題をとらえ、その意味と問題性とを浮彫りにしようとするものであります。それは学界への新たな学問的寄与となるとともに、通常の講義、教科書あるいは注釈書では望みえない立体的な考察を展開し、将来の課題に対する動的なアプローチの方法を読者に提供するものと信じます。それは隣接の諸科学によき刺激を与えるとともに、また一般市民の方々にも、社会生活の現実に生きる法を綜合的に展望することによって、ややもすれば閉ざされた領域のように考えられてきた「法の世界」への新しい扉をひらく役割を果たすものとなりましょう。

現代に生きる日本人が、生活に密着した法を理解し、おのれのものとして法を生かしうる能動的な国民になるために、現代法の仕組みと方向を正確に学びとるうえに本講座がいささかの寄与を果たすならば、私どもの喜びこれにすぎるものはありません。

9 現代法と企業	矢沢惇	序説（竹内昭夫） Ⅰ 現代における企業組織と法：企業形態と法（竹内昭夫・金子宏）、株式会社の所有・経営・支配の分離（北沢正啓）、企業結合と法（竜田節） Ⅱ 現代における企業取引と法：企業取引と法（谷川久）、企業をめぐる信用と担保制度（清水誠）、有価証券制度（河本一郎）、競争と企業取引（豊崎光衛） Ⅲ 企業の国際的活動と法（谷川久）
10 現代法と労働	蓼沼謙一・小川政亮	Ⅰ 働く者の生活と現代法（蓼沼謙一・小川政亮） Ⅱ 労働法の生成と展開：序説（窪田隼人）、労働法の生成・展開（本多淳亮） Ⅲ 現代日本における労働運動と法：労働運動と労働法の展開（横井芳弘）、労働組合の組織・活動と法（島田信義・佐藤昭夫） Ⅳ 現代法における労働保護：就業労働者の保護（青木宗也）、被解雇者・求職者の保護（外尾健一） Ⅴ 社会保障法の形成と機能（角田豊） Ⅵ 社会保障法の体系と構造（佐藤進） Ⅶ 日本社会保障法の問題点：総論（西原道雄）、社会保障法における問題点（西原道雄）、公的扶助と社会福祉の法における問題点（小川政亮）
11 現代法と刑罰	平野竜一	Ⅰ 現代法と犯罪：現代における刑法の機能（平野竜一）、治安と刑法（中山研一）、性と刑法（大塚仁）、暴力と刑法（香川達夫）、財産と刑法（藤木英雄）、現代刑法における行為責任主義の展開（宮内裕）、現代刑法における責任主義と集団的犯罪行動（福田平） Ⅱ 現代法と刑罰：現代における刑罰思想（井上正治）、精神障害者の処遇（吉川経夫）、非行少年の処遇（荘子邦雄） Ⅲ 犯罪および刑罰と現代科学：精神医学・心理学の貢献（樋口幸吉）、犯罪社会学（岩井弘融）
12 現代法と国際社会	高野雄一	Ⅰ 主権と現代国際法（高野雄一） Ⅱ 人権と現代国際法（宮崎繁樹） Ⅲ 戦争と現代国際法（石本泰雄） Ⅳ 植民地独立と現代国際法（山手治之） Ⅴ 国際経済秩序の展開（川田侃） Ⅵ 国際海洋法の新たな展開（小田滋） Ⅶ 平和共存と現代国際法（内田久司） Ⅷ 戦後日本の国際法的課題（寺沢一・杉山茂雄） Ⅸ 国際社会と日本（香西茂）
13 現代法の思想	井上茂	Ⅰ 現代法思想の論理分析（井上茂） Ⅱ 現代法思想の理論的基礎：経験主義（碧海純一）、マルクス主義法学（長谷川正安）、法実証主義（矢崎光圀）、自然法論（阿南成一） Ⅲ 法思想の実態：所有権の思想（渡辺洋三）、社会法の思想（篠塚昭次）、組織と個人（蓼沼謙一） Ⅳ 法思想の断層：戦後日本における順法と抵抗の思想（天野和夫）、日本法思想における国際的落差（中山和久） Ⅴ 現代国家と法思想：国家の思想と平和の思想（小林直樹）、社会主義体制における法思想（松下輝雄）
14 外国法と日本法	伊藤正己	Ⅰ 日本近代法史（長谷川正安・利谷信義） Ⅱ 法の継受（沢木敬郎） Ⅲ 日本における外国法の摂取：序説（野田良之）、フランス法（野田良之）、ドイツ法（奥田昌道）、イギリス法（伊藤正己）、アメリカ法（田中英夫） Ⅳ 比較法学と日本の法学（五十嵐清）
15 現代法学の方法	碧海純一	Ⅰ 現代法解釈学の方法：現代法解釈学における客観性の問題（碧海純一）、法解釈学における論理と利益衡量（加藤一郎）、法学における理論の役割（平野竜一） Ⅱ 現代基礎法学の方法：法社会学（潮見俊隆）、法史学（世良晃志郎）、法哲学（井上茂） Ⅲ 現代法学と行動科学：裁判過程の研究（石村善助）、現代法学と心理学（八木冕）、現代法学と精神医学（小此木啓吾）、現代法学と記号論理（太田知行） Ⅳ 現代法学の体系（碧海純一）

【資料1-2】岩波講座　現代法

タイトル	編者	目次
1 現代法の展開	小林直樹	Ⅰ 現代法の問題状況：現代法の問題状況（小林直樹）、近代市民法の変動と問題（渡辺洋三）、社会法の展開と現代法（片岡曻） Ⅱ 現代における法と社会：現代法と階級（宮島尚史）、現代の法意識（広中俊雄）、法と道徳の現代的交渉（恒藤武二） Ⅲ 国際社会における法変動：現代国際社会の特質（高野雄一）、国際法の新展開（太寿堂鼎）
2 現代法と国家	橋本公亘・和田英夫	Ⅰ 現代法と国家権力：現代における法と国家権力（橋本公亘）、国家観念と国家類型（和田英夫）、人権の系譜と状況（和田英夫） Ⅱ 現代国家と個人：現代における自由（伊藤正己）、現代における平等（橋本公亘）、緊急権と抵抗権（和田英夫） Ⅲ 国家権力の構造：国民主権と代表の原理（野村敬造）、権力分立の論理（阿部照哉）、社会主義国家における権力の構造（松下輝雄） Ⅳ 憲法秩序の成立と保障：憲法の制定・変遷・改正（川添利幸）、憲法秩序の保障（有倉遼吉）
3 現代の立法	芦部信喜	Ⅰ 現代における立法（芦部信喜） Ⅱ 現代議会制の構造：議会制民主主義の展開（深瀬忠一）、社会主義法における立法機関（浅井敦） Ⅲ 選挙と政党：現代選挙法の諸問題（作間忠雄）、現代憲法と政党（手島孝） Ⅳ 憲法立法過程の理論と問題点：立法過程論（田口精一）、立法過程の問題点（池田政章） Ⅴ 立法の裁判的統制：司法審査制の理念と機能（芦部信喜）、憲法裁判制の理念と機能（覚道豊治）
4 現代の行政	雄川一郎・高柳信一	Ⅰ 現代における行政と法（雄川一郎） Ⅱ 給付行政法の理論（山田幸男） Ⅲ 行政の法的過程：行政裁量（杉村敏正）、行政手続（園部逸夫）、行政指導（成田頼明） Ⅳ 行政の統制：行政統制の意義と態様（市原昌三郎）、行政の議会による統制（小島和司）、行政の内部的統制（市原昌三郎）、行政の裁判所による統制（高柳信一） Ⅴ 行政と補償（近藤昭三）
5 現代の裁判	三ヶ月章	Ⅰ 司法制度の現状とその改革（三ヶ月章） Ⅱ 民事訴訟の動向（中務俊昌） Ⅲ 刑事訴訟の動向（高田卓爾） Ⅳ 行政訴訟の動向（雄川一郎） Ⅴ 執行制度の問題点（小室直人） Ⅵ 調停制度・仲裁制度の現状：調停制度（佐々木吉男）、仲裁制度（喜多川篤典） Ⅶ 家庭裁判所の現実：少年事件（所一彦）、家庭事件（唄孝一・湯沢雍彦）
6 現代の法律家	潮見俊隆	Ⅰ 戦前の日本社会と法律家（共同研究：日本社会と法律家1）：戦前の法律家についての一考察（清水誠）、司法官僚と法制官僚（佐藤竺） Ⅱ 戦後の日本社会と法律家（共同研究：日本社会と法律家2）：裁判官（潮見俊隆）、検察官（潮見俊隆）、弁護士（潮見俊隆）、「臨司意見書」の法律家像（潮見俊隆・松井康浩） Ⅲ 現代の法律家の職能と問題点：裁判官（小山昇）、弁護士（三ヶ月章）、検察官（平場安治）、司法補助官（竹下守夫）、準法律家（江藤价泰） Ⅳ 法律家の養成：法学教育（橋本公亘）、司法試験と司法修習（松井康浩） Ⅴ 民衆と法律家：司法に対する国民の参加（利谷信義）、裁判と民主主義（宮内裕）
7 現代法と経済	渡辺洋三	Ⅰ 法と経済の一般理論（藤田勇） Ⅱ 資本主義経済と法の理論：産業資本と法の理論（甲斐道太郎）、独占資本と法の理論（富山康吉） Ⅲ 資本主義経済と行政権（下山瑛二） Ⅳ 日本資本主義経済と法：戦前の日本資本主義経済と法（利谷信義）、戦後の日本資本主義経済と法（渡辺洋三）、経済法（正田彬）、財政法（遠藤湘吉）、租税法（北野弘久）、農林漁業法（中尾英俊・黒木三郎）、行政権と経済（奥平康弘） Ⅴ 社会主義経済と法の理論（稲子恒夫）
8 現代法と市民	加藤一郎	Ⅰ 市民法の現代的意義（加藤一郎） Ⅱ 現代における財産と財産権（鈴木禄弥） Ⅲ 現代における住居と法（幾代通） Ⅳ 現代の家族と法（西原道雄） Ⅴ 現代における教育と法（堀尾輝久） Ⅵ 現代における契約（星野英一） Ⅶ 不法行為法の発展（乾昭三） Ⅷ 市民と租税（金子宏） Ⅸ 権利の確保・実現（広中俊雄）

【資料1-3】『岩波講座　基本法学』刊行にあたって（芦部信喜・星野英一・竹内昭夫・新堂幸司・松尾浩也・塩野宏）　一九八三年五月

最近の社会・経済の発展はめざましく、内外の法制度をめぐる状況の変遷もまた著しいものがある。それに対応して法学研究も大きく進歩・発達した。岩波講座『現代法』が刊行された約一五年前と比べると、わが国における法学者の層の厚さの増大と年間に公表される研究業績の数の膨大さには、まさに驚くべきものがあるということができよう。法律に関する出版社の企画も多彩をきわめている。

このような時期に新しい講座の企画を試みることに対して私たちは、やや矛盾した気持にならざるをえなかった。というのは、一方において、『現代法』講座に含まれたある部分についてその後の変化を考慮に容れた新しい計画を構想することの必要性・有益性は、確かに大きいものがあるけれども、しかし他方において、法律関係書の氾濫を前にしたとき、じっくりと腰を落ち着けた研究なしにただ新しい企画を立てることに対して、強い躊躇を覚えたからである。

それにもかかわらず私たちがこの講座を計画したのは、わが法学界に存在する根本的な弱点の一つを埋めること、少なくともそのための第一歩を踏み出すことが、現在大きな意義を有すると考えたからにほかならない。すなわち、わが国の法律学の問題点の一つは、あるいは眼前の問題への対応に追われ、あるいは先行の学説を批判して新説を提唱するに急のあまり、現代社会の実相を踏まえて社会制度およびそれに対応する法制度の基本的な思想・概念ないしは意義を根本に遡って見直す作業が、今までやや軽視されているうらみがあることである。その結果、研究業績数の割には未だに堅固な基礎を欠いているの感のある領域が少なくない。さらに、もう一つの問題点は、各研究者が自己の専門領域に閉じこもりがちで、重要な法制度について、種々の意味における綜合的な研究がなお十分でないことである。そこで、従来蓄積されてきた過去のすぐれた研究業績の成果を踏まえ、この欠陥を埋めるための作業をすることは、わが法学界において一つの緊要な課題である、ということができるであろう。

こういう趣旨から私たちは、何回も討議を重ねた結果、最も基本的だと考えられる項目として、人、団体、財産、契約、責任、権力、企業、紛争の八項目を選び、この講座の編集を決意したのである。もちろん右の項目で、基本的な社会制度や、法律問題となっている現代的な社会問題のすべてが尽くされているわけではない。しかし現在、日本の法律学に求められている基本概念の見直しと総合的研究という課題を果たす第一歩としては、ほぼ十分といえるのではないかと思われる。

以上のような編集方針に基づいて、各巻は次のように構成されている。まず初めに、各巻が対象にしている制度に対して方が従来どのようにかかわってきたかを概観したり、当該制度の全体を沿革的に鳥瞰したりする総論の部分（Ⅰ）、ついでこれについての近代的概念が主として一九世紀に各法領域においてどのようにして形成されたか、それが時代を経てどのように変遷してきたかを尋ねる部分（Ⅱ）、さらに現代における新しい現象のうち重要な二、三のものを例として特に扱う部分（Ⅲ）、がそれである。各項目について、専攻分野を異にする研究者が各自の担当するテーマに立ち入った検討を加えるとともに、さらに共同討議をも行うことによって各項目の意義と問題点を総合的に明らかにしようというのが、この講座のねらいである。ただ、項目によっては、一つの制度の現代社会におけるあり方を多面的に考察することに比重の置かれているものもあることを、お断りしておきたい。

以上のように、この企画自体かなり壮大なものであるので、その完全な遂行は必ずしも容易ではない。しかし私たちは、全国多数の研究者のご協力によって、この企画が従来の研究の欠陥を若干でも埋め、今後の研究の礎石となりうることを信じている。また、全国多数の学生諸君および法律の実務にたずさわり、ないしは法律に関心をもつ方々が、この講座を利用することによって、既存の知識をより総合的なものとし、明日の新しい法律学へ大きく眼を開く手引きとして役立つことができることを心から願い、かつ期待する。

【資料1-4】岩波講座　基本法学

タイトル	まえがき	目次
1 人	星野英一	Ⅰ 人間と法：人間と法（矢崎光圀）、法律家（田中成明） Ⅱ 人――近代法から現代法への展開：公法における人間（手島孝）、私法における人間（星野英一）、刑法における人間（松尾浩也）、民事訴訟における人間（伊藤真）、刑事訴訟における人間（田宮裕）、国際法における人間（芹田健太郎） Ⅲ 現代における新しい問題：法の形成と実現における私人の役割（田中英夫）、法における新しい人間像（佐藤幸治）、両性の平等（花見忠）
2 団体	星野英一	Ⅰ 団体と法：団体と団体法の歴史（村上淳一）、団体に関する法技術（森泉章） Ⅱ 人――近代法から現代法への展開：家族（有地亨）、宗教団体（前田光夫）、労働組合（山口浩一郎）、政党（阿部照哉）、地方公共団体（室井力）、国家（栗城壽夫）、国際団体（筒井若水） Ⅲ 現代における新しい問題：団体と刑事罰（西田典之）、紛争解決過程における団体（高橋宏志）、団体の新しい政治機能（篠原一）
3 財産	塩野宏	Ⅰ 財産と法：財産と法（石井紫郎）、社会主義と財産（藤田勇） Ⅱ 財産――近代法から現代法への展開：領域・空間の管轄と利用（山本草二）、国有財産（植村栄治）、財産の公法上の保護（藤田宙靖）、財産の私法上の保護（米倉明）、財産の刑法上の保護（芝原邦爾） Ⅲ 現代における新しい問題：環境・資源・エネルギー（藤倉皓一郎）、無体財産権（中山信弘）、情報（堀部政男）、文化財（宮崎良夫）
4 契約	塩野宏	Ⅰ 契約思想・契約法の歴史と比較法：契約思想・契約の歴史と比較法（星野英一） Ⅱ 契約――近代法から現代法への展開：法律の観念（森田寛二）、契約と行政行為（小早川光郎）、条約（経塚作太郎）、私法上の契約と「意思自律の原理」（北村一郎）、身分法上の契約（泉久雄）、訴訟法における契約（青山善充） Ⅲ 現代における新しい問題：行政法における新しい問題（芝池義一）、附合契約と普通契約約款（広瀬久和）、労働協約（諏訪康雄）
5 責任	松尾浩也	Ⅰ 責任の沿革的・比較法的考察：責任の沿革的・比較法的考察（平井宜雄） Ⅱ 責任――近代法から現代法への展開：責任の諸態様（國井和郎）、国際法における国家の責任（安藤仁介）、国内法上の国家責任（佐藤英善）、政府機関の行政責任（西尾勝）、私法上の責任（藤岡康宏）、責任財産（奥田昌道）、刑事責任（内藤謙） Ⅲ 現代における新しい問題：賠償と保険・補償（西島梅治）、生産物責任（北川善太郎）
6 権力	芦部信喜	Ⅰ 権力の諸形態と権力理論：権力の諸形態と権力理論（福田歓一） Ⅱ 権力――近代法から現代法への展開：主権（高橋和之）、国家組織の権力（内田久司）、権力分立の近代と現代（杉原泰雄）、財政権力（金子宏）、行政における権力性（塩野宏）、司法における権力性（芦部信喜）、自治体の権力（兼子仁）、刑罰権（中山研一） Ⅲ 現代における新しい問題：権力と参加（遠藤博也）、社会的権力と人権（樋口陽一）、マス・メディアの権力（浦部法穂）
7 企業	竹内昭夫	Ⅰ 企業と社会：企業と社会（竹内昭夫） Ⅱ 企業の組織と活動：企業形態論（平出慶道）、日本の企業支配（江頭憲治郎）、会社の運営機構（前田重行）、資本市場（神崎克郎）、金融（前田庸）、企業と競争秩序（松下満雄）、企業の公的規制と補助（根岸哲） Ⅲ 現代における新しい問題：労働者参加（河本一郎）、公企業（磯部力）、社会主義社会における企業（大江泰一郎）、多国籍企業（龍田節）
8 紛争	新堂幸司	Ⅰ 紛争と法：紛争とその解決（六本佳平）、手続的正義（谷口安平） Ⅱ 紛争解決のための諸制度：自力救済（高橋一修）、自主的解決（樫村志郎）、行政上の紛争の解決（阿部泰隆）、民事訴訟の役割（井上治典）、救済の方法（竹下守夫）、私権の強制的実現（鈴木正裕）、行政強制（小高剛）、法的予防システム（小島武司） Ⅲ 現代における新しい問題：現代型訴訟とその役割（新堂幸司）、行政と紛争解決（原田尚彦）、サンクションの現代的形態（畠山武道）、犯罪の非刑罰的処理（井上正仁）

Column❶

明治前期の法律出版
――『明治時代法律書解題』を踏まえて

山口亮介

明治期における法律関係の書籍や雑誌等の出版物についての大まかな見取り図を得るためには、まずは西村捨也（編）『明治時代法律書解題』（酒井書店、一九六八年刊――以下、『解題』と表記）を紐解くのがよい。編著者の西村は、最高裁判所図書館整理課長在任時から明治時代の法律関係出版物の調査と整理を継続していたという。『解題』はこの地道な作業の成果であり、本篇と補遺篇をあわせて一四〇〇件にのぼる出版情報のみならず、西村が実見することができた刊行物についてはその一つひとつに解説が付されている。本コラムでは、同書に補足を加える形で、明治時代前半期の法と法律に関する出版物をめぐる二つの話題を提供していきたい。

Ⅰ　新令への適応をめぐる通俗的刊行物

第一の話題は、明治初年において一体何を法や法律に関わる出版物として取り扱うか、という論点にも関わるものであるが、この話題に入る前に、『解題』の内容についてあらためて確認しておきたい。

1　『解題』の分類体系と掲載基準

『解題』は、前述のように明治期に出版された法律関連の書籍や雑誌等を、その出版情報とともに解説を付しつつ列挙するものである。同書では、それぞれの文献情報が一二の綱目――Ⅰ　政治・立法、Ⅱ　法律一般、Ⅲ　憲法、Ⅳ　司法制度、Ⅴ　行政法、Ⅵ　民法、Ⅶ　商法、Ⅷ　民事訴訟法、Ⅸ　刑法、Ⅹ　刑事訴訟法、Ⅺ　諸法、Ⅻ　国際法――と、その内部に設定された細目の中に振り分けられている。冒頭部に掲げられた「凡例」によれば、西村は同書に収録する法律書の選別の範囲やその基準について、当初はこれをできるだけ狭義に解釈して政治や経済にわたるものは一切取り入れないという方針を採っていたという。しかしながら編纂作業を進める過程で、法概念が未分化であった明治前期においては法律書を厳正に他の近縁の諸学から切り離すことは到底できないと思い至り、法律と密接不可分な政治・経済・財政・社会領域に関する刊行物を含めたとしている。また同書二八九頁以下には、「明治時代の法律の出版形態について」と題する補論のほか、「明治時代の雑誌の推移と主な法律関係雑誌一覧」、「明治法律関係図書一覧」、「明治法制に関する基本資料の復刻書一覧」、「明治時代法律図書関係年表」が附録として収録されている。このように『解題』は、明治期の法律に関する図書の出版をめぐる状況を総合的に俯瞰するものとなっている。

さて、この『解題』に収録される諸文献の分類の方式については、基本的に『最高裁判所図書館法律図書目録』に従ったとの記述がある(1)。このことから同書においては、全体として昭和期以降の法学の分類体系上の区分を前提とした振り分けが行われているということができる。また西村は編集作業を行うにあたって「今日から見て余り学問的に価値の乏しいと思われるもの」については省略をするとともに、通俗的出版物や受験参考書等については、社会的・教育的には興味あるものであるとしながらも、若干が例外的に採録されるにとどまったと述べている(「凡例」二、三頁)。実際に同書の「Ⅰ　政治・立法」やこれに続く「Ⅱ　法律一般」の綱目に収録されている文献は、西洋の社会体制や諸法制の翻訳や翻案、紹介を行うもののほかは各官省の出版物や政府から発出された法令に関する情報を基礎としたものが中心となっている。

しかしながら、明治政府によって推進された全国的集権統治体制の構築の傍らで民間から出版された刊行物の中には、西村のいうような学問的価値などといった選別基準とは異なる視角から評価をすることができるものがあるように思われる。ここでは、法令などを通じた〈法のことば〉の発出とその受容を媒介する役割を果たした民間の出版物を取り上げていこう。

2　新令への適応と〈法のことば〉
――政府法令関連用語の通俗語訳出版物

明治新政府は一八六八年（明治元年二月）より『太政官日誌』[2]を刊行し、これをみずからの政策方針や具体的な統治に関わる「御政道筋」を上下の貴賤なく万民に示すための公報として位置づけた。この日誌に掲載された太政官および各官省の法令のほか、当時進められていた外国公使との交渉に関する文書や戊辰戦争の戦況報告、さらにこれらに関連する市井の新聞記事などに見られる漢語語彙に読み仮名と通俗語の語釈を付したものとして、一八六八年には荻田嘯（編）『新令字解』が大野木市兵衛・松村九兵衛・柳原喜兵衛ら大坂の書肆により出版されている[3]。また、同年中には『新令字解』の影響を受けつつ、個別の語釈をより平易な表現に改めた四方茂萃（編）『日誌必用御布令字引』[4]や浪速市民　知足（編）『布令字弁』[5]などの類書が出版され、いずれも多くの読者を得た[6]。

ここで『解題』に目を向けると、これらの出版物のうち、『新令字解』のみが補遺篇の「法律学一般」の綱目の中で「法律辞典」の一種として取り上げられているにとどまっている。また同書に対する解説も、「通俗を旨とするイロハ順用語集であるにしてもやや粗雑な編輯」と、体裁や形式の面に対する批判的なニュアンスでの言及が中心となっている（二四四頁）。

しかしながら、『新令字解』やこれに連なる法令用語等の通俗語訳の試みは、これらの文献の出版当時の状況を考慮するならば、明治前期における法や法律一般に関する出版物という枠組みの中で取り上げるに足る十分な意義を持っているということができるように思われるのである。

そもそも、一体なぜこの時期にかくのごとき字引や字解などの出版が民間から相次いだのであろうか。その理由のひとつとして、新政府から発出された法令等の文言が漢語を多用した難解なものであったという事情を挙げることができる。これに関連する出来事として一八六九年（明治二年四月）には、前月に設置されて間もない公議所に対して、民間に向けて発せられる布告文の中に庶民にとって容易には読み取り難い文言が用いられていることが政府法令の速やかな実施を妨げているという理由から、政府が発出する各種の法文には「可成丈仮名ヲ用ヒ已ムコトヲ得スシテ字ヲ用フル時ハ傍訓ヲ施ス可」きであるという趣旨の建白書が提出されているのである(7)。この建白を行った柳河春三は同時期の政府内において中小学校御用掛として学校制度取調の任に当たっており(8)、その経験を通じて政府法令の民間への周知の実態に強い問題意識を持ったものと思われる。こうした状況を踏まえるならば、明治草創期に

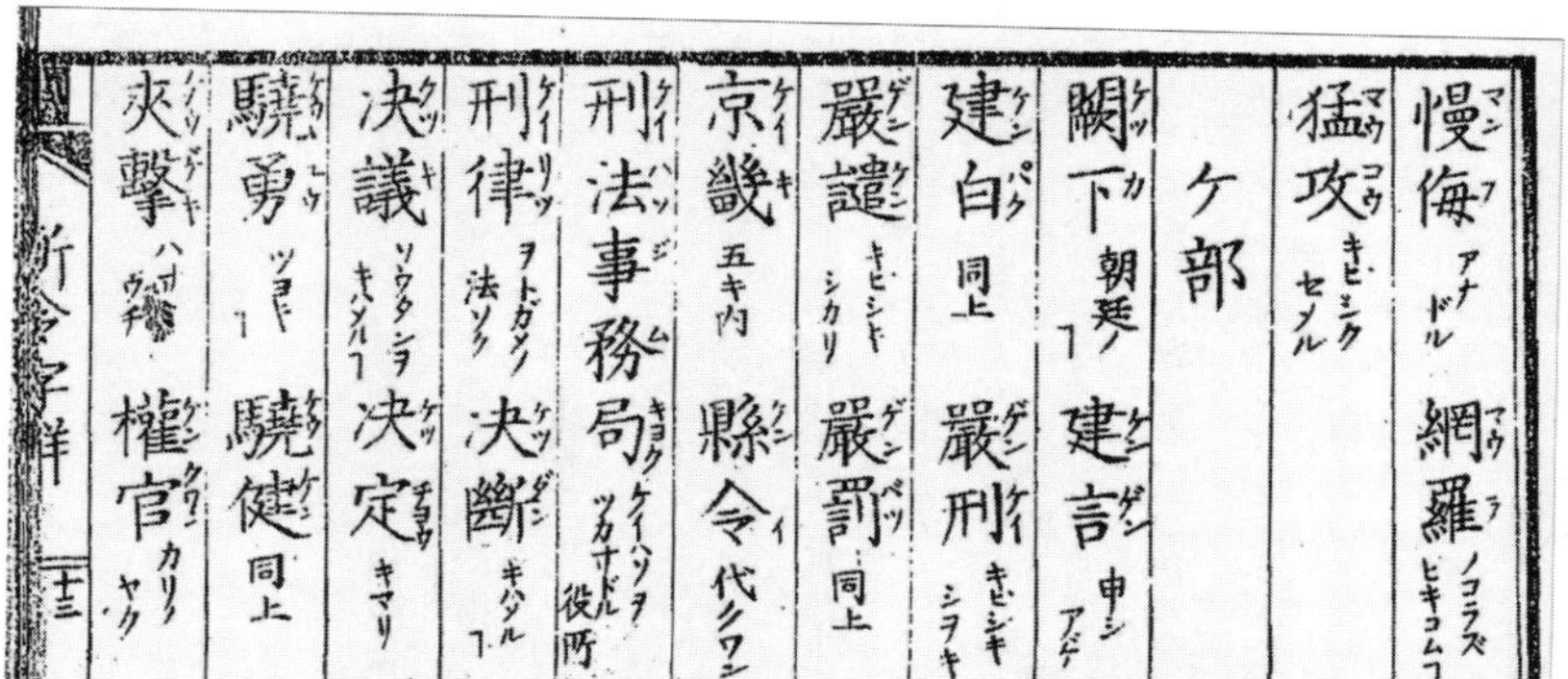
慢侮《マンブ》 アナドル　網羅《マウラ》 ノコラズヒキコムヿ
猛攻《マウコウ》 キビシクセメル
ケ部
闕下《ケツカ》 朝廷ノヿ　建言《ケンゲン》 申シアゲ
建白《ケンパク》 同上　嚴刑《ゲンケイ》 キビシキシヲキ
嚴譴《ゲンケン》 キビシキシカリ　嚴罰《ゲンバツ》 同上
京畿《ケイキ》 五キ内　縣令《ケンレイ》 代クワン
刑法事務局《ケイハフジムキヨク》 ケイハツヲツカサドル役所
刑律《ケイリツ》 ヲトガメノ法ソク　決斷《ケツダン》 キハダルヿ
決議《ケツギ》 ソウダンヲキハメルヿ　決定《ケツヂヤウ》 キマリ
驍勇《ゲウユウ》 ツヨキヿ　驍健《ゲウケン》 同上
夾撃 ハサミウチ　權官《ケンクワン》 カリノヤク
新令字解　十三

【図1】荻田嘯（編）『新令字解』（須原屋茂兵衛版、1868年）。国立国会図書館デジタルコレクションより。なお、浪速市民　知足（編）『布令字弁』初編には、建白に「天子へカキ上ルブンメン」、刑法事務局に「シヲキノハウヲツトメルヤクショ」との通俗語訳が付されている。

「布告命令ノ中ニ有ル字々」を広く童蒙にも解し易くする（『日誌必用御布令字引』緒言）などという目的を掲げた通俗語訳文献の刊行が次々となされたという事実は、民間の側から政府法令の周知をめぐる諸問題に対応を試みた実例として、これを積極的に評価することができるであろう。

ちなみにこれらの刊行物は従来、明治期近代日本における漢語辞書の源流をなすものとして主に国語史の領域において取り扱われてきたものであるが[9]、その編纂の意図は、ここまでに述べてきたように法令をはじめとした太政官をはじめとした政府の統治上の営みに関わる文書などに見られる難解な文言に対して、これを受信する人民一般の理解を強く意識したものであるといえる。この意味において、これらの「辞書」が民間から出版されたことは、当時における政府の活動に関連して発出された文書等の実際の伝わり方や読み取られ方を踏まえた法令をはじめとする〈法のことば〉――あるいは〈統治のことば〉――の機能面に関する検討[10]の素材として、法学の領域からも今後一層注目すべきことではないかと考えられるのである。

Ⅱ　法律学校の機関雑誌と出版条例

第二の話題は、法律雑誌[11]の学術雑誌としての性格とこれに対応する出版法制に関わるものである。『解題』に附録として収められた「明治時代の雑誌の推移と主な法律関係雑誌一覧」では、明治年間に発行された法律雑誌が創刊年順に目録化されている。西村はこの目録に先立つ解説の中で、民権論や政党による政論の形態をとって政府批判を行う新聞や雑誌が明治八年公布の讒謗律や新聞紙条例などの取締法令によって被った影響や、雑誌の発行を金銭面で維持するための「よきスポンサー」の必要などといった明治前半期における雑誌の出版をめぐる各種の制約を概論した上で、法律雑誌もこうした制約とは無縁ではなく、「殆どが三号雑誌（引用者注：創刊から三号ほどで休刊あるいは廃刊にいたる雑誌の俗称）と言わぬまでも短命なものが多い」と結論づけている。もっとも、この附録記事の目録に記載されているのは基本的に発行地域と発行者、刊行頻度、創刊年のみであり、一部の法律雑誌については終刊の年月が示されるものの、それらの具体的な終刊事情等には言及されていない。以下では、まず一八八七（明治二〇）年前後までの時期における雑誌一般に関わる出版関連法令[12]について簡潔に触れた上で、こうした法令に基づいて実際に出版取消しの処分を受けた法律雑誌の一例を取り上げていきたい。

1　学術雑誌と出版関連法制

政府の出版関連法令の中に今日的意味における定期刊行物としての「雑誌雑報」の文言がはじめて登場するのは、一八七五（明治八）年六月二八日の新聞紙条例（太政官第一一一号布告）の第一条（「凡ソ新聞紙及時々ニ刷出スル雑誌雑報ヲ発行セントスル者ハ持主若クハ社主ヨリ其ノ府県ヲ経テ願書ヲ内務省ニ捧ケ允准ヲ得ヘシ（後略）」）による。それ以前の定期刊行物の出版許可申請は、広く出版条例[13]および新聞紙条例[14]の枠内で政府内の文教行政に関連する部局により処理されていたが[15]、この間に発生した征韓論争などを発端とする政府内部の深刻な対立や薩長藩閥主導の政治運営に対する厳しい批判、さらに民撰議院設立の運動に直面した太政官によって新聞紙条例と同時に讒謗律が公布されたことに対応する形で、両条例に基づく出版物および新聞雑誌の発行許可等の管轄は地方行政や警察、衛生等の内務行政を統括する内務省に変更されるにいたっている。なお、その後新聞紙条例は一八八三（明治一六）年四月一六日に太政官第一二号布告（内務卿連署）によって改正され、定期刊行物については従来の治安の妨害や風俗の壊乱に関する事項を記載するものに加え、朝憲の紊乱に関する内容を含む論説や猥褻な記述を含むものについては内務省による発行の禁止などを行うことが明記されたほか、軍事上の記載や外交上の事件の記載についてはそれぞれ陸海軍卿、外務卿から記載の禁止を命じることができるとされた。

ここで話を法律雑誌を含む学術雑誌に絞ると、一八八七（明治二〇）年一二月二九日にそれぞれ改正された新聞紙条例（勅令第七五号）および出版条例（勅令第七六号）、さらに同日に出版条例から分離する形で新たに制定された版権条例（勅令第七七号）により、学術雑誌の発行をめぐる状況に変化が生じる。改正された出版条例の第二条には「新聞紙又ハ時々ニ発行スル雑誌ヲ除クノ外文書図画ノ出版ハ総テ此条例ニ依ルヘシ但雑誌ニシテ専ラ学術技芸ニ関スル事項ヲ記載スルモノハ内務大臣ノ許可ヲ得テ此条例ニ依ルコトヲ得」（傍点は筆者による。以下同様）との定めが置かれた。この但書により、「学術技芸」に関する内容を主とする雑誌とそれ以外の雑誌が区別されるようになり、前者は新たに出版条例の定める手続に、後者については従来どおり新聞紙条例の定める手続によることとされたのである。なお、この出版条例に対応する形で、新聞紙条例第八条三項には、新聞等の定期刊行物のうち「学術、技芸、統計、官令又ハ物価報告ニ関スル事項ノミヲ記載スルモノ」については同条一、二項に定められた発行人の保証金納付義務が適用されない旨が規定されている。また版権条例の第二条では、出版条例の適用を受ける出版物については内務大臣の許可を得て版権を取得することができることとされた。これにより、出版条例第二条但書にいう学術雑誌についても、申請によって版権の保護を受けることが可能となったのである。

2　学術雑誌としての『法理精華』

以上のような一八八七（明治二〇）年における出版関連法制の改正に伴う学術雑誌の位置づけの変化に前後して、各種の学術機関から法律雑誌の刊行が相次いだ。一八七七（明治一〇）年四月一二日に創設された官立の東京大学においては、法学部の教授、卒業生および学生らを会員とする法学協会の機関雑誌として八四（明治一七）年二月に『法学協会雑誌』が創刊されている。また、八一（明治一四）年頃から陸続と開校された東京法学校、専修学校、明治法律学校、東京専門学校、英吉利法律学校をはじめとする私立法律学校からも、機関雑誌として法律に関わる論説や講演録、法律討論、判例評釈、外国法翻訳のほか時事批評などの内容を含む刊行物が出版されているのである。こうした中で、一八八八（明治二一）年一二月二一日に『法理精華』[16]と題する雑誌が出版条例に基づく「学術雑誌」[17]として内務大臣から出版許可を受け、翌八九（明治二二）年一月に創刊されている。

この『法理精華』は、英吉利法律学校の機関雑誌として発刊された。創刊に当たり、英吉利法学校は同誌の発行組織として法理精華社を設立し、版権所有者、編輯者としてそれぞれ同校卒業生の粟生誠太郎、結城朝陽の名を挙げている。一八八八（明治二一）年末の発刊予告広告に「帝国大学出身ノ博士学士及ヒ此等ノ人々ニ縁故アル法律大家カ推敲研磨セル結果ヲ報道シ併セテ実際重要ナル法理上ノ問題ヲ裁断スル最モ高尚ニシテ最モ実益アル好雑誌」と述べられているとおり、創刊当初の執筆陣には英吉利法律学校本体の創設にも携わった菊池武夫や穂積陳重、増島六一郎、江木衷らが名を連ねている。もっとも、『法理精華』に収録されている記事は「高尚」なものばかりというわけではない。前述の発刊広告には、これに続けて「法理精華ハ又特ニ文苑ノ一欄ヲ設ケ法理ニ裨益アル詩文漫言及ヒ法理小説等ヲ掲載シ法律カ社会ノ実況ニ其効力ヲ及ホスノ実想ヲ目撃セシムヘキ……実学雑誌ナリ」とも述べられており、英吉利法律学校の設立規則に見られるような「帝国法律ノ実地応用」という目的に対応した法理一般に関する幅広い話題の掲載を宣言しているのである。なお、同誌の実質的な編集に携わっていたのは江木衷、花井卓蔵、坂根正夫であるとされ、一八八九（明治二二）年一〇月一日に英吉利法律学校が校名を東京法学院に改称したことにあわせて、第二〇号（同年一〇月一五日号）より花井があらためて法理精華社の総代に就任し、編集責任者を務めることとされている。

こうした編集体制の下で、『法理精華』の紙面には、同時期に政府内で進められていた商法典および民法典の編纂に関する論評記事が掲載されるようになる。周知のように英吉利法律学校（東京法学院）は法典実施延期の立場から言論活動や政府への働きかけなどを行っていくことになるが、一八八九（明治二二）年五月には同校関係者も多く参加する法学士会（東京大学法学部・帝国大学法科大学卒業生の親睦団体）によって政府の編纂事業における拙速主義、慣習の無視の態度を厳しく批判する「法典編纂ニ関スル法学士会ノ意見」が総理大臣、枢密院議長に提出されたことを端緒として、これ以降の時期には法典の速やかな編纂とその施行を支持するフランス法学派を中心としたグループ（いわゆる断行派）との間で激しい論争を繰り広げていく。『法理精華』は、東京法学院の機関雑誌として法典実施を批判する同校の立場を代弁する論説等を掲載していくことになるが、一八九〇（明治二三）年に商法および民法が公布され、それぞれ九三（明治二六）年一月一日、九一（明治二四）年一月一日に施行することとされるに及んで、同誌上には次第に学理上の議論にとどまらない記述が散見されるようになるのである。

3　『法理精華』の出版許可取消処分をめぐって

以上のような状況の下で、結果として『法理精華』は第三八号（一八九〇年七月一五日号）の発行に際して、同日付で出版条例第二条但書違反によって内務大臣から出版許可取消の処分を受けるに至ったのである。『法理精華』の出版許可取消をめぐって内務省当局においてどのような意思決定がなされたか、また具体的にどの記事のいかなる記述が問題とされたのかについては未だ不明な点が多く、これについての検討は今後の課題とせざるを得ないが、われわれはその事情の一端を、同誌の編集を主導した花井卓蔵の晩年の著作[18]を通してうかがい知ることができる。

花井によれば、発行取消処分を受けた第三八号には自ら「新法典概評（二）」と題する社説を寄稿していたが、その内容は後年の自分から見ても若気の至りで「厭ふべきもの」であったとされ、そうした穏やかならざる文言が多数用いられていたことこそが、同号が発行を禁止された理由であるとする[19]。同書にはこの社説のうち、花井が「不穏の箇所」と判断した箇所を削除するとともに一部の表現を改めた原稿が掲載されている。その内容を第三八号所収の原文[20]と比較してみると、修正版原稿では、法典の起草に携わった御雇外国人ボワソナードへの論難が大きく省略されている。たとえば「第一」の箇所から削除された「余輩ノボ氏〔引用者注：ボワソナード。以下同様〕ヲ信セサルハ其説ノ浅近陳腐ニシテ法理ヲ以テ之ヲ見ルコト能ハサルニ依ルナリ」や「第三」の箇所から削除された「仏国法典左迄誤謬ノ点ナキモ新タニ加ヘタル多少ノ変更ハ或ハボ氏ノ新発明ト称揚スルモノアルヘシト雖モ余輩ハ殆ト全ク取ルニ足ラサル妄説ニ出ルモノトナル」、さらに「第四」の箇所から削除された「ボ氏ノ勢力実ニ数百万人ノ宣教師ニ勝ルコト甚タ大ナリト謂フヘシ嗚呼我日本臣民ヨ汝ハ汝ノ身体自由ハ已ニ「ローマンカトリツキ」教派ノ刑法ヲ以テ支配セラレ」などの記述は、いずれもボワソナードに対して学理の面から批判を加えるのではなく、単なる個人攻撃を行うものにほかならない。また修正版では、原文の後半部に記載されていた「読者諸君ハ我法典ヲ解スルニ啻ニ法理的論理的思想ト普通観念トヲ諸君ノ胸中ヨリ駆逐セサル可カラサルノミナラス……日本帝国臣民タル観念ヲ放擲セサル可カラサルナリ……故ニ今若シ余輩ヲシテ一言ニシテ新法典ヲ評セシメハ新法典ハ……実ニ浅学寡聞殆ト普通ノ学識ヲモ備ヘサルモノノ手ニ成リタルモノト云ハサルヘカラス」（傍点引用者）との記述のうち、傍点部分が削除されている。このように、「新法典概評（二）」の原文において花井が行っているのは、法典編纂に関する政府の政策方針一般に対する筋道を立てた批判であるというよりはむしろ、法典編纂事業そのものに対する感情的な非難というべきものであったということができるだろう。

とはいえ、ここまでに見てきたような花井による事情説明は、実際の出来事から四〇年余りを経た後年の回顧であるということには注意を要する。『法理精華』には第三八号以前にも法典の実施延期に関する法理論的な側面からの論説のみならず、ボワソナードやフランス法学派への皮肉ともいうべき言説がしばしば掲載されているのである。[21] このため、『法理精華』の出版許可取消について検討するにあたり、花井の社説の文言のみを強調しすぎることには慎重でなければならない。このことを一応念頭に置きつつも、本コラムの関心に即して一言するならば、『法理精華』が明治二〇年の改正出版条例に基づく学術雑誌として出版許可を得たことに対して、前述したように同誌三八号における花井の「新法典概評（二）」の原文が同条第二条但書にいう「学術技芸」に関する内容を踏み越えるものであると内務省に判断されてもおかしくない内容を含んでいたことは事実である。[22] 以上のように、一八八〇年代の後半から一八九〇年代に展開された商法典および民法典の公布と施行をめぐる論争の中で、内務省は『法理精華』のような法律学校の機関雑誌に対しても、出版条例や新聞紙条例をはじめとする出版関連法令を通じた取締りを粛々と執り行っていたのである。

（1）『解題』には、『最高裁判所図書館法律図書目録　和書の部　第二分冊』（最高裁判所図書館、一九六六年）の参照が明記される（「凡例」二頁）。同目録の編集方針および凡例については、一九六四年刊の第一分冊冒頭部に記載がある。これによれば、法律図書の分類は一九五八年版の最高裁判所図書館の分類表によるとされる。

（2）『太政官日誌』の出版情報や刊行の形態については、山口順子「『太政官日誌』の発刊」出版研究四二号（二〇一一年）を参照。

（3）荻田嘯（荻田長三）は儒学者として知られる阪谷朗廬の門人。同書は、明治元年末には東京の書肆である須原屋茂兵衛によって刊行されている。

（4）版元は京都の書肆である村上勘兵衛ほか。同書の語彙は、部首の画数順に配置される。

（5）凡例には知足蹄原子との署名がある。版元は大野木市兵衛・松村九兵衛・柳原喜兵衛。一八六八年（明治元年一一月）の初版を皮切りに一八七二（明治五）年八月にいたるまで全七篇が刊行された。

（6）松井利彦『近代漢語辞書の成立と展開』（笠間書院、一九九〇年）一四九頁以下を参照。

（7）国立公文書館蔵「議案録　第三　明治二年夏四月」（公議所議案録）第二五号。

（8）尾佐竹猛『新聞雑誌之創始者柳河春三』（名古屋史談会、一九二〇年）二七～二八頁。柳河は幕末期に開成所教授を務め、大政奉還後は開成学校の翻訳校正掛を経て一八六九年に大学少博士に任ぜられた洋学者である。一八六八年には日本人による近代的体裁の新聞の嚆矢たる『中外新聞』を創刊したことでも知られ、薩長が主導する新政府そのものには批判的な態度をとっていた。

（9）松井・前掲注（6）一四九頁以下。なお松井は、『新令字解』の掲出語が必ずしも「新令」の類の漢語であるとは限らず、その意味で同書は「現代漢語辞典、あるいは時事用語辞典」と称されて然るべき内容のものであると指摘する（一五二頁）。そうであるとしても、幕府に代わる新たな統治権力秩序から発せられることばが通俗語訳を伴いつつ民間に広く購読者を獲得していることを考慮するならば、同書やその類書は、漢語や時事用語の辞典としてのみならず〈法のことば〉の実態をうかがい知る文献として法学の領域からの検討を必要とするように思われる。

（10）こうした視角に基づく若干の整理を試みたものとして、拙稿「法とことばの近代史（№. 1～12）」ビジネス法務二〇巻九～一一号、二一巻一～四、六～九号（二〇二〇～二〇二一年）を参照。

（11）明治二〇年代前半期の法律雑誌とその発行主体の歴史的位置づけについての見取り図を示すものとして、高橋裕「明治中期の法律雑誌と大坂攻法会」法と政治六二巻一号（二〇一一年）が有用である。

（12）江戸期から明治前期における言論・出版関係の取締法制の概況については、奥平康弘「検閲制度」鵜飼信成ほか（編）『講座日本近代法発達史　第一一』（勁草書房、一九六七年）一四三頁以下、木野主計「明治期出版関係法令の成立とその問題点」出版研究二五号（一九九五年）を参照した。

（13）一八七三（明治六）年五月一三日に行政官（第四四四号）によって出版条例及出版願書雛形が定められるとともに、一八七六（明治五）年一月一三日には条文構成を整理し、一部の文言を修正した改正出版条例（文部省無号）が発出されている。

(14) 一八七七（明治六）年一〇月一九日には発行許可制を定めた新聞紙条目（太政官第三五二号布告）が公布されている。なお、これ以前にも一八七一（明治四）年七月一九日には京都府からの伺に対する太政官大史の回答の中に新聞の記載内容についてのガイドラインを定めたと思しき「新聞条例」の記載を確認することができる（国立公文書館蔵『太政類典』第一編（慶応三年～明治四年）第五巻）。

(15) 明治新政府成立当初における書籍等の出版許可業務は、行政官や府県、昌平学校・開成学校の両学校、太政官直轄の大史（大史局）などを経て、一八七一（明治四）年七月の官制改革に伴い同年八月四日より文部省に移管された。

(16) 以下、『法理精華』の概要についての整理は、菅原彬州「『万国法律週報』と『法理精華』」法学新報一〇〇巻一号（一九九四年）九六頁以下に大きく依拠している。

(17) 官報一六四五号（明治二一年一二月二一日）第六面参照。なお、『解題』三〇一頁には『法理精華』の発行者が同労社と記載されているが、同労社は印刷業者であると見られる。

(18) 花井卓蔵『訟庭論草』（非売品、一九二九年）。

(19) 花井・前掲注（18）四二三頁。

(20) 同号掲載の「新法典概評（二）」は、菅原・前掲注（16）一二七～一三一頁に『訟庭論草』掲載版による削除と修正を併記する形で全文翻刻されている。なお、『法理精華』第三八号の印刷製本版は現在、国立国会図書館デジタルコレクション個人向け資料送信サービスにて閲覧が可能である。

(21) たとえば『法理精華』第三号の日法上人「法理精華と日蓮宗」という文苑記事には、「扨ハ高天原まて神議《ママ》りに議り給ひし天国議会の議案中にハ民法の草案ハなかりしか、釈迦無尼如来ハ例の「ボアソナード門人」にハあらざりしか、去るにても仏法、教法、説法などの文字あるの不審かしさよ」との記載が見られる。

(22) 『法理精華』第三八号の掲載内容は次のとおりである。［社説］花井卓蔵「新法典概評（二）」、［論説］奥田義人「日本民法財産篇物ノ定義ヲ論ス」、澁谷慥爾「日本民法財産篇第三百二十三條」、花井卓蔵「准契約ヨリ生スル義務」、［擬律］、［判決例］増島六一郎「煙草税則違反上告件」、［文苑］先憂居士「題仏国留騒氏肖像」、歸去來休業堂主人「三百公」、高梨りま「是非なくも又た憂たてけれ」、［寄書］齋藤二郎「寄託物ニ対スル注意ノ程度」、［雑録］。同号に限っていうならば、花井の社説以外に法典編纂の非難に繋がるような過激な内容の記事は確認できない。

第二章

「法学全集」につどう人びと――「実学」としての法学

荒邦啓介

I はじめに――三つの「法学全集」

近年出版された『災害法』という書籍では、その「はじめに」において以下の一節がある。

現代の法律学を対象に現時点で法律学全集を編集するならば、災害法は確実にその一角を占めるものである。それほど、市民や法律関係者の関心が著しく高い分野であるということができる。(1)

「市民や法律関係者の関心」の高さはもちろんのこと、その基本的な法が存在し、その下でいくばくかの実定法も形成され、さらに行政実務や裁判例も蓄積されたとなれば、その法分野は、「全集」の中で独立した一巻の著書とするに値する――おそらく「全集」を編む者はそう思うであろう。

注目したいのは、前掲の一節中の「現代の法律学を対象に現時点で法律学全集を編集するならば」という箇所である。これは、法学にとっての「全集」とはその時々の法ないし法学の状況を映した鏡のようなものだ、ということを裏書きするかのようである。そうであるなら、後世の法学徒は、各時代に編まれた「全集」に触れることで、その時々の法と法学の状況に触れることができる。

そうした「全集」に触れることで、本書全体にとっての関心事でもある、法学と出版との関係や、法学の「実学」的側面――本章では、法曹を中心とした法的知識を必要とする「法律実務家」にとって有益・不可欠なものを発信する面としてこれを理解する――に関する問題について、一定の示唆が得られることもあろう。

本章では、こうした考えの下、おそらく最もよく知られる「法学全集」である一九五〇年代後半の『法律学全集』(有斐閣)に加え、明治憲法下の時代に刊行された二つの「法学全集」を取り扱う。というのは、『法律学全集』自体が、その二つの「法学全集」を意識して刊行されたものだったからである。『法律学全集』の編集委員が記した「刊行のことば」には、次のようにある。

戦前、二度にわたり、現代法学全集及び新法学全集が刊行され、これによってわが国における法律学の普及と発達に多大の寄与をなし、法律学の水準を高める上にも大いに役立ったのであるが、戦後の新しい法制に関し、法律学のあらゆる分野にわたる標準的体系書を刊行することは、戦前に比して遥かに必要であり、その要望も多い。(2)

ここに登場する『現代法学全集』と『新法学全集』は、どちらも日本評論社（第四章〔森元〕注6参照）が刊行したものであった。同じ出版社から刊行された二つの「法学全集」が、何らの脈絡なしに刊行されたものだとは考えられない。だとすれば、この三つの「法学全集」――『現代法学全集』、『新法学全集』、『法律学全集』――を並べて検討の対象とすることも許されよう。

本章は、先述の本書全体にとっての関心事を考察する際の素材を得るべく、三つの「法学全集」に検討を加えるものである。特にそれらに付されていた月報を頼りに進むことになるが、具体的には、「法学全集」にはどのような法分野が収められ、それを書いたのは誰か、そもそもの「法学全集」は何を目指して企画され、誰に向けられたものなのか、といった点に目を向けつつ、とりわけ「法学全集」の「実学」的側面に焦点をしぼって見ていくことにしよう。

II 『現代法学全集』

「法学の大衆化」と「法科大学の開放」

一つめの「法学全集」は、一九二八(昭和三)年に刊行が始まった日本評論社の『現代法学全集』である。第四章〔森元〕で指摘されるように、この『現代法学全集』は非常に売れ、今日なお続く法律雑誌の『法律時報』創刊のきっかけにもなった。

『現代法学全集』が刊行された頃の我が国は、一冊一円のいわゆる「円本」の時代であり、また「全集」の時代でもあった。一九二六(大正一五)年から改造社が「円本」として『現代日本文学全集』を刊行したが、その売れ行きを見て、出版各社は競って「全集」を編んだ。『現代法学全集』刊行の年の前後では、『明治文化全集』(日本評論社、一九二七年)、『マルクス＝エンゲルス全集』(改造社、一九二八年)、『社会思想全集』(平凡社、一九二八年)、『世界大思想全集』(春秋社、一九二九年)など、極めて多くの「全集」が世に送り出された。[3]こうした状況に対し、所謂「此の頃の全集ばやりにしても、之を読者側から見ると、読むのではなく飾つて置くのだ、ツンドク主義者の装飾にしか過ぎぬ」[4]と冷ややかな視線を送る者もいたが、「全集ばやり」の時代であったことは事実である。

この「全集」の時代に、「円本」として産み落とされたのが『現代法学全集』であった。『現代法学全集』が廉価な書籍として刊行されたことは、後述のように「法学の民衆化」をその目的に掲げた『現代法学全集』にとって、実は重要な点であったと思われる。

この『現代法学全集』の企画は、「日本評論社の鈴木利貞社長が末弘〔厳太郎〕先生の指導によって」[5]行ったものだとの証言が残る。証言の主である山本秋は、末弘門下生の一人で、『現代法学全集』の編集にも携わった。この企画は「末弘が必ずしも主体的・主導的に立案したものではない」[6]との指摘もあるが、いずれにせよ『現代法学全集』の「編輯代表者」なり「編輯責任者」なりを務めた末弘は、[7]のちに同じく日本評論社が刊行した『新法学全集』でも編集を担い、「法学全集」づくりに励むことになる。

では、その末弘は、いかなる目的を掲げて『現代法学全集』を編んだのか。ここでは、「編輯責任者　末弘厳太郎」の名で記された「発刊の趣旨」からそのことを確認しよう。そこでは次のようなことがいわれている。

一九二八（昭和三）年は、普通選挙が実施され、陪審法が施行される年で、「民衆」が立法と司法とに携わる機会を得る年である。だから、一部の限られた者だけが参加できる「彼等の政治を「吾々の政治」たらしめ「吾々の為めの政治」たらしむべく努力せねばならない」。しかし、「それには準備が必要である」。「然らば民衆は何を準備すべきか、吾々は其一として、否其最も重要なものの一として法律知識の獲得を挙げざるを得ない」。では、「民衆は如何にせば容易に法律知識に近付き得るであらうか」。「官私の法科大学は全国にたくさんある」し、「法律を説いた著書も亦いくらでもある」。けれども法科大学へと出入りできる者は限られ、法律書も「無用にアカデミックであり唯法律専門家の間にのみ通用し得べき形式と内容とを以て」書かれている。そこで登場したのが『現代法学全集』であり、「『現代法学全集』は法科大学の開放である、其拡張である。それは法科大学の講座を民衆聴衆の前に開放せんとする企である」――末弘は以上のように記した。(8)

このように、人びとが広く国政に参加するに至った当時、人びとに法律の知識が必要になったこと、しかしその知識を得るには法科大学の門は狭く、法律書も読みづらいことの二点を踏まえ、それを解決すべく『現代法学全集』が刊行されるのだ、と末弘は主張した。

その月報創刊号でも端的にいわれているように、『現代法学全集』はまさに、「法学の民衆化」と「法科大学の開放」という目的を持っていた。(9) いま少し両者の関係を整理すれば、《「法科大学の開放」を通じ、「法学の民衆化」を達成しよう》というものだったといえる。

簡明平易さ――文体とルビ

さて、こうした目的を掲げたからには、『現代法学全集』はそれに見合う内容であったはずである。すなわち、文章が簡明平易で読みやすいかどうか、執筆陣は「法科大学の開放」といえる人びとかどうか、といったことが問われたはずである。以下、この二つについて見ておこう。(10)

まず、文章が簡明平易で読みやすいかどうか、との点はどうであったか。この点で注目に値するのが、『現代法学全集』では漢字カタカナまじりの文語体ではなく、漢字ひらがなまじりの口語体であったこと、そして、漢字に読みがな（ルビ）が振られていたことの二点である。

確かに明治末年刊行の美濃部達吉『憲法講話』（有斐閣）のように、すでに漢字ひらがなまじりの法律書がなかったわけではない。ただ、多くの法律書が漢字カタカナまじりであった当時、『現代法学全集』では漢字ひらがなまじりの、現在とさして変わらぬ文体で統一されていた。

それにも増して印象的なのが、漢字に振られたルビである。特に第一回配本に当たる『現代法学全集』第一巻を開くと、章のタイトルや法文などを除き、本文中のすべての漢字にルビが振られている。同巻所収の上杉慎吉『大日本帝国憲法講義』を見ると、「大学」とか「原則」などといった、全く専門用語ではない漢字もルビ付きである。

このように、すべての漢字にルビを振ったことは、当初から『現代法学全集』の特色に数えられていた。(11)読者層を広げるためには、廉価な円本であることに加えて、ルビ付きであったことは有意味であったといえよう。(12)

ただ、七戸克彦もいうように、(13)『現代法学全集』では当初のルビ付きの方針が徐々に緩和され、ルビは一部の漢字だけに振られるようになっていく。たとえば、第一八回配本に当たる第一六巻に収められた立作太郎『平時国際公法』では、「抗敵」や「交戦団体」などといった漢字にルビが付くだけで、ほとんどの漢字はそのままである。こうした変化が生じたのは、読者層を広げるべくして行ったにもかかわらず、その読者から反発を含む多くの意見が届いたからであったと思われる。

もともと、すべての漢字にルビを付けることは、「校正に一切閉口した」[14]と編集の側が吐露するほどの作業であった。末弘は、第四回配本に際し、「ルビの撤廃については時々読者諸君から御希望」があると述べ、「私〔末弘〕は吾々の全集を何人にも容易に読めるものにしたいのであつて、それにはルビをつけるより仕方がない」と主張した。[15]とはいえ、第一回および第二回配本時に「必要以上にルビを付け過ぎた」ことは末弘も認めており、第三回配本（第二四巻）からは一部の漢字だけにルビを付す「バラルビに改めた」。[16]こうして、すべての漢字にルビが振られることはなくなった。

ルビの撤廃については、それに反対する読者の声もあったが、他方、「苟しくも法律を学ばんとするものが平々凡々な字に振仮名がなくては読めぬなんてそんな字が読めんでは第一意味がわかるまい」との声も届いた。[17]

編集側では、こうした声に対し、「読者の範囲程度を最もよく理解してゐる編輯者が一見愚に見えるルビを固く守つてゐるそのことこそ、正しく法学の民衆化が意想外に大きい勢で現実行はれつゝあることを示すもの」[18]（傍点引用者）だと応答している。『現代法学全集』にとって、ルビを振るということは、誰もがその文章に親しめるようにするための、「法学の民衆化」の象徴であった。

執筆陣――「官庁関係の実務家」の多さ

次に、執筆陣は「法科大学の開放」といえる人びとかどうか、との点はどうであったのか。『現代法学全集』の『会社法』を担当した松本烝治によれば、末弘から執筆の依頼があった際、「各科目いづれも之を担当する第一適任者を選ぶといふこと」が伝えられたという。[19] 結論からいえば、その「第一適任者」たちは、帝国大学の法学者たちが少なくなかった。しかし、それだけで占められていたわけではなく、多くの司法・行政官僚に支えられていた。

本章では、『現代法学全集』の執筆者を、先行研究での分類方法を参考に、[20] ①大学研究者（大学教授など）、②司法官僚（判事や検事に加え、司法省に属する官僚らを含む）、③行政官僚（司法省以外の官庁に属する官僚）、④その他（元判事や弁護士など）の四つに分類したい。[21]

このうち、①に該当するのは、『大日本帝国憲法講義』の上杉慎吉（東京帝大教授）、『行政法総論』の野村淳治（東京帝大教授）、『国際公法の基本観念』の立作太郎（東京帝大教授）、『地方自治法』の杉村章三郎（東京帝大助教授）、『衆議院議員選挙法』の宮沢俊義（東京帝大助教授）、『法制史』の三浦周行（京都帝大教授）、『労働法』の孫田秀春（東京商科大教授）など、二七名であった。

この二七名という数字は、現職の大学研究者だけでなく、東京帝大教授を辞して当時弁護士であった松本烝治や、『不動産登記法』を執筆した元九州帝大助教授の杉之原舜一を含む。[22] 二七名のうち、多くは東京帝大に属する研究者であったが、右のように三浦や孫田らの例もある。

次に、②司法官僚として、『暴力行為等処罰法』の池田克（司法書記官）、『少年法』の岩村通世

（東京控訴院検事）、『陪審法』の大森洪太（大審院判事）らを挙げることができる。『非訟事件手続法』の中島弘道（東京地方裁判所部長）のような例もあるが、合計九名となる司法官僚は、刑法・刑事訴訟法分野を担当する者が多かった。

では、③行政官僚はどうであったか。『道路法』の丹波七郎（内務省）、『会計法』の広瀬豊作（大蔵省）、『衛生行政法』の山田準次郎（内務省）、『保険業法』の南正樹（農商務省）、『電話法』の藤原保明（逓信省）など、一九名がこれに属する。「法科大学の開放」を掲げた『現代法学全集』からすれば、官僚がその執筆陣の多くを占めることは必ずしも望ましいことではなかったはずである。ただ、山田が東京帝大などで、『取引所法』の岸信介（農商務省）が中央大で、といった具合に、大学で講義をしていた者もいた点は注意してよい。

最後に、④の元判事や弁護士などに該当するのが、『著作権法』の榛村専一（弁護士）、『信託法及信託業法』の三淵忠彦（三井信託株式会社）、『担保附社債信託法』の栗栖赳夫（日本興業銀行）の三名であった。榛村と三淵は元判事であり、また三淵は慶應義塾大で、栗栖は中央大で教壇に立っていた人物でもある。

以上が『現代法学全集』の執筆者の分類となる。大学研究者の執筆者数二七名に対して、司法・行政官僚の合計は二八名にのぼり、それ以外に元判事が二名いたことになる。『現代法学全集』は確かに「法科大学の開放」という目標を掲げていたものの、大学研究者がすべてを書いたわけではなかった。

おおよその傾向として、司法官僚は刑法・刑訴法分野を執筆する者が多かった点はすでに触れた。それに加え、特別法分野では行政官僚の執筆者が多かった。先に挙げたもの以外に、『税法』の星野直樹（大蔵省）、『河川法』の岡田文秀（内務省）、『土地収用法』の武井群嗣（内務省）、『電気事業法及瓦斯事業法』の遠藤後一（逓信省）、『漁業法』の石黒武重（農商務省）などがその例であった。

「法律実務家にとって必要不可欠の参考書」

ところで、特別法分野で行政官僚の執筆者が多かった点について、戦後、田中二郎が次のように述べている。

「現代法学全集」の一つの特色は、基本法的なものは、だいたい大学の教授が執筆する。しかしその他の諸法的な部分、特に行政法に属する特別法などは大体実務家が分担し、官庁関係の実務家が執筆しているという点だろうと思います。[23]

「官庁関係の実務家」の執筆者が多かったのは、「あの頃にはまだ学者の数が今ほど多くなかったとも言える。そこであのように学者以外の人達まで動員せざるをえなかつたのではないか」[24]と考えるのが自然であろう。

この「官庁関係の実務家」が多くを担った特別法を『現代法学全集』に収録できたことは、当時から一つの快事と見なされていた。美濃部達吉は「多くの特別法の講義をも集大成したことに於て他に比類を見ないもの」だと賞し[25]、立作太郎も「特別法に関する詳細なる研究」が登場したことは「我が法学界を益すること著しきものがある」と評した[26]。

こうした特別法の充実ぶりから『現代法学全集』は法律実務家にとって有益だと述べたのが、松本烝治である。彼は、「従来著書の少ない、或は全然参考書すらなかつた重要特別法が、ほとんど網羅されてゐる」点を見て、「我々実務に携はる者」にとって「重要な役割」を『現代法学全集』が演じていると述べる[27]。というのは、自身の弁護士事務所に「日々持ち込まれる実際問題は、時には鉱業法に、河川法に、産業組合法に道路法に関するもの等々、複雑多岐を極めて、特別法の領域に属するものが、至つて多く、疑問の点甚少くない」からで、「この際第一に繙くものは現代法学全集であつて、常にこの法律学のエンチクロペディーの便利さを痛感する次第である。法学全集は今や法律実務家にとつて必要不可欠の参考書と謂はねばならぬ」と讃えた[28]。

編集を担った末弘も、「各方面の専門家から特別諸法令の講義をきゝ得ることは吾国法学界の為め何よりも喜ばしいこと」だと述べたが[29]、当初から『現代法学全集』では、《「法律実務家」にとって有益な文献であること》が目指されていたと思われる。というのは、本節冒頭で紹介した末弘の「発刊の趣旨」でも、『現代法学全集』が「既に法学を修めて現に実務に従事しつゝある人々にとつても有益なる参考書」となるだろうといわれ、「法律学者」や「学生」らと並び、「実務者」もこれを読むべし、とされていたからである。[30]

このように、特別法分野を収録できたこと、さらには、それによって「法律実務家にとつて必要不可欠の参考書」となったことは、『現代法学全集』の特筆すべき価値であった。

Ⅲ 『新法学全集』

「法科大学の扉」の「開放」

すでに触れたとおり、『現代法学全集』を編んだ末弘は、日本評論社が一九三六（昭和一一）年から刊行した『新法学全集』でも編集を担った。[31] 当時、「今年の出版界で何が一番当つたかと云へば、予約物では、『新法学全集』であらう。文学物の中にも相当成績を上げたものもあるが、到底及ばなかつたやうである」[32]という評が出るほどの人気ぶりであった。

この『新法学全集』は、一九三五（昭和一〇）年の秋頃から本格的にその企画が始まったようだが、[33] では、その刊行目的はどのようなところにあったのか。『新法学全集』の月報に当たる『新法学』の創刊号に掲げられた末弘の言葉から、その点を確認しよう。そこでは次のようなことがいわれている。

すなわち、『現代法学全集』出版後、社会は大きく変化し、法律もまた変化したことから、「新しき法律に関する新しき知識を求める要求」が高い。しかし法律書はなお高価で、簡単には入手しづらい。「そこで吾々は嘗て『現代法学全集』を出版したときと同じ精神を以て、必要の法学知識を大集成し、以て之を出来る限りの廉価で広く頒布する必要を痛感し、新に本全集の編纂を企てた」。その際、『現代法学全集』の欠点を改め、執筆者も「最も堪能な学者を全国的に」集めた。「かくして此『新法学全集』は我国現在の法学に関する最高知識の大集成であると同時に、広く全国に向つて法科大学の扉を開放する役目を十分に果たし得べきことを信じて疑わない」——末弘は以上のように記した。(34)

この一節を見る限り、『新法学全集』刊行の目的は、『現代法学全集』のそれと、さほど違わなかったと思われる。前節で確認したように、『現代法学全集』の刊行目的には、「法学の大衆化」のための「法科大学の開放」が謳われていたが、『新法学全集』にも「法科大学の扉を開放する役目」があるとされた。実際、『新法学全集』の読者には「初学者」も多くいたようで、(35)「法科大学の扉を開放」するものであったといえる。(36)

簡明平易さの維持

さらに、『新法学全集』でも簡明平易に説くことが目指されていたと思われる点は、『新法学全集』の刊行目的が『現代法学全集』のそれとさして違わないとの観方を補強するものであろう。『新法学全集』では、『現代法学全集』と同じく、漢字ひらがなまじりの口語体が採られた。「文語体を軽視することは、法律的教養として適当でない」(37)として、口語体を採ることに反発めいた姿勢を見せていた牧野英一（東京帝大教授）でさえ、『新法学全集』では「断然、口語体にする」[38]と述べ、『刑法総論』を口語体で書いた。法律書としては文語体をよしとする者でさえ『新法学全集』では口語体を採ったというこのエピソードは、『新法学全集』でも簡明平易さが目指されていたことを物語っている。[39]

他方で、『現代法学全集』とは違って、『新法学全集』では漢字にルビが振られなかった。『新法学全集』の読者からは、「法学特有の文字の読み方」をする箇所だけでもルビを振ってほしいとの投書もあったが、編集側は、そうした文字の読み方については月報で紹介すると応じただけであった。[40]

とはいえ、全体としていえば、『新法学全集』は当時の法律書の中では読みやすいものであったと理解してよい。読者の声を参照すると、「読みやすく大衆への法律化ですね」[41]とか、「本全集は其の平易さに於て能く社会人の理解を容易ならしめ」[42]ているなどといった意見を多く発見できるからである。

ただし、あまりにも簡明平易さを追求すると、また別の問題が生じる。ある読者は、「説明が平易である事は大衆的法律本として望ましい事ですが、程度を下げないでほしいと思ひます。夫々著者の精一杯のものが揃つてこそ権威ある法律百科全書と云ふべきです」[43]との声をあげた。高等試験受験生も読者であったから、[44]水準が低くなることを望む読者ばかりであったとは思えない。

では、編集側はどう考えていたのか。そのことが判明する一節を次に掲げよう。

本全集が多少低調に過ぎるといふ批評を二三耳にしました。通俗を覗ひ平板に堕することの避くべきは申す迄もないことで、私どもが旨とした「法科大学の開放」は単なる「通俗法律講座」と同じものではなかつたのでした。しかし同時にまた本全集は極めて広汎な読者大衆によつて読まれ、法律学全般の問題を体系的教科書的に取扱つて居り、決して専門的な研究論文集であることを目標としては居ません。諸先生の執筆上の御苦心も一に茲に存するものと考へております。(45)

これによれば、『新法学全集』はその方針として、「専門的な研究論文集」ではなく、「極めて広汎な読者大衆」に適した内容・水準であることが目指されていた。同『全集』は『現代法学全集』よりも「遥かに学的価値の豊かなものが出来上がるであらうと私は考へてゐる」(46)と末弘はいうが、必ずしも学術的な水準の高さを求めるものではなかったと思われる。

執筆陣——大学研究者の激増と行政官僚の激減

以上のような『新法学全集』の執筆者たちは、どのような人びとであったのか。前節と同じく、①大学研究者、②司法官僚、③行政官僚、④その他に分類しよう。(47)

『新法学全集』では、①大学研究者に該当する執筆者が非常に多かった。杉村や宮沢ら、『現代法学全集』から引き続き執筆陣に加わった者に加え、『法理学』の広浜嘉雄（東北帝大教授）、『憲法』の佐藤丑次郎（京都帝大・東北帝大教授）、『地方自治制』の宇賀田順三（九州帝大教授）、『会計法』の清宮四郎（京城帝大助教授）、『公共企業法』の田中二郎（東京帝大助教授）、『文化行政法』の中村弥三次（早稲田大教授）などが参加し、合計六一名にのぼる。[48]「執筆者も夫々の科目に付き最も堪能な学者を全国的に求めた」というすでに引用した末弘の言葉どおり、主に全国各地の帝大の研究者から構成された。

次に、②司法官僚に該当するのは、『治安維持法』の池田克（大審院検事）、『行刑法』の正木亮（東京控訴院検事）、『少年法』の森山武市郎（司法省）、『調停法』の三宅正太郎（大審院第三刑事部長）、『非訟事件手続法』の岡村玄治（大審院判事）ら、合計七名であった。[49]彼らのうち、刑法・刑訴法分野を担当したのは四名となる。『現代法学全集』では司法官僚は九名であったが、次に見る行政官僚の激減ぶりと比べれば、ほぼ変わらなかったといえる。

では、③行政官僚はどうであったか。その執筆者数はわずか二名、『衛生法』の亀山孝一（内務省）と『漁業法』の井出正孝（農林省）のみである。最後に④その他に属するのは、『信託法』の入江真太郎（弁護士）だけであった。しかも『信託法』は、もともと高柳賢三（東京帝大教授）が執筆予定であったが、「病勢悪化」のゆえに入江に交代となった、という経緯があった。[50]当初計画された執筆陣には、④その他に属する者はいなかったことになる。なお、元判事という点だけでいえば、『破産法』の斉藤常三郎（京都帝大教授）はそれに当たるが、大学研究者に含めるべきであろう。

以上のように、『新法学全集』の執筆者を分類すると、①大学研究者六一名、②司法官僚七名、③行政官僚二名、④その他一名ということになる。『現代法学全集』との最大の違いは、大学研究者の激増と行政官僚の激減である。その理由について、「学者の数がふえ、広い範囲にわたつて動員できるような人ができたということを意味するのじやないかしら」[51]と、大学研究者と行政官僚のそれぞれの執筆者数の増減を単純な足し引きで理解する観方もある。

ただ、戦後になって我妻栄は、この問題につき、――「正確な記憶はありませんけれども」と前置きしつつ――「実務家」だと「どうも説明が技術的になって理論的なものが足りない」ため、技術的な説明を「もう一ぺん理論的に見直してもらおうというような気持」が末弘の中で働いたような記憶がある、と戦後になって回顧している[52]。

この我妻の回顧によれば、技術的な説明で止むことなく理論的なものとするため、行政官僚ではなく大学研究者に引き受けてもらう項目が意図的に増やされた、ということになる。もちろんそれが可能になったのは、大学研究者の数が増えたからではあった。

特別法分野における法・政治的課題との交わり

以上のような執筆陣で構成された『新法学全集』は、すでに触れたとおり、「法律学全般の問題を体系的教科書的に取扱」おうとするものであったが[53]、それ以外にも、その性格を特徴づけたものとして、本章では、①新たな法分野の確立が狙われていたこと、②特別法を中心に時代に合わせて項目が見直されたこと、の二点を挙げたい。

第一に、『新法学全集』では、松岡修太郎（京城帝大教授）の『外地法』、美濃部達吉の『公用負担法』、中村弥三次の『文化行政法』がその例だが、一つのまとまった新領域の研究として登場したもの、あるいはそうした法分野を画定させるべくして登場したものがあった。このことは、それぞれの著者や編集部からもその旨の自覚的な発言が行われていたから、そう断じてよい[54]。

第二に、特別法を中心に、時代に合わせて項目が見直されたという点がある。『現代法学全集』のときから特別法の充実ぶりはその目玉であったが、『新法学全集』でもその傾向が強かった。特別法分野としては、渡辺宗太郎（京都帝大教授）の『土木法』や、杉村章三郎（東京帝大教授）の『専売法』のように新たな法分野を大学研究者が執筆した例に加えて、『現代法学全集』では行政官僚が執筆したが『新法学全集』では大学研究者が担当したものも少なくない。これには、編集を担った末弘自身が担当した『鉱業法』のほか、田中誠二（東京商科大教授）の『銀行法』、田中耕太郎（東京帝大教授）の『取引所法』などがある。

さらに、特別法分野では、田上穣治（東京商科大助教授）の『軍事行政法』、菊池勇夫（九州帝大教授）の『経済統制法』のように、中国大陸での戦争がすでに始まっており、各種の経済統制法令が運用されていた当時の日本にあって、現実的な法・政治的課題と深く交わるものがあった。

このことは、『新法学全集』が法曹はもちろん、官公庁に勤める法的知識を必要とする者、すなわち《「法律実務家」にとって有益な文献であったこと》を意味すると思われる。事実、『新法学全集』の月報には、軍人を含め、官公庁勤務の者からの投書が散見され、[55]「法律実務家」による読者層が形成されていたことが推測できる。本書Column❺では、『法律新聞』が官公庁勤めの者らを含めた実務家のためのプラットフォームであったと述べられているが、『法律新聞』の読者層と、『新法学全集』の読者層とが重なっていた可能性は十分あるだろう。

行政官僚の執筆者が減ったにもかかわらず、そのような人びとから歓迎される内容を『新法学全集』が持っていたというのは、いささか逆説的にも聞こえる。ただ、法学が「実学」的側面を有するとすれば、おかしなことではない。このように、『新法学全集』につどった人びとの中には、執筆者として集められた多くの大学研究者だけでなく、読者としての、少なくない「法律実務家」らがいたのだと思われる。

なお、一九三〇・四〇年代にあって、戦争と無縁のものでいることができた社会科学はほとんどなく、『新法学全集』でも戦争との関わりを発見できる。『新法学全集』の月報を眺めると、当時の法学界や出版界が戦争の影響を受けつつあったことが如実に見て取れるが、中には、当時の日本軍の動向に迎合的とも受け取れる論評を残す者もいた。

鵜飼信成（京城帝大助教授）は、傷痍軍人の生活難を救うために私立廃兵院の運営に尽力したある陸軍軍人について言及した帝国議会での議員の発言を引用し、その陸軍軍人の精神に触れて、

「此の尊い精神、これこそまた南京攻略に赫々たる武勲を立てて凱旋した将軍達の精神でもあると私は信ずる」と述べた(56)。日中戦争におけるいわゆる南京戦のことを指すものと思われるが、温情的な「尊い精神」を持つ「将軍達」への好意ないし期待が包み隠さずいわれているのではないかと感じるのは、筆者だけではあるまい。

鵜飼はその後、有斐閣の『戦時法叢書』の一つとして、奥付では一九四五（昭和二〇）年八月の刊行となっている『戒厳令概説』を著した。彼はその中で、日本全土で戒厳を実施するとなれば、軍人たる戒厳司令官の指揮下に内閣総理大臣さえも入るという、当時の陸軍でさえ採用していなかった極めて強硬な法解釈を展開した(57)。大戦末期の極めて切迫した情勢下で同書が出版されたことは、法学の「実学」的側面が強く発揮された場面に数えてよい。

Ⅳ 『法律学全集』

法学研究者と法律実務家に向けた「法学全集」

第二次世界大戦後の日本では、憲法を含む多くの法が新たに制定されたり、改廃されたりした。そうした状況の下、自社の創業八〇周年を記念して戦後最初の「法学全集」を出版したのが、本章冒頭で触れた有斐閣であった。

一八七七（明治一〇）年、江草斧太郎によって創業された有斐閣は、今日まで、法学のみならず経済学や社会学などの書籍や、各種の学会誌を含む学術雑誌の刊行を担ってきており、法律書を刊行する出版社の代表格である。また、同社の『判例百選』シリーズや毎年度刊行される『ポケット六法』は、大学法学部での教育において定番といってよい教材であろう。

有斐閣における「法学全集」の企画は一九五四（昭和二九）年六月頃に始まったようだが[58]、その後、七名の東京大教授、すなわち我妻栄・横田喜三郎・宮沢俊義を編集顧問に、鈴木竹雄・田中二郎・兼子一・石井照久を編集委員に迎えた『法律学全集』は、一九五七年から順次刊行された。

『法律学全集』の刊行目的を知るため、その「刊行の言葉」に触れておこう。それによれば、「現在、われわれは、極めて複雑な法的メカニズムのなかに生きて」おり、法律を学ぶ者や法曹はもちろん、公務員や会社員など「日常、法律学の研究ないし法律実務にたずさわっている人達は、この複雑な法的メカニズムについて正しい認識」を持つ必要がある。戦後の「新しい法制のもとにおける法的メカニズムの解明」のため、多くの研究が登場したが、「全体の法制からみれば、ただほんの一部分をカバーする」だけである。「戦後の新しい法制に関し、法律学のあらゆる分野にわたる標準的体系書を刊行することは、戦前に比して遥かに必要であり、その要望も多い」。そこで、「新しい法制のもとにおける法律制度の全体にわたって、——主要な法律についてはもちろん、特別法の分野を含め——従来の研究の成果をとり入れ、全六十巻に通じ、水準の高い標準的な体系書を編集し、一方においては、法学研究者の将来の研究の足場をつくるとともに、他方においては、法律実務家に対し、問題解決の手がかりを供することにしたいと考える」――編集委員四名は以上のようにいう[59]。

このように、日本国憲法下の「新しい法制」に関する「水準の高い標準的体系書」を法律学の全分野で刊行することによって、①「法学研究者の将来の足場をつくる」こと、②法律実務家に「問題解決の手がかりを供する」ことの二点が、『法律学全集』の刊行の狙いであった。

明治憲法下の二つの「法学全集」の刊行目的と比べると、『法律学全集』では、管見の限り、「法科大学の開放」といった点への言及はない。一方、「法律実務家に対し、問題解決の手がかりを供すること」を目指すと述べている点は、本章の関心からすれば見逃せない。これまで見たように、『現代法学全集』でも『新法学全集』でも「実学」的側面を見出せたが、『法律学全集』もまた、《「法律実務家」にとって有益な文献であること》を目指すものであったといえるからである。

執筆陣――大学研究者を中心とした陣容

では、以上のような刊行の目的を掲げた『法律学全集』は、どのような人びとによって書かれたのであろうか。結論からいうと、『法律学全集』は、ほぼすべての項目を、各地の国公立大学の研究者が執筆した。

その例をいくつか挙げると、東京大教授が担当したものとして、『憲法Ⅱ』（宮沢俊義）、『民法総則』（我妻栄）、『手形法・小切手法』（鈴木竹雄）などがある。また、『憲法Ｉ』の清宮四郎（東北大教授）、『警察法』の田上穣治（一橋大教授）、『防衛法』の杉村敏正（京都大教授）、『国家補償法』の今村成和（北海道大教授）、『国際法Ｉ』の田畑茂二郎（京都大教授）、『教育法』の兼子仁（東京都立大助教授）など、各地の国公立大学の研究者が執筆陣に名を連ねた。

初版にしぼって数えると、大学研究者の執筆者数は七四名となる。そのほとんどが前述のとおり国公立大学の研究者であって、経歴上、私立大学にのみ属したと思われるのは『労働関係調整法』の野村平爾（早稲田大教授）と『公共企業体等労働関係法』の峯村光郎（慶應義塾大教授）だけである。

また、明治憲法下の二つの「法学全集」と比べて明らかに異なるのは、行政官僚と司法官僚の執筆者がほとんどいない点であった。行政官僚に数えられる者は、我妻栄と共著のかたちで『鉱業法』を担当した豊島陸だけである。豊島は、『鉱業法』刊行時は民間企業社長だったが、もともと朝鮮総督府からキャリアをスタートさせ、戦後は商工省、土地調整委員会事務局などに籍を置いた人物であった。

司法官僚に数えられる者も、わずかに二人だけであった(60)。まず、『会社更生法』の松田二郎である。一九六四（昭和三九）年から最高裁判事となった松田は、東京控訴院判事や司法研修所長などの経歴を持つ。次に、『強制執行法各論』の宮脇幸彦である。彼は、一九五一（昭和二六）年に判事補となって以降、一九七五（昭和五〇）年に退職するまで主に判事を務め、退職後は学習院大教授となった。大学研究者としてではなく、司法官僚として数えたほうが適切であろう。[61]

このように、『法律学全集』の執筆陣を分類すると、大学研究者七四名、行政官僚一名、司法官僚二名ということになる。これは明らかに、『新法学全集』よりも一層、大学研究者を中心とした陣容であった。

『法律学全集』と「法律実務家」との関係

こうした執筆陣に支えられた『法律学全集』は、前述のとおり、その刊行時から《「法律実務家」にとって有益な文献であること》を目指すものであった。そのような文献であるためには、『現代法学全集』以来そうなされてきたように、特別法を充実させる必要があろう。

実際、『法律学全集』でもそうした考慮があった。そのことは、『法律学全集』であらゆる法分野が扱われることで、「従来ややもすれば等閑にされ、そのため良書のきわめて少い特別法についても安心して依るべき体系書が完成するわけです」[62]という刊行開始前年の編集部の言葉から、明らかである。編集部によれば、「特別法についての力作」を作ることがもともと「この法律学全集の企画の重要なる目的の一つだつた」[63]。加えて執筆者の側でも、たとえば東京大教授の加藤一郎（『不法行為』および『農業法』を担当）は、「私は『法律学全集』の特色として、特別法が多数組みこまれていることを挙げたいと思います」[64]といっている。

また、『法律学全集』や月報を見ると、法律実務家による援助を受けたことに言及する場面が登場する。たとえば、我妻とともに『鉱業法』を担当した豊島によれば、同書の執筆には「土地調整委員会事務局の松下英夫君、君田要君、藤村芳平君その他の諸君の努力によって蒐集された鉱業に関する判例が大きな役割」を果たした。[65]

こうしたことは、田上の『警察法』や、杉村の『防衛法』でもあったようで、田上は、『警察法』執筆以前から警察法に関する資料や助言を警察官僚から得ており、[66]杉村も、陸上幕僚監部所属の幹部自衛官から資料提供を受けていた。[67]

さらに、「法律実務家」に対して影響を与えようと考えて執筆に臨んだ者もいた。『戸籍法』を担当した谷口知平（龍谷大教授）は、執筆依頼があった際、「実務家に理論上の指針を与えるようなものを書こうという大それた野心さえももって」引き受けた、と振り返っている。[68]

そうした意気込みが、実務に迎合的な著作を生むか、それとも実務に批判的な著作を生むかは人それぞれであろうが、[69]いずれにせよ、《「法律実務家」に有益な文献であること》を目指した『法律学全集』の下、執筆者（の少なくとも一部）は、各自の立場から実務と向き合っていたといえよう。

V　おわりに――「法学全集」の「実学」的側面

本章では、三つの「法学全集」を取り上げ、それらにはどのような法分野が収められ、それを書いたのは誰か、そもそもその「全集」は何を目指して企画され、誰に向けられたものなのか、といった点に——網羅的にとはいかなかったが——触れてきた。その際、特に「全集」の「実学」的側面に注意を払った。

三つの「全集」を眺めると、刊行の狙いはすべて同じだったわけではないものの、《「法律実務家」にとって有益な文献であった、あるいはそうであろうとした》という点では、共通していた。すなわち、全集には「実学」的側面が一貫して存したのであり、そのことはとりわけ特別法を充実化させることで達成されてきたようである。そして、こうしたことは、執筆者が誰であろうと、つまり執筆者の多数が大学研究者であろうと官僚であろうと、変わらなかった。誰が執筆者としてつどおうと、どのような理想を掲げようと、「法学全集」というものは、宿命的といってよいほどに「実学」的側面が強く顔を出すものなのかもしれない。

さらにいえば、こうした「法学全集」の「実学」的側面が強まるほど、ときにそれは、「解説法学」的なものとならざるを得ないのではないか。一九三八（昭和一三）年の国家総動員法を母体とした厖大な戦時立法を説明・解説するための道具と化した当時の法学のことを、利谷信義は「解説法学」と呼んだが[70]、先に触れた杉村の『防衛法』には、杉村自身としては「自衛隊法などは日本国憲法に違反するものと判断しているが、国会の制定した法律であるので、一応、適憲性の推定の下に、防衛法令を体系的に説明した」[71]とある。憲法違反だとの判断を記しながらも、なおその説明・解説に徹する杉村の姿は、「解説法学」的なものとも映る。

これは、「いったん法典が出来上がった後は、法学の中心的課題はその「解釈」に向けられるという伝統」[72]と相俟って、「法律実務家」に有益な文献を提供せんとする、「法学全集」の「実学」的側面がそうさせたのではなかったか。

さて、法学界では、その後も新陳代謝——世代交代——がなされつつ、「法学全集」ないしそれに近しい性格を持つものが作られてきた。たとえば、一九六八（昭和四三）年から刊行が始まった『現代法律学全集』（青林書院）は、当初三〇巻ほどの予定であったが、のちに『公害法』『交通事故法』『医事法』『消費者保護法』などの特別法を充実化させながら、六〇巻を超える企画へと変貌した。哲学者の安倍能成によってその名が付けられ、一九五三（昭和二八）年に設立された青林書院からは、この『現代法律学全集』に加え、各法に対して逐条的な解説を施した『注解法律学全集』が一九九四（平成六）年から刊行された。たとえばその第五巻に当たる『国家公務員法・地方公務員法』を開くと、人事院や自治省に属する行政官たちが執筆に当たっており、「法律実務家」との接点が発見できる。

逐条的な解説がなされている法律書としては、一九七三（昭和四八）年の『条解 会社更生法』上巻からスタートした弘文堂の『条解』シリーズがある。一八九七（明治三〇）年、八坂浅次郎によって京都で創業された弘文堂は、これまで広く人文・社会科学に関する書籍を刊行してきた。研究書やコンメンタール、司法試験受験生向けの書籍などを含む法律書も、数多く世に送り出している。

同社の『条解』シリーズは、「法律実務家」を強く意識した「全集」的性格を少なからず帯びたものであるように感じられる。同シリーズでは、刑法などと並んで、精神保健法、弁護士法、独占禁止法、著作権法、信託法などの法も扱われており、その編者や執筆者には、大学研究者はもちろん、裁判官や検察官、弁護士に加えて、大蔵省や公正取引員会に属する行政官らが名を連ねる。それ以外にも、執筆者や執筆協力者として、裁判所書記官や司法書士、土地家屋調査士が挙げられているものもある。取り上げられた法だけでなく、その執筆陣に鑑みても、明らかに「法律実務家」を強く意識したシリーズだといえる。

さて、これら『法律学全集』以後に出版された「法学全集」において、「実学」的側面はいかに展開したのか。この大きな問いは、もはや本章では検討しえないものであるが、日本法学史上の重要な問いであるということは疑いない。

第二章注

（1）大橋洋一「はじめに」同（編）『災害法』（有斐閣、二〇二二年）i頁。

（2）鈴木竹雄ほか「刊行のことば」法律学全集月報一号（一九五七年）一頁。鈴木竹雄ほか「『法律学全集』を編集して」Books七九号（一九五六年）三五頁でも、『現代法学全集』と『新法学全集』に言及しつつ、戦後の『法律学全集』の企画の重要性が述べられている。

（3）出版タイムス社（編）『日本出版大観』（出版タイムス社、一九三一年）一六七頁以下。なお、同書によると、一九二五年から一九二九年までの間に「講座物と全集物が凡そ三百点近く刊行された」という（一六七頁）。

（4）高島米峰「出版界の行詰り」日本及日本人一〇二号（一九二六年）四七頁。

（5） 山本秋「法律時報創刊前後のこと」法律時報五〇巻一三号（法律時報臨時増刊『昭和の法と法学』）（一九七八年）二六四頁。

（6） 七戸克彦「末弘厳太郎責任編輯『現代法学全集』の研究」法政研究八五巻一号（二〇一八年）四〇頁。

（7） 末弘の肩書について、『現代法学全集』各巻奥付を見ると「編輯代表者」とあり、現代法学月報の各号を見ると「編輯責任者の言葉」ないし「責任編集者の言葉」欄が設けられ、末弘がそれを執筆している（同欄は、月報二号から毎号掲載された）。

（8） 末弘厳太郎「現代法学全集・発刊の趣旨」経済往来三巻二号巻末（頁数の記載なし）（一九二八年）。同誌は日本評論社が発行したもので、のちに『日本評論』とそのタイトルを改めた。なお、同資料の存在や、「発刊の趣旨」のその他の媒体での掲載状況については、七戸・前掲注（6）九七頁で整理されている。

（9） 「各位に御願ひ」現代法学月報一号（一九二八年）一頁。

（10） ちなみに、末弘が指摘した普通選挙法（衆議院議員選挙法）と陪審法については、前者を東京帝大助教授の宮沢俊義が、後者を大審院判事の大森洪太が担当した。のちに見るとおり、『現代法学全集』の執筆者には官僚が多く含まれる。「法学の大衆化」を求める動機となった二法の担当者が大学研究者と官僚とであったのは、『現代法学全集』の執筆陣を考える際、実に象徴的な割り当てであった。

（11） 末弘・前掲注（8）の次の頁では、『現代法学全集』の「誇る可き八大特色」の一つに「解説平易全文総振仮名付」であることが挙げられている《（ママ）》。このことは、経済往来三巻三号（一九二八年）一九五頁でも、特色をもう二つ付け加えた「誇るべき十大特色」という広告記事中でも、なおその一つとして数えられている。

（12） みすず書房創業者の小尾俊人は、『現代法学全集』に見られた「工夫と思慮」の一つに、漢字に振られたルビのことを挙げた。すなわち、「法学のようなアカデミーに属するテーマは、従来「ルビ」なしであった。読者をひろげるためには、ルビ付きは有効であり、かつ新鮮に映るであろう」とした。小尾俊人『出版と社会』（幻戯書房、二〇〇七年）四五六頁。

（13） 七戸・前掲注（6）六一～六二頁。

(14)「編輯後記」現代法学月報一号(一九二八年)二頁。
(15)末弘厳太郎「編輯責任者の言葉」現代法学月報四号(一九二八年)四頁。
(16)同前。
(17)「読者の声」現代法学月報六号(一九二八年)三頁。
(18)同前。
(19)松本烝治「会社法を擱筆して」現代法学月報一七号(一九二九年)二頁。
(20)七戸・前掲注(6)七六〜七七頁。
(21)以下、各執筆者の分類は、『現代法学全集』の月報各号に掲載された「執筆者紹介」欄に基づき、主に当時のポストに基づいて行った。
(22)元職という点でいうと、『治安維持法』執筆担当のはずだったが発禁となったため外れた風早八十二(元九州帝大教授)もいたので、大学研究者の数は二八名となる予定であったといえる。発禁直後は『治安維持法』執筆者は定まっていなかったが(末弘厳太郎「責任編輯者の言葉」現代法学月報三一号(一九三〇年)四頁)、三宅正太郎(大審院判事)に替わった。
(23)鈴木竹雄ほか(座談会)「法律学全集を語る(一)」書斎の窓三七号(一九五六年)二頁(田中発言)。
(24)同前二〜三頁(鈴木発言)。
(25)美濃部達吉「法律学界のモニユメント」現代法学月報三九号(一九三一年)二頁。
(26)立作太郎「法学全集の完成を慶賀す」現代法学月報三九号(一九三一年)三頁。
(27)松本烝治「法学全集の完成に際して」現代法学月報三九号(一九三一年)二頁。
(28)同前。
(29)末弘厳太郎「編輯責任者の言葉」現代法学月報八号(一九二八年)四頁。
(30)末弘・前掲注(8)。
(31)『新法学全集』での末弘の肩書は、『現代法学全集』と同じように各巻奥付では「編輯代表者」とある一方、『新法学全集』の月報(『新法学』)では「責任編集者の言葉」という欄を末弘が執筆した(同欄は一号、一二号などに掲載)。
(32)増山新一「十一年度出版界一瞥」書物展望七巻一号(一九三七年)一二五頁。

(33)「編輯室だより」新法学一号（一九三六年）七頁。
(34)末弘厳太郎「責任編輯者の言葉」新法学一号（一九三六年）一頁。
(35)「読者サロン」新法学二号（一九三六年）八頁。
(36)一方、『現代法学全集』でいわれた「法学の大衆化」については、『新法学全集』刊行時になると前提となる状況が変化していた。「法学の大衆化」を求める動機として普通選挙法および陪審法のことが挙げられていたのは、前節で触れた。このうち陪審法については、『新法学全集』で『陪審法』を執筆した滝川幸辰でさえ、陪審事件の少なさから、「既に死法となつたといふて過言ではなからう」（滝川幸辰「陪審法不振の原因」新法学四号（一九三六年）四頁）と指摘するほどであった。
(37)牧野英一「刑法を書きながら」新法学八号（一九三七年）一頁。
(38)同前。
(39)ただし、牧野は『現代法学全集』で『法律講話』を執筆しており、それも口語体で書かれている。
(40)「読者サロン」新法学二号（一九三六年）八頁。
(41)「読者サロン」新法学三号（一九三六年）一〇頁。
(42)「読者サロン」新法学一一号（一九三七年）六頁。
(43)「読者サロン」新法学九号（一九三七年）六頁。
(44)『新法学』各号の「読者サロン」には、「近頃の「読者サロン」に於る高文至上主義者の横行は痛憤にたへない」（「読者サロン」新法学一八号（一九三八年）六頁、なお、「高文」とは文官高等試験のことだが、一九一八（大正七）年には同試験などが高等試験に一本化された）との声が届くほど、たびたび高等試験受験生が投書を行っている。高等試験受験生が、『新法学全集』読者層の一部を形成していたと見てよかろう。
(45)「編輯だより」新法学一三号（一九三七年）八頁。
(46)末弘・前掲注（34）一頁。
(47)以下、各執筆者の分類は、『新法学全集』の月報各号に掲載された「執筆者紹介」欄に基づき、主に当時のポストに基づいて行った。
(48)この数字には、和歌山高等商業学校所属の二人、すなわち『議院法』の大石義雄（講師）および『健康保険法』の後藤清（教授）が含まれる。
(49) 陸軍法務官（陸軍内の文官）で『軍刑法』と『軍法会議法』を担当した日高巳雄については、陸軍法務官が司法官試補から原則そのキャリアが始まるものであったため、本章では②司法官僚に数えた。それゆえ、合計七名というのは日高を含めた数字である。陸海軍の法務官については、さしあたり、荒邦啓介「海軍法務官の武官化をめぐる一幕」淑徳大学研究紀要五八号（二〇二四年）一三五頁以下。
(50) 「編輯だより」新法学三六号（一九三九年）七頁。
(51) 鈴木ほか（座談会）・前掲注(23)四頁（鈴木発言）。
(52) 田中二郎ほか（座談会）「法律学全集を語る」日本読書新聞八七三号（一九五六年一一月五日）八頁（我妻発言）。
(53) 前掲注(45)八頁。
(54) 松岡は、外地法研究が未発達の我が国で、自著は初めて「「外地法」といふ看板を掲げ」たものだと述べ（松岡修太郎「外地法を如何に読むべきか」新法学一二号（一九三七年）一頁）、美濃部は「「公用負担」といふ名称」などは法令上でも学問上でもまだ「一般には承認せらるるに至つて居らぬ」が、これを「行政法学の体系の一部たらしめよう」との思いからそのような表題にしたという（美濃部達吉「公用負担法を掲載するに付きて」新法学一三号（一九三七年）一頁）。また、中村の『文化行政法』について、編集の側では「新しい公法の領域を体系的に叙述されたものとして学会最初の労作であります」と評した（「編輯だより」新法学一五号（一九三七年）七頁）。
(55) 『現代法学全集』の月報では、独学の者や学生からの投書が多く、管見の限り、官公庁勤めと思しき人物からのものはごくわずかである。一方、『新法学全集』の月報では、憲兵のほか、朝鮮総督府鉄道局、区裁判所、刑務所勤務の者などからの投書が発見できる。
(56) 鵜飼信成「銃後の社会行政」新法学二三号（一九三八年）三頁。
(57) これについては、荒邦啓介「戒厳と「外地」」アジア文化研究所研究年報五一号（二〇一七年）三七頁以下。
(58) 「編集室だより」法律学全集月報一号（一九五七年）九頁。

(59)　鈴木ほか・前掲注（2）一～二頁。
(60)　本文中に挙げた二人以外の司法官僚として、もともと『独占禁止法』を執筆予定であった横田正俊がいる。その後、横田が執筆を「辞退」したため、今村成和が「代打」に立って同書を執筆した（今村成和「代打者の弁」法律学全集月報四〇号（一九六一年）三頁）。横田は戦前から判事を務め、戦後は東京高裁判事などとなった。『法律学全集』企画時には公正取引員会委員長で、一九六二（昭和三七）年には最高裁判事となった。
(61)　なお、裁判官を「司法官僚」と括るべきかどうかはやや難しいものの、前々節および前節での執筆者の分類と比べる際にはそうするほうがわかりやすいため、本章ではこのような分類を一貫して採ることとする。
(62)　「法律学全集編集室」書斎の窓三三号（一九五六年）一九頁。
(63)　「法律学全集編集室」書斎の窓五四号（一九五八年）一三頁。
(64)　鈴木竹雄ほか（座談会）「法律学全集全六〇巻完結を記念して」書斎の窓三四八号（一九八五年）二二頁（加藤発言）。
(65)　豊島陞「執筆を終えて」法律学全集月報一八号（一九五八年）一一頁。
(66)　田上穣治「執筆を終えて」法律学全集月報一七号（一九五八年）六頁。
(67)　杉村敏正「はしがき」田上穣治＝杉村敏正『防衛法』（有斐閣、一九五八年）二頁。
(68)　谷口知平「戸籍法の執筆を了って」法律学全集月報一〇号（一九五七年）五頁。
(69)　単なる「実務「記述」の学」ではなく「実務「批判」の学」になる必要を説いたものとして、鈴木ほか（座談会）・前掲注（64）一八頁（三ケ月発言）。
(70)　利谷信義『日本の法を考える』（東京大学出版会、一九八五年）五一～五二頁。
(71)　杉村・前掲注（67）「はしがき」一頁。
(72)　田中英夫「憲法制定をめぐる二つの法文化の衝突」坂本義和＝R.E.ウォード（編）『日本占領の研究』（東京大学出版会、一九八七年）一一三頁。

Column❷

刑事法領域の専門雑誌出版

——『大日本監獄協会雑誌』と『警察監獄学会雑誌』

兒玉圭司

I 『刑政』誌のルーツとなる二つの雑誌

現在、公益財団法人矯正協会が発行する月刊誌『刑政』は、実務家や研究者をはじめ多くの人びとに購読されている。同誌の歴史は古く、そのルーツは一三五年あまり前、一八八八（明治二一）年五月に創刊された『大日本監獄協会雑誌』に遡る。(1) また、これとほぼ同時期、一八八九（明治二二）年一一月に刊行が始まった『警察監獄学会雑誌』も、『刑政』の源流として位置づけることができる。(2)

両誌はその表紙の色から、『大日本監獄協会雑誌』が赤雑誌、『警察監獄学会雑誌』が青雑誌と呼ばれ、(3) 限られた読者——「監獄」で働く人びと——を奪い合いながら刊行を続けた。そして一八九九（明治三二）年七月、両誌は合併して『監獄協会雑誌』となる。その表紙は赤でも青でもなく、白であった。(4) さらに、『監獄協会雑誌』は一九二二（大正一一）年一一月に『刑政』と改称し、その後も幾度かの危機や編集方針の変更を経た上で、今日にいたる。

本コラムで取り上げる『大日本監獄協会雑誌』（以下、本コラムでは便宜上、『大日本監獄協会雑誌』とこれに連なる雑誌を『協会雑誌』と表記する）と『警察監獄学会雑誌』（同じく、本コラムでは『警察監獄学会雑誌』とこれに連なる雑誌を『学会雑誌』と表記する）は、西洋の監獄制度が継受されて間もない一九世紀末の日本にあって、実務に携わる人びとに監獄の目的や意義、さらには具体的な制度の運用方法・法令解釈を伝える重要な手段の一つとなった。監獄という限られた領域ではあるものの、「実学」的側面を強く有した雑誌であったといえる。(5) そして、両誌が持っていたそれらの性格は、濃淡の差こそあれ、現在の『刑政』にいたるまで一三〇年以上にわたって維持されている。『協会雑誌』と『学会雑誌』の競争や統合をめぐっては、当事者や関係者が記したいくつかの文章が残されているほか、(6)このことに焦点を当てた研究もある。(7)本コラムでは両誌の「知的プラットフォーム」という側面を意識しつつ、発刊から統合にいたる約一〇年を対象として、執筆者やその主張から、両誌の特徴とその変化を探ってみたい。

II　執筆陣にみる両誌の特徴

まず、雑誌への寄稿者に注目して、両誌の性格とその変化を捉えたい。両誌の性格については、「『大日本監獄協会雑誌』が比較的民間江湖の色彩を帯んでゐたのに対して『警察監獄雑誌』は何程かの官僚臭を脱し切れなかつた」(8)との評があるように、『協会雑誌』に民間色が強く、『学会雑誌』が官僚的であったと理解されている。こうした見方の当否を確認するため、本コラムでは、矯正図書館（編）『月刊刑政目次総覧』に登載された「執筆者索引」(9)を用いて、雑誌の統合までに一〇編以上の関係記事を寄せた人物を挙げ、その特徴の把握を試みる。(10)『協会雑誌』の主だった執筆者は【表1】のとおりである。(11)(12)

【表1】からは、そもそも内務省や監獄の実務に直

【表1】『協会雑誌』上に10編以上の関係記事を確認できる者

専属性	官歴	協会雑誌（赤雑誌）
○		井本常治（明治法律学校卒、代言人）
	○	印南於菟吉（東京法学院、内務省）
	△	石田氏幹（法学士。司法官試補・台湾総督府）
○	△	宇川盛三郎（内務省）
	○	小河滋次郎（内務省）
○	○	小原重哉（内務省）
	—	大塚朝次郎（不明）
		岡田朝太郎（東京帝国大学）
○	△	加地鈔太郎（警視属・内務属等）
○		神谷四郎（中学校等教諭）
○	○	神谷彦太郎（内務省）
○	○	小泉保直（神奈川県典獄）
○	△	佐野尚（内務省）
	△	武田英一（内務属。陸軍教授）
○		野村泰亨（中江兆民門下。陸軍属・陸軍教授）
○		畑良太郎（法学士。外務省）
○	—	久野三吾（不明）
○		深井鑑一郎（中学校長）
○	—	福沢勇太郎（不明）
○	○	松田五百吉（神奈川監獄）

専属性…「○」は『学会雑誌』への寄稿を確認できない者。

官歴…「○」は監獄関連業務（内務省監獄課等を含む）経験あり、「△」は寄稿以前に内務省・警視庁等の勤務あり。

接関わりのない者や、内務省での勤務歴はあっても監獄行政を担う部局に所属したことのない者が多数執筆していることを見て取れる。また、『学会雑誌』には一度も寄稿することなく、本誌にのみ文章を寄せている者も多い。

こうした執筆陣の顔ぶれには、同誌の発行母体となる大日本監獄協会の構成員のあり方が影響を与えているものと思われる。筆者はかつて、大日本監獄協会の主要構成員として「①司法省・内務省の関係者、②感化事業への協力者・賛同者、③嚶鳴社や共存同衆・東京大学などで英米思想に触れた人物、そして④仏教やキリスト教など信仰に根ざした活動に従事する人々」といった四類型を挙げた[13]。この中で、本誌への寄稿者に特徴的に見られるのが、②と③に関係する人びとである。

②感化事業への協力者・賛同者としては、一八八五年の東京感化院設立、およびその後の感化慈善会や『獄事新報』発刊に関わった人びとが[14]、本誌に多数関与している。【表1】に登場する中では宇川盛三郎、佐野尚、深井鑑一郎が該当し、さらに同誌の「印刷人」寺井宗平もその一員である。また、署名記事こそ一〇編に満たないものの、感化院創設を主導した高瀬真卿、その実弟にあたる小山松吉、支援者である石澤謹吾らも『協会雑誌』にのみ寄稿している。

続いて③の人脈に触れる上では、前提として、一八九〇（明治二三）年まで選出されていた公撰議員に、河野広中や岡山兼吉、角田眞平といった政党関係者・政治家（府会議員）・代言人がいることを指摘しておきたい[15]。大日本監獄協会の発足当初から、民権活動家・府会議員・代言人が公撰議員に選出されている事実は、投票する側――購読者層――に、彼らへの支持や共感があったことを示していよう。初期の『協会雑誌』に代言人や私立法律学校出身者[16]、さらには中村正直や田口卯吉ら啓蒙思想家や言論人による投稿があるのは、こうした背景によるものと見られる。

ただし、②および③の双方に接点を持ち、協会の調査委員として定期総会のたびに報告を行ってきた宇川盛三郎の寄稿は、一八九〇（明治二三）年八月に刊行された第二八号を最後に途絶えており、[17] また帝国議会が開かれた同年以降、公撰議員の選出も確認できない。[18] このことからは、ある時期を境に『協会雑誌』をとりまく環境が変化したものと推測できる。

一方、『学会雑誌』に一〇編以上寄稿している人びとを抽出したものが【表2】になる。

本誌に多数投稿している人びとは、基本的に内務省での勤務経験か、監獄事業に直接の関わりを持つ人物（教誨師などを含む）に限定される。その中には、留岡幸助や原胤昭ら教誨師や、各府県監獄で実務に従事する人物の名も見え、内務省や監獄行政において指導的立場にある者ばかりではない。

右のほか、本誌には、水崎基一や松尾音次郎ら一八八〇年代に北海道で教誨に従事したキリスト者の投稿が目立つ。ただし、佐川環など仏教側からの寄稿もあり、必ずしもキリスト教教誨に特化しているわけではない。なお、本誌にのみ寄稿し、『協会雑誌』と関係のない人物はごくわずかである。

【表2】『学会雑誌』上で10編以上の関係記事を確認できる者

専属性	官歴	学会雑誌（青雑誌）
	△	石田氏幹（法学士。司法官試補・台湾総督府）
	△	清浦奎吾
○	△	久米金弥
	○	工藤襄
	○	小河滋次郎
○	○	佐川環（教誨師・仏教）
	○	留岡幸助（教誨師、キリスト者）
	○	中村襄（監獄官。のち典獄へ）
	○	原胤昭（教誨師、キリスト者）
	○	平田嘉兵衛（静岡・看守教習所教授（1895年職員録））
	○	八木秀太郎
	○	山上義雄
	○	山本徳尚（教誨師、キリスト者）
	—	吉田徳太郎（不明）

専属性…「○」は『協会雑誌』への寄稿を確認できない者。
官歴…「○」は監獄関連業務（内務省監獄課等を含む）経験あり、「△」は寄稿以前に内務省・警視庁等の勤務あり。

以上、寄稿者から判明する事柄として、『協会雑誌』は、一八八〇年代初頭から官歴を積み、あるいは言論活動や社会的実践の場で実績を重ねてきた人びとが、それぞれの背景を持って参画してきた雑誌であり、少なくとも一八九〇（明治二三）年頃までは監獄関係者の外部にも開かれた言論の場であった。一方の『学会雑誌』は、監獄行政に関わりのある人びとによって運営・執筆されており、前者と比較すれば閉じられた空間であったといえるであろう。

Ⅲ　記事の内容にみる両誌の特徴

続いて本節では、両誌の誌面を比較したい。「前者〔『協会雑誌』――引用者注〕がより多くフランス流の思想に傾いてゐたのに対して後者〔『学会雑誌』――引用者注〕は主として範をドイツに採つてゐた」[19]との指摘があるように、基本的には『協会雑誌』が仏法派、『学会雑誌』は独法派と解されている。[20]まずはこの点を確認したい。

両誌にはともに「翻訳」というカテゴリーが設けられおり、外国文献などを翻訳・紹介している。本欄で紹介された図書・記事がどの国の制度や人物を扱ったものであるか、まとめてみたものが【表３】になる。[21]

【表３】を通じて、『協会雑誌』にはフランス文献からの翻訳が多いものの、イギリスの文献・制度と拮抗していること、また、万国監獄会議をはじめとする国際会議の報告も同程度の割合を占めていることがわかる。英・仏の記事には、イギリスの『ハワード協会会報』、フランスの『仏国監獄協会雑誌』からの翻訳・紹介が目立つ。元々、佐野尚や、前節で触れた東京感化院の関係者がフランスの法制度に明るいことから、[22]『協

【表3】両誌の「翻訳」欄で紹介される制度・著書・人物の舞台について

	英	仏	独	米	他	国際会議
協会雑誌	26	25	11	10	22	24
学会雑誌	10	2	11	2	3	1

会雑誌』に「仏法派」というべき側面があることは否定できない。しかし、それ以前に佐野尚や神谷彦太郎らが司法省・内務省で行ってきた翻訳事業や[23]、両省と海外各国の協会との関係の延長として捉えることも可能なように思われる。

一方の『学会雑誌』は、「翻訳」される制度・著書自体が必ずしも多くはない。特に一八九〇年代後半に入ると、「翻訳」欄を設けず、たとえば出獄人保護など特定のテーマを扱う際に、これに関係する文献を紹介する程度にとどまっている。同誌に翻訳が掲載される作品にはドイツの文献・論文が多いが、同程度にイギリスの文献も存在している。ただし、フランス文献の翻訳が少ないこと、および『学会雑誌』は「翻訳」以外の多くの記事で監獄官練習所の教官を務めたドイツ人・ゼーバッハや、その師にあたるクローネらの人物や業績・著作に触れていることから、『協会雑誌』と比べたときにドイツの法制度に関連する記事の比率が高いことは事実として指摘できよう。

なお、そのほかの特色としては、『学会雑誌』の側に、「教誨」や「監獄衛生」といったカテゴリーが設けられるなど、監獄行政の中でも特定の業務について、継続的に寄稿されている点を挙げられる。一方で、関心のおよぶ範囲が広いのは『協会雑誌』の側である。たとえば、新興のイタリア学派については両誌とも取り上げているが、『協会雑誌』はロンブローゾの所説について梅謙次郎による反論を載せているほか[24]、その後も「刑事人類学万国会議」の議題を紹介するなど[25]、監獄制度の実務に直結しない舶来の学説やその動向の紹介に、一定の頁が割かれている。この両者の違いは雑誌の成り立ちとも関連づけることができ、『協会雑誌』は、関係者が翻訳・出版事業を通じて以前から取り組んできた啓蒙的な役割と議論に、『学会雑誌』は実務家に向けられた情報の共有に、それぞれ力点を置いているように思われる。

最後に、政府の方針や施策に対する両誌の姿勢を比較しておきたい。まず、一八九六（明治二九）年に行われた板垣退助内務大臣による演説への反応を取り上げる。内務大臣に就任した板垣は、「本大臣ハ惟フニ此職務〔典獄――引用者注〕ハ……囚人ヲ相手トスルモノデアレハ博愛慈善ノ人ニアラザレハ良結果ヲ見ルコトハ出来ヌ」、「随テハ看守ノ教習等ニ至テモ此博愛慈善ヲ以テ精神トスルコトハ指示セラレテ然ルヘキ」、「司獄ノ官吏ハ威厳ヲ保チ紀律ヲ正フシ感化誘導ノ愛情ヲ加ヘナケレハナラヌ」(26)と演説して人権の尊重を求めた(27)。これに対して『協会雑誌』は巻頭に匿名の論説を掲げ、「之〔人権――引用者注〕を重んずるの結果其の範囲を超越して、行刑の眞趣を紊乱せしむるに至らしめざること、最、注意すべき要件なり」(28)と警鐘を鳴らしている。続いて、個人主義・国家主義の行き過ぎはともに監獄の目的を害するため、「此の点に於ては、吾人斯道に従事する所のもの、須く留意し、苟も以て懲改に妨害を与ふる所のものは、断固として排斥せざる可からず」と記す。「内相たる伯に向ひて、聊、微意を表したるに過ぎず」とあることから、板垣に対して異論を表明したものといってよいであろう(29)。

一方の『学会雑誌』は、やはり匿名の論説で、「本演説の大要は治獄の難事たることを悟了せしむると同時に当局者は自重自ら持し官紀を励行し尋くに博愛慈善を以て其職に拮据忍耐せんことは典獄以下当局者の則とるべき方針とすべきことを示されたるものにして眞に予輩の意を得たるものと云ふの外なし」(30)と、まずは賛意を表している。その上で、「行刑其ものをして至慈至愛に傾むくか如きことありとせんか……〔中略〕……今後陪再犯以上の者を増加せしむる現象を呈するなきか、予輩此所最も杞憂に耐ざるなり」(31)として、寛に流れすぎることへの懸念を示している。

両誌とも等しく板垣の方針を危惧しているわけだが、『協会雑誌』の方がより遠慮のない、歯に衣着せぬ表現となっている。なお、この演説は両誌が危惧したとおりの結果をもたらしたようで、『学会雑誌』はその後、「或る地方の監獄に在つては囚人懲治人に監房内に限り或る一定の時間内は恣ままに談話を許すとの事を然かも典獄より通達せしめられたるやに伝聞せり」として、これを「内務大臣か博愛主義を誤解せるもの」と断じ、当局者に注意を促している。(32)

もう一点、一八九八（明治三一）年に発生した巣鴨監獄教誨師事件(33)への対応についても取り上げておきたい。この年、巣鴨監獄の典獄に着任した有馬四郎助が、従来の仏教（浄土真宗）教誨師の一部を罷免して、キリスト教教誨師である留岡幸助を採用した。この動きに対して、仏教系の教誨師四名が抗議のため連袂辞職し、政府は帝国議会でも追及されることになったのである。

この事件を受けて、『協会雑誌』・『学会雑誌』ともに複数の関連記事を掲載し(34)、当局が行った人事への賛否両論を取り上げている。そのさなか、仏教教誨の採用を主張する琴城道人が、洋々散士（山崎末吉）を通じて『学会雑誌』へ寄稿しようとしたところ、掲載を断られたようである。結果的に『協会雑誌』一二七号に掲載された記事の末尾には、以下の附記がある。

> 附記、本稿は散士が知人琴城道人より特に監獄雑誌〔『学会雑誌』――引用者注〕に掲載せられたき旨依頼ありしを以て直に監獄雑誌に寄送せしに掲載相成り難き旨を以て返却せられたり依て爰に貴誌に投じ以て監獄雑誌に掲載なかりしは散士が疎漏の罪にあらざることを表白し以て琴城道人に謝すと云爾
>
> 辱知　洋々散士識(35)

論説の内容は仏教教誨を支持するもので、当時の政府の姿勢とは異なるものであった。本論文が『学会雑誌』への掲載を断られた理由は判然としないが、少なくとも本論文について、『協会雑誌』は掲載し、

『学会雑誌』は掲載を拒否したのである。[36]

ここに掲げた二つの事例からは、両誌を比べたとき、政府・当局に対して『学会雑誌』の姿勢がより融和的・抑制的であり、『協会雑誌』は制約が少ないことを確認できる。本コラムで論じてきた両誌の立ち位置からすれば当然の帰結にも思えるが、少なくとも両誌の統合にいたるまで、『協会雑誌』は『学会雑誌』に比べて自由度が高かったものといえよう。

Ⅳ 『監獄協会雑誌』への統合と、求められる監獄官像の変化

以上、本コラムでは一八九〇年代に刊行されていた『協会雑誌』と『学会雑誌』の位置づけを確認してきた。結論からいえば、『協会雑誌』は一八八〇年代に築かれた人脈や実績をもとに集った人びとによって運営され、比較的自由な議論が可能な場であった。一方の『学会雑誌』は内務省の指導性がより強く、実務家にとって有益な情報が得やすかったものと思われる。

ところで、一八九九（明治三二）年に行われた両誌の統合については次のような評価がある。

表面的に見れば大日本監獄協会の名は依然として存続せられてゐるし『青雑誌』の購読者は全部協会の会員に帰したことであるから、従つて大日本監獄協会としては相手方の警察監獄学会を全部併合したといふ形になつてゐるらしいのであるが、しかし事実は反対に前者が却つて後者に乗取られたと見るのが至当であるらしい[37]

要するに、両誌の統合による『監獄協会雑誌』の刊行は、形式的には『協会雑誌』の存続にみえるが、実態としては『学会雑誌』側による取り込みであったというのである。[38] なぜ、『学会雑誌』が優位に立ちえたかを考える上で、一つ示唆に富むのは、板垣が内務大臣に就任した一八九六（明治二九）年に行われ

た典獄諮問会の指示事項である。

看守ノ教習ハ司獄上極メテ緊要ノ事タリ然ルニ今其ノ実況ヲ見ルニ多クハ書記看守長ニ一任シ典獄自ラ其教授ニ任スルモノナキカ如シ此等ハ宜シク其方法ヲ改メ時々自ラ之ニ当ルヲ要ス又其教科ノ如キモ法律ノ理論若クハ外国監獄法等高尚ニ失スルモノヲ用ヒ為ニ動モスレハ実務上ノ教習ヲ忽ニスルノ憾ナキニアラス宜シク注意スヘシ(39)

ここからは、当時の内務省が、自ら重要な業務に当たらず、「高尚ニ失スル」理論を用いる典獄らに対して一定の不満を抱いている様子がうかがえる(40)。一八九〇年代には、典獄になるためのキャリアパスや求められる知識・能力に変化が生じるとともに、典獄の世代交代も進んでいるが(41)、一八八〇年代からキャリアを形成していた『協会雑誌』の支援者・執筆者たちは、年齢的にも、あるいは内務省の求める人材像からしても、徐々に主流から外れつつあったものと見ることができよう(42)。

古い時代の監獄を知り、自由闊達な議論に慣れ、監獄改良を求めて集った人びとは、二〇世紀を迎えようとする監獄界にとって、すでに求められる人材ではなかったのである。

〔付記〕本コラムは、JSPS科研費 19K01273の助成を受けたものである。

(1) 公益財団法人矯正協会矯正図書館「『刑政』誌変遷」〔https://www.jca-library.jp/chart_Keisei.pdf(二〇二四年五月六日最終閲覧)〕。なお、『大日本監獄協会雑誌』は一八九二(明治二五)年四月から『大日本監獄雑誌』に、一八九三(明治二六)年五月から再び『大日本監獄協会雑誌』に改称している。

(2) 前掲注(1)に同じ。なお、『警察監獄学会雑誌』は、一八九二(明治二五)年刊行の第三巻第八号から『警察監獄学雑誌』へ、同年の第三巻第一一号から『監獄学雑誌』へ(本号から警察関連記事を分離)、一八九三

（明治二六）年六月から『監獄雑誌』へと改称している。

（3）両誌の呼称について、岡五朗「刑務協会五十年史」刑務協会（編）『刑政論集』（刑務協会、一九三八年）五六二頁など。

（4）坪井直彦「刑務協会五十周年を迎へ其前半生の回顧（完）」刑政五〇巻六号（一九三七年）七五頁。

（5）実務家主体のメディアという点では、Column❺〔水野〕が扱う『法律新聞』と、その性格や刊行時期に一定の類似性がある。

（6）岡・前掲注（3）五一五頁以下、坪井直彦「刑務協会五十周年を迎へ其前半生の回顧（一）（完）」刑政五〇巻五・六号（一九三七年）八四頁以下および七一頁以下、若林栄一「「刑政」の七十年」刑政七〇巻五号（一九五九年）二〇八頁以下など。

（7）倉持史朗「『大日本監獄協会雑誌』と監獄改良運動」同『監獄のなかの子どもたち』（六花出版、二〇一六年）三四頁以下。

（8）岡・前掲注（3）五六一頁。

（9）矯正図書館（編）『月刊刑政目次総覧』（財団法人矯正協会、一九七〇年）「執筆者索引」。

（10）「執筆者索引」は、署名記事以外に、その人物から届いた書簡の紹介なども一編として計上している。また、この時期の両誌に目立つ筆名による記事、さらに各監獄署や部局名など個人以外の署名がある記事は、採録対象から外した。特に、筆名で記された記事の著者名を確定できていないことから、有力な執筆者が漏れている可能性など、本コラムで示す調査結果には多くの制約・限界がある。

（11）若林・前掲注（6）二一〇頁以下は、同誌の主な執筆者として佐野尚、加地釥太郎、神谷彦太郎、武田英一、久野三吾、石田氏幹、野村泰亨らの名を挙げている。

（12）人物の履歴や官歴の調査には、國岡啓子（編）「明治期官僚・官職データベースWeb版」（鹿児島大学法文学部附属司法政策教育研究センター）〔http://shokuinroku.ls.kagoshima-u.ac.jp〕、『人事興信録』データベース〔https://jahis.law.nagoya-u.ac.jp/who/〕などを用いた。

（13）拙稿「一八八〇年代における監獄改良論者の人脈と思想的基盤について」高塩博（編）『刑罰をめぐる法文化』（国際書院、二〇一八年）八一頁。

（14）長沼友兄『近代日本の感化事業のさきがけ』（淑徳大学長谷川仏教文化研究所、二〇一一年）一二三頁および一四二頁以下、および拙稿・前掲注（13）七八頁以下など。

（15）宇川盛三郎「第四回定期総会」大日本監獄協会雑誌二七号（一八九〇年）一頁以下。なお、各人物の履歴については、拙稿・前掲注（13）七九頁以下。

（16）【表1】にも名前がある井本常治は、明治法律学校出身の代言人で、官職とは縁がない。第四号に文を寄せた伊藤鉄次郎も、東京専門学校政治学科得業生との肩書である。

(17) 川口由彦『帝都の法社会史』(日本評論社、二〇二三年)三三七頁以下によれば、同年、宇川は東京府下でのトラブルに巻き込まれて公職をすべて辞任しており、大日本監獄協会への関与がなくなるのも、その影響を受けた可能性がある。

(18) 大日本監獄協会雑誌四一号(一八九一年)一頁以下には、本来同年四月に予定されていた第四回定期総会が九月に行われた旨が記されているが、その報告中に「公撰議員」の記録はなく、また同日行われた有志懇親会にも、宇川をはじめ政界関係者を確認することができない。

(19) 岡・前掲注(3)五六一頁。

(20) 倉持・前掲注(7)一二一～一二三頁の図を参照。

(21) ただし、「翻訳」欄のみが外国文献を扱っているわけではなく、論文の翻訳が「論説」として掲載されるケースがあるほか、「海外通信」欄の創設後は同欄でも外国関連の情報が紹介されているなど、多数の例外が存在している。本表はあくまでも傾向を示すものに過ぎない。なお、複数回に分けて掲載された同タイトルの記事は、一件として計上した。

(22) 拙稿・前掲注(13)七九頁。

(23) 同前七五頁以下。

(24) 梅謙次郎「ロンブロゾを読む(罪人即病人説を駁す)」大日本監獄協会雑誌四五号(一八九二年)一九頁以下。

(25) たとえば「第四回刑事人類学万国会議」大日本監獄協会雑誌九八号(一八九六年)五二頁以下。

(26) 矯正図書館所蔵『典獄会議演説指示注意事項』所収「板垣内務大臣訓示」二〇頁以下。

(27) 「獄制問題の一二」監獄雑誌七巻五号(一八九六年)三六頁には「兎にも角にも板垣新内務は権利問題を暖簾となすが故にや監獄制改良には留意するものかの如くに聞ゆ」と記されており、板垣内相が人権擁護の観点から監獄改良に関心を持っている、との風評があったようである。

(28) 「板垣伯」大日本監獄協会雑誌九六号(一八九六年)二頁。

(29) 同前三頁。

(30) 「内務大臣の獄制に関する演説を読む」監獄雑誌七巻五号(一八九六年)二頁。

(31) 同前二頁以下。

(32) 「板垣内相の獄制方針を誤まる勿れ」監獄雑誌七巻七号(一八九六年)三頁。

(33) 本事件については、赤司友徳『監獄の近代』(九州大学出版会、二〇二〇年)二九九頁以下を参照。

(34) 『協会雑誌』は一二六号の「論説」に四本(教誨師の待遇まで含めれば五本)の記事を、『学会雑誌』は九巻一二号の「教誨」欄で四本の関連記事を掲載している。

(35) 琴城道人「監獄教誨に就て典獄諸君に一言す」大日本監獄協会雑誌一二七号（一八九八年）四五頁。

(36) なお、『協会雑誌』は前月号にも琴城道人「道義教誨の非を論ず」大日本監獄協会雑誌一二六号（一八九八年）三五頁以下を掲載している。

(37) 岡・前掲注（3）五八六頁。

(38) 倉持・前掲注（7）四〇頁。

(39) 矯正図書館・前掲注（26）所収「典獄諮問会指示事項」二一頁。

(40) 一八九三（明治二六）年には、「実際ハ往々行状ノ視察ヲ看守押丁等ニ放任シ典獄初メ上等監獄官ハ親シク其視察ニ任セサル向少カラス行状視察ノ実ヲ得タルモノトハ謂フヘカラス」（矯正図書館・前掲注（26）所収「指示事項」一八頁）と、実務を下僚任せにしていることへの注意喚起がなされている。

(41) 拙稿「明治中・後期の典獄—異動の傾向・特徴とその背景」法史学研究会会報二三号（二〇二〇年）一四二頁以下。

(42) その象徴的な人物として、『協会雑誌』の有力な執筆者・支援者であった小泉保直が、一八九八（明治三一）年に非職とされている（重松一義『名典獄評伝』（日本行刑史研究会、一九八四年）七九頁以下）。そのほか、『協会雑誌』のみに寄稿している典獄のうち、篠川直（一八九〇年、宮崎）、中村中（一八九三年、宮城）などもこの時期に退職している。

第三章

法律雑誌・法学出版と学問作法——法学と社会科学の交錯を考える

水谷瑛嗣郎

Ｉ　イントロダクション

本章で取り上げる「法律雑誌」は、法学という学問における学術雑誌の中でも、主として商業ベースの雑誌を想定している。一般的に学術雑誌には、学会などで公刊されている論文誌、各大学や研究機関から公刊されている紀要があるが、出版社が定期刊行する商業雑誌の持つ比重は決して小さくない。少し古い調査（二〇〇八年）であるが、法学を含む人文・社会系の学術論文に関する調査研究では、科学技術・医学系の雑誌は一万二七六八誌に対して、人文・社会系は、七七八〇誌であったことが指摘されている。またこの七七八〇誌中、大学の紀要は四一五六誌と半数以上を占めており、商業出版社発行のものを含む一般雑誌等は一四一八誌、そのほか学会・研究会等により発行されているものを含む論文誌の一四三六誌とほぼ並んでいる。(1)

本章が念頭に置く日本評論社の『法律時報』や、有斐閣の『ジュリスト』といった法律雑誌は、主として専門家（研究者および法曹三者）が活用する場面が多いと考えられる一方で、『法学教室』や『法学セミナー』といった雑誌は、法学部の学生や法科大学院生が手に取る機会も多いだろう。

本章では、先行研究としての法情報学の視座を押さえながら、法律雑誌がどのように「メディア」として機能するように発展してきたか、さらに民法学者であり、法社会学者であった末弘厳太郎の存在が、戦前から続く主要な法律雑誌である『法律時報』の創刊と編集方針にいかに関わったかを読み解き、法律雑誌に期待された法と社会を繋ぐ時評機能と、法学が法律雑誌という場を通じて社会科学とどのような関係を結んできたかについての理解を深めたい。

Ⅱ　メディアとしての法律雑誌

法情報学からみる法律雑誌

さて、「メディア」としての法律雑誌を検討する上で非常に大きな役割を果たしているのは、法情報学であるといえる。法情報学者の指宿信は、法情報学を「コンピュータの登場と同時」に登場したと位置づける。すなわち、法律に関する情報を「法情報」としたとき、かつてこれを取り扱うアプローチは主として二つあった。一つは、コンピュータの登場によって生じるであろう法学的課題を扱う法学的アプローチである。その後、情報科学・コンピュータ工学における手法を活用し、法情報を扱う情報学的アプローチが盛んになる。[2] 法律雑誌に関する研究は、こうした法情報学のうち特に後者の観点からも重要であった。

もっとも法情報学においても法律雑誌に関する先行研究は少ないが、特に欠かせないと思われるのが、郭薇の業績であろう。郭薇は、外国書の翻訳・紹介等や、時事解説を中心とした萌芽期（一九〇〇年まで）、法整備が確立したのちに法律解説や判例に関する情報が重視されるようになった過渡期（一九〇一～三六年）、そして戦後の隆盛期（一九四五年～）を踏まえて、法律雑誌の社会発信に関する効果として、第一に「法律知識・学説の伝達」であり、第二に「出版書物に関するPR効果」という二点を挙げている。まず法知識の伝達では、法律家にとっては「自分の専門作業（法解釈）を修正する素材」であり、また「異なる法分野の専門家、研究者と実務者、さらに一般人と法律家という様々なレベルでの交流を実現しうるようなフォーラム的な効果」という重要な機能を果たす。次にPR効果についていえば、法律雑誌を出版している出版社自身が、法律専門書を刊行しており、『法律時報』や『ジュリスト』といった雑誌では、「創刊時には法律出版社側のブランド戦略という面を持っていたし、法学関係書籍のPR雑誌としての役割を期待されていた」という。[3] 郭薇はまた、『法律時報』に対する詳細な研究から、法情報メディアとしての法律雑誌について、①「日本の法律雑誌は、司法のような法律家の実践に応じたものではなく、立法や西洋の制度導入に関わる人材養成というニーズから生まれた」ものであり、②「法律雑誌の伝達効果は、文体のわかりやすさだけではなく、法律家の社会的地位と密接に関わっている」ものでもあったと指摘している点は、本章の主題にとっても欠かせない視点といえよう。(4)

メディア機能からみる法律雑誌

ここでメディア研究の観点から、そもそも「雑誌」という出版メディアの特性がどのように位置づけられているかをみておこう。雑誌は、一冊ごとに情報をまとめて不定期に刊行される書籍と異なり、同一の銘柄で定期刊行される出版物といえるが、その出版サイクルは週刊・月刊・季刊・年刊など雑誌によって種々ありうる。ただし多くの雑誌は、「特定の趣味や価値観、専門分野などの情報を提供」し、「特定の読者を対象」としている。そのため「ほかの人にとってはさして意味のある情報ではなくても自分にとっては特別な記事であることが、その雑誌が自分のために作られているという感情や、自分がある特定雑誌の読者集団の一員であるという帰属意識を生む」ことになる。つまるところ、雑誌は、幅広くマスにリーチすることが前提となるテレビなどと異なり、そもそも「愛読者」による読者共同体を形成する「『親密性』のメディア」なのである。(5)もっともこれは雑誌メディアに「マスメディア」としての機能が全くなかったことを意味しない。ゴシップなどを扱う週刊誌をはじめ、雑誌は、テレビ、ラジオ、新聞と並び、マスコミ四媒体と称される。すなわち、雑誌メディアの市場には、発行部数一〇万部以下のニッチ雑誌とそれ以上の発行部数を誇る比較的少数の銘柄によるマス雑誌が加わる「二重構造」が存在し、銘柄数としてはニッチ雑誌が多くを占める傾向がある（ただし二〇〇〇年代以降のマス雑誌の衰退によりこの構造は現代ではあまり目立たなくなっている）[6]。

法律雑誌が上記でいう多品種少部数のニッチ雑誌に分類されることはほぼ明白であることを考えると、法律雑誌は、法曹や法学愛読者を中心にした読者共同体を持つメディアと位置づけることができる。そうしたメディアとしての法律雑誌は、実に多彩な機能を持つことになった。法律雑誌の主要な機能の一つが、もちろん法情報学からの指摘もあるとおり、法学者（および法曹関係者）による〈学説開陳の場〉である、ということに異論はあまりないと思われる[7]。加えて、法律雑誌の中には、〈法曹およびリーガルマインド教育機能〉を見出すことができる。実際、そうした観点での項目が置かれており、『法学教室』には「演習問題」があり、『別冊法学セミナー』には「新司法試験の問題と解説」（二〇〇八年〜）が組まれている。また、日本評論社の『法学セミナー』は、創刊時より、「法学教育の質的向上に寄与する」という点に加えて、「法律を学ぶ学生に情報を共有できる場を提供しよう」という観点が掲げられていた[8]。むろん、法学部・法科大学院生の中の司法試験受験のための機能（受験雑誌に関しては第五章〔小石川〕を参照）もここには含まれるが、こうした雑誌の内容が大学でのゼミなどで取り上げられることを通じて、学部生、大学院生に対する法学教育のための教科書とは異なる教育機能を果たす「教材」として機能している側面もある。また読者層という視点からこうした機能を垣間見ることもできる。一例として、一九八〇（昭和五五）年に創刊した『法学教室』の読者層は、大学生・院生が三四％、法科大学院生が二四％、会社員が一四％となっており、また年齢別でも五〇％が二〇代となっている。[9]

他の印刷媒体との比較から上記とは異なる機能を導出することもできよう。たとえば、同じく学説開陳の場となっている学会などの論文誌や大学および研究所の研究紀要と比べると、法律雑誌は、比較的短いスパンでの（ただし後述する日刊新聞ほどの速報性はない）定期刊行物としての特性を有している。他方で、記事執筆者の多くが、法学者または弁護士等で専門性を有しているということも指摘できよう。この点を踏まえるならば、新聞と異なり、法律雑誌には、法制度の改正、重要な判例について、研究者および実務家が分析を行うことによって、弁護士等、法曹実務家が、いち早く政策および法解釈的な専門知から成る「武器」を手に入れることを可能にする〈専門的速報機能〉を見出すことができる。

こうした専門的速報機能と連動して、〈時評機能〉を見出すことができる。法律雑誌の中には、法制度および判例に限らず、時事の社会課題や政治問題等に関する法学者の論評を掲載する機能や、デジタルプラットフォームの台頭をはじめとしてジェンダー、貧困、安全保障といった法学が担うべき社会課題を取り上げて議論に委ねるという側面もある。たとえば戦後の一九五二（昭和二七）年に創刊した有斐閣の『ジュリスト』の読者層は、法曹二五％、教員二〇％を抑えて、会社員が三四％となっており、年齢層も二〇代が一八％、三〇代が二七％、四〇代が二六％、五

【表3-1】ジュリストの2023年特集テーマ一覧

号	特集名
2023年1月号（No.1579）	担保法改正―現段階と今後の方向性
2月（1580）	サプライチェーンの人権尊重をめぐる法的問題―「人権尊重ガイドライン」を契機に
3月（1581）	電力市場の法的問題
4月（1582）	家族法改正中間試案をめぐる議論状況
5月（1584）	知的財産戦略本部20年の歩みとこれから
6月（1585）	霊感商法と被害者救済――新法の提起するもの
7月（1586）	労働市場の変容と労働者のキャリアデザイン
8月（1587）	景品表示法改正
9月（1588）	インボイス制度が始まる
10月（1589）	デジタル社会の形成と法の変容 フリーランス法の検討
11月（1590）	2023年知財法改正 仲裁・ADRの強化と民事手続のIT化
12月（1591）	パンデミック対応の法・制度の構築

〇代が一八％と（意外と）幅広い。[10] 実際、『ジュリスト』の二〇二三（令和五）年の特集テーマも、直近の法改正、法改正動向、時事問題に関するテーマが非常に多い（【表3-1】参照）。

この点、『ジュリスト』の目的は、その創刊号である一九五二（昭和二七）年一月号における「創刊のことば」の中で、次のように示されている。[11]

まず「法律」を「われわれが創り、使う、いわば道具である」と置いた上で、しかし多くの人びとから法律は「社会に活動する人々を冷い眼で監視し、縛りつけるものとして、敬遠され、むしろおそれられている」と指摘する。その理由として、「法律にたずさわる人々」が「各方面の社会人の知識に基いて社会関係をよりよくする道具に過ぎないものであることを忘れ、……社会生活の実体から離れがち」となっており、また「社会に活動する人々」も、「その抱負に従って社会生活関係を改善するためには、どうしても一つの制度として論議し主張しなければならないことをさとらず、法律を厄介もの扱いする」ことが挙げられる。そして、学問として独自領域を有する法律の専門家たる「法律人」と、法律とは無関係の領域で活動する「政治人、経済人、文化人、自然科学者等々」の意志が「一つの社会制度として実現される」にあたり、「法律人と社会人とが、快く会合し、協力し、批判し合わなければならない」と説く。そして、『ジュリスト』は、「法律人と社会人とのかような、協力の場をつくろうとする目的で生まれたもの」であり、「一般社会事象を法律的に取扱うことを念願する」。それにより「重要な社会的問題について、その法律的な意義を迅速に報導し、正しく解説し、中正な批判を呼びおこそうとする」のである。

それでは、こうした法律雑誌を通じた法と社会のかかわり方は、いかにして醸成されるようになったのか。次節では、戦前からその流れを汲み、現在も公刊され続けている雑誌『法律時報』と末弘厳太郎の思想との関係性を紐解きながら、法律雑誌に期待された雑誌ジャーナリズムとしての機能（時評機能）に焦点を当ててみたい。

Ⅲ　法律雑誌と時評機能

『法律時報』の趨勢――法律ジャーナリズムの元祖？

日本評論社の『法律時報』は、大正デモクラシーの後、男子普通選挙が行われた翌年の一九二九（昭和四）年一二月に産声をあげた。『法律時報』は、民法学者であり法社会学者でもある末弘厳太郎「責任編集」を掲げ、当時「官学式のがっちりした学術論文」を掲載していた他の法律雑誌とは異なった「野性的な編集」により「新風」を吹き込んだ雑誌であった（『法律時報』のより詳しい歴史については第四章〔森元〕を参照されたい[12]）。

ところで『法律時報』に先駆けて創刊された『現代法学全集』（後述。第二章〔荒邦〕も参照）は、（のちの『法律時報』と同じく）「末弘厳太郎責任編集」を掲げ、「法律の大衆化」と「法科大学の開放」を前面に打ち出していた。『法律時報』は、好評であった『現代法学全集』の読者を「引きつづき日本評論社の読者として永久に固定する」ことを狙い、さらに末弘の助言によって当時のドイツで発刊されていた『Juristen-Zeitung』をモデルにしているといわれる[13]。むしろ本章の目的からして重要となるのが、末弘によって書かれた『法律時報』創刊号の「発刊の辞」である。ここに「法律雑誌」に期待する末弘の考えが色濃く表出していると考えられるためである。その中では、発刊に際して三つの理由（編集方針）が述べられている[14]。筆者が特に着目したいのは、まさに先の『ジュリスト』の創刊の言葉にある法律雑誌の時評機能にも通ずる、第一（および第三）の理由である。たとえば川島武宜は、『法律時報』に寄せた「法律ジャーナリズムの元祖」と銘打つエッセイで、「第一に、法律ジャーナリズム（時事問題を報道・評論する定期刊行物、という意味での）の必要、第二に法律研究のための情報の組織的提供の必要、第三に、インターディシプリナリーな情報の提供の必要」という具合に、先に挙げた『法律時報』の三つの編集方針を今日的な言葉に言い換えた上で、「新しい時代の法律ジャーナリズムの担い手」としての『法律時報』に期待を寄せている。(15)

『法律時報』の創刊と編集に携わった山本秋が「セツルメントの落とし子」(16)と述懐するように、こうした『法律時報』の創刊は、東大セツルメントと深くつながっている。イギリスの大学拡張運動の一環と通じている東大セツルメントは、関東大震災ののちに末弘および穂積重遠により、「学生を組織して作った「学生救護団」」を原型とし、そののちに「東京帝国大学周辺の生活困窮者を対象とした啓発と救済の活動」へと発展した。(17)東大セツルメントには法学部の学生が参加していたため、一九二四（大正一四）年九月に「法律相談部」が設置され、計二一六二人の法律相談を受けたとされる。(18)そして『法律時報』の創刊について、それを「抜きにしては考えられない」といわれる『現代法学全集』も、末弘の「法学思想と社会思想、もっと具体的にいえばセツルメント精神と深く結びついている」といわれている。(19)山本は、末弘の筆による「東京帝国大学セツルメント設立趣意書」を紐解き、そこから一種のノブレス・オブリージュの思想を見出している。すなわち当時の東京帝国大学に在籍する学生は、知識の独占という意味では、特権を享受する者であり、これを貧しき人びとに分け与えることは、当然の義務なのである。[20] 末弘による東大セツルメントの設置や『法律時報』の創刊は、戦後の法教育の萌芽と評され、[21] 社会に対する法（知識）の普及活動と位置づけられているが、末弘が『法律時報』を通じて実現しようとしたものの背景には、こうしたノブレス・オブリージュに基づく、「正しい意味での法律智識」の社会への還元に向けた意志があったといえよう。

こうした『法律時報』の編集方針を、末弘自身の言説で体現しているように思われるのが、『法律時報』で連載された「法律時観」である。[22] 末弘は、まさに『法律時報』の編集方針を「先頭に立って毎号自ら歯切れのよい「巻頭言」と鋭い「時観」「時評」を執筆」し、これが「『法律時報』の特色をきわ立たせるもの」となった。[23] もっとも清水英夫は「雑誌編集そのものは編集部の主体的努力で行われて」おり、『法律時報』が「末弘イデオロギー……の直接的産物では決してなかった」と指摘している点は留意が必要であろう。[24]

このように『法律時報』は、学問性に加えて「社会的政治的な時事性」[25] を有する雑誌として位置づけられ、さらにそれが「ジャーナリズム」と結びつけて評価する向きが研究者の中にあるところは興味深い。たとえば、『中央公論』編集部員から『法律時報』の編集部に移籍した清水英夫は、もともと日本評論社の総合雑誌である『日本評論』を手掛けたかったものの叶わず、「率直にいって、そのときの私の気持はかなりネガティブで、真剣に退社を考えた」という。しかしながら、「この雑誌で働くことを決心したのは、専門雑誌といえどもジャーナリズムであり、法律および法律学の近代化と民主化のために努力してみようという、いささか思いあがった期待に支えられた」と回想しているところである。[26]

法律雑誌とジャーナリズム

もちろん右に示されている「ジャーナリズム」の中身が何を意味するのかは必ずしも定かではない。雑誌というニッチメディアで展開され、しかも「法律」という頭号がつく以上、それは日刊新聞などが果たしてきた通常の意味での「ジャーナリズム」ではありえない。この点、戦前に読売新聞社で論説委員を務めていた社会学者の清水幾太郎は、ジャーナリズムを「一般の大衆にむかって、定期刊行物を通じて、時事的諸問題の報道および解説を提供する活動」と位置づけた上で、その特徴を①大衆性、②時事性、③定期性に置く。[27] こうした特徴から、清水は当然のように「日刊新聞」をジャーナリズムにおける特別の地位に据える。その一方で、月刊雑誌については、「これを時事的問題との関係から観察すれば、もうニュースを追いかけるというようなことは最初から問題にならぬ」とする。というのも「月刊という制約のもとでできるのは、時事的問題をその背景との関連から廣く且つ深く掴むこと、そこに現れる専門的技術的問題を説明すること、問題の実際的帰結あるいは結果を明らかにすること、更に進んで、問題を解釈し処理する立場そのものを反省することなどにかぎられる」ためである。[28] 清水はジャーナリズムと非ジャーナリズムの境目に「単行本」を置いている。清水の考えを整理すれば、ジャーナリズムは日刊紙を筆頭に、その定期性の間隔によって分類されることとなる（日刊新聞→週刊誌→月刊雑誌）。ただし、これはジャーナリズムにおいて「雑誌」が日刊新聞に劣位するものであることを必ずしも意味しない。たとえば、戦後日本におけるジャーナリズムの金字塔の一つとして、田中角栄の金権政治を暴いた調査報道が挙げられるが、この問題に先鞭をつけたのは、日刊新聞による報道ではなく、立花隆による「田中角栄研究――その金脈と人脈」とそれを掲載した雑誌『文藝春秋』であった。そこからもわかるとおり、新聞と異なり雑誌のメディア特性の一つはその「記事の分量」や「ネタに対する守備範囲」にあり、調査報道に関しては新聞よりも有利な点を備えていたことが指摘される。[29] またそれ以外にも、『中央公論』のような総合雑誌は、「論壇」機能を担ってきた側面がある（第六章〔山本〕を参照）。[30]

もっとも、あらゆる雑誌メディアが同じような機能を果たしているわけではなく、雑誌メディアの中には、総合雑誌（および婦人雑誌）としての側面を持つものと、専門雑誌としての側面を持つものに区分することができよう。たとえば、専門雑誌の一類型である経済雑誌は、「経済現象の現状とその推移とに関する客観的な情報を蒐集・提供するという報道性」および「経済現象を整理・解説・論評するという評論性」という機能を果たしている場合があり、そうした側面からもジャーナリスティックな側面を有していることが指摘される。[31] 他方で、別の類型である科学雑誌は、明治期には「情報の乏しい時代に当時のエリート層の知識の幅を広げる」役割を、そして大正末期以降は「庶民への啓蒙という役割」を果たしたが、同時に「大正から昭和初期にかけての大衆科学雑誌は、……国策に加担して日本を敗戦に導く負の役割も果たした」ことが指摘される。と同時に、戦後は「数学、物理、化学、地球科学などの特定分野に関して学会誌とは別に書店で販売される一般向けの科学雑誌が増加し」、また、「業界誌、ホビー誌とでも言うべき特定分野の理工雑誌、医療雑誌など」も増え続けた。[32] ただし一九八〇年代の科学雑誌ブームの下火以降、科学雑誌が担ったのは「ポピュラー・サイエンス」であり、「科学ジャーナリズム」ではなかったことも指摘される。[33]

法律雑誌もまた、雑誌の中でもいわゆる専門雑誌に位置づけられることになると思われるが、その機能についての評価はメディア研究における先行研究でもあまり取り上げられてこなかったものの、ここまで本章が追ってきたように、『法律時報』は、前述した法学雑誌に期待される〈時評機能〉の源流の一つと位置づけてもよいと思われる。（その実態はさておき）末弘自身、『法律時報』を他の法律雑誌と区別し、読者層を「一般人」を意識していた。[34] その上で、日刊新聞にはない分量を駆使して法律専門家の筆による時評機能を果たすことにより、清水幾太郎が分類するような雑誌ジャーナリズムの一類型としての「法律ジャーナリズム」というものを生み出す試みであったと見て取れよう。

もちろん、こうした法律雑誌の時評機能を、『法律時報』が初めて生み出したとまで言うのは大げさかもしれない。たとえば戦前の法律雑誌について法の社会理論の観点から検討した高橋裕の調査によれば、明治中期に発行されたことが確認できる法律雑誌は、法律学校と関係する組織を発行主体して発行されたものと、それ以外の組織で発行されたものに大別でき、その多くが東京で発行されたことが指摘されている。[35] 高橋は、当時の法律家の梅謙次郎と「大阪攻法会」の関係に着目し、梅のキャリア形成（論稿執筆機会の提供）に寄与したことを指摘した上で、大阪攻法会の果たした意義として、規制が加えられていた私立（法律）学校に対して、「規制に縛られない法テクスト産出の可能性」を示したこと、そして「当代一流といって差し支えない法学者たちによる第二次的法テクストを（比較的低廉といいうる価格で）広い範囲の市民に提供しようとしたこと」を挙げている。こうした質の高い法テクストの流通を、「学校とは制度上切り離されたところで民間の出版人が主導しようとしたことの意義は、小さくない」と指摘されている点は、本章の観点にとっても重要な示唆であろう。[36]

Ⅳ　法学の学問作法と社会科学

法学における学術コミュニケーション

さてここからは、こうした法律雑誌の時評機能が、法学という学問とどのように関係してきたかを紐解いてみたい。そもそも法学において、自身の研究成果である論文を公表する方法、すなわち学術コミュニケーションのための手段は複数ある。第一に、各大学の紀要である。第二に、各学会の学会誌がある。第三に単著や共著といった法学書である。そして最後に、法律雑誌への寄稿がある。

まず各大学に設けられている「紀要」は、主として若手研究者による業績投稿機会を確保するために用いられている。[37]この点、戦前の「法学雑誌の統合問題」に際して、末弘は「大学別にそれぞれ雑誌を出している現在の制度は、雑誌を読む側から言うと不便であること上述の通りであるが、同時にこれあるがために各大学の研究者殊に若い研究者が適時且容易にその業績を発表して廣く学界の批判を求め得るのであって、此事の我国法学の発達に寄与する所は極めて大きい」と指摘している。[38]

これに対して、各学会が刊行する学会誌は、大学紀要や法律雑誌とは異なり、憲法、民法、刑法等をはじめとする各法分野の専門領域ごとに組織されている学会単位で出版されるため、(分野横断的な特集等が組まれる場合を除き)基本的には専門領域ごとの「縦割り」構造となっている。もっとも筆者が専門領域としているメディア法や情報法のように、そもそも「六法的」な各法を横断する専門法領域も存在することには注意が必要であるが、基本的には研究者自身が軸足を置く専門法領域の同輩研究者同士が、世代を越えて交流するためのメディアという、法学においても非常に意義深い存在となっている。また学会誌ごとの性質にもよるが、内容としては、研究大会などでの発表を質疑・ディスカッションを踏まえて加筆修正したものを論文化する傾向が強いが、公募論文枠が設けられていることがあり、若手研究者が自らの研究内容を同輩研究者に広くアピールする場となっている場合もある。[39]

加えて、書籍としての法学書、特に単著の存在も重要である。というのも「文系では、著書への評価が高い。特に、単著は複数の論文に相当し、研究の集大成とみなされる傾向が強い」(40)との指摘があることを考えれば、法学分野における研究評価においても大きな位置づけを占めるといえる。

では本章が焦点を当てている学術雑誌としての法律雑誌はどうか。そもそも学術雑誌は、パリで創刊された『ジュールナル・デ・サヴァン』と、少し遅れてロンドン王立協会が発刊した『フィロソフィカル・トランザクションズ』の両誌が一六六五年に創刊されて以降、ピアレビューまたは査読制度によって学問の質の担保を担う存在である。こうした専門雑誌は現代においては商業化されており、またそれぞれの研究領域において「コアジャーナル」と呼ばれる重要雑誌が存在し、多くの研究者はその領域のコアジャーナルへの掲載を目標に論文を執筆する(41)。しかしながら、ここまで見てきたとおり、多かれ少なかれ時評機能の側面をもって誕生し、発展してきた法律雑誌は、『ネイチャー』や『サイエンス』といった自然科学分野等における学術雑誌とは異なる特性・機能を期待されてきたことは明らかである。まず法律雑誌の多くは、出版社および編集部門からあるテーマおよび特集を踏まえて執筆依頼を受けて論稿を執筆することが多い。その際には、すでにテーマと関連深い先行業績を有している研究者に依頼される。そのため、執筆者が関心のあるテーマに関する論稿を自由に投稿する仕組みとはなっていない。その上で、学術雑誌と異なり、ピアレビューや査読制度は設けられていない（むしろこうしたピアレビュー等は、学会誌の投稿枠がそれを担っていることが多い[42]。

法学と社会科学

さて上記のように他の学術分野と異なる学術コミュニケーション体系を構築してきた法律雑誌というメディアは、法学という学問の特質とどのように関係するのだろうか。多くの場合、「法学」は、経済学、政治学、そして社会学といった伝統的分野と並び、学問分野としては社会科学の一分野として扱われる。しかしながら、このような位置づけは、決して自明のものではないことに注意が必要であろう。ともすれば「法学はあたかも自己完結的な世界を構成しているかのような様相」を呈してしまっていよう[43]。特に「法と経済学」の分野からは、かねてから「法」を「学問」するという点について厳しい指摘が寄せられている。曰く、「法」は単なる社会における「現象」にすぎず、「学問には研究の方法論（methodology）が必要である」にもかかわらず、法学にはそれがない。「「法」、「社会に対する法の影響」、または「法に対する社会の影響」等は、研究の方法ではなく、研究し得る客体にすぎ」ず、「その法という客体を研究するには何らかの方法論が必要であ」るが、「法学にはその方法論が全くないため、社会科学的研究を行うには他の分野から方法論を持ち込まざるを得ない」という[44]。こうした法学の「学問」的位置づけに関する批判の背景には、法学（特に法解釈学）が担ってきた法実務における「テクニック」的側面があるように思われる[45]。この点は何も今日に突然始まったわけではなく、戦前の「解説法学」の悩みから続くものであろう。すなわち川島が指摘するように、戦前の法律学は「人民に向って国家法を納得させるために解説するという側面を相当つよく持っていた」ために、「法律学は人民の立場からその自由を擁護するためになされることはなく、ほとんどつねに法律を取扱う裁判官や行政官のためになされた」ものであった。[46]そしてかつての法律雑誌は、そのような解説法学（第二章〔荒邦〕Ⅴを参照）的な役割を負っていたのである。[47]

個人的経験であるが、筆者はもともと法学研究科において公法学（憲法）を専門として研究を進めてきたが、専門分野が「メディア法」という法学とメディア研究を架橋する分野であることもあり、二〇二四（令和六）年現在は関西大学社会学部に席を置いている。そのため同僚には、社会学者、心理学者、行動経済学者といった多様な研究分野の研究者に恵まれているが、その中で、右のような指摘を自分自身で痛感したことは一度や二度ではない（たとえば教育課程において、法学部には「研究調査方法論」のカリキュラムがほとんどない）。また新聞社をはじめとする報道機関から取材依頼を受けることもしばしばあるが、そこでは、ある社会的または政治的事象に対して、法学者の立場として判例や理論の「あてはめ」を行った見解（例：「政府が進めている〇〇は違憲か？」）を求められることが多いことも、そうした実感に拍車をかけている。さらに悩ましいことに法学（特に解釈学）が従来担ってきた比較法や思想といった方法論の意義からすると、単に隣接する社会科学分野で用いられている方法論を法学領域に導入すれば事足りるわけでもない。[48]

いずれにせよ法学においては、特に広い意味での「実務」と連動した「実学」としての側面が強く見出されるが、と同時に、「法学の科学化[49]」を強く打ち出したのもまた、『法律時報』の創刊に携わり、さらに法社会学という分野に先鞭をつけた末弘であったことは、本章にとって示唆的である。というのも末弘の遺稿となった「法社会学の目的」と題された時評において、末弘は「自然科学はもとより他の社会諸科学に比べて、法学が科学として立ち後れている」ことを指摘するのと同時に、「法学窮極の目的が、何が正しい法であるかを決定する原理」の探求にこそあると喝破している。[50]また末弘が「実用法学と法社会学との関係は、例えて言えば工科の学問と理科の学問との関係、臨床医学と基礎医学との関係に似ている」と評している点は興味深く映る。すなわち「技術学としての工科の学問は、一定の文化目的を達するために、自然科学としての物理学や化学によって発見された自然法則を利用する。それと同じように、政策学としての実用法学は、社会科学としての法社会学が発見した法に関する社会法則を利用して立法や裁判の合理化を図るのである。法哲学は立法、裁判等の法実践に向って指標を与えるけれども、その指標に従って立法し裁判する実際の動きは法の社会法則によって制約されるのである」。[51]加えて、先の川島は立法学と法律学の役割分担を次のように指摘する。「立法というのは建築みたいなもので、それに役立つ法律学はちょうど工学のように技術学としての性質を確立しなければならない」。「法律学が技術学となるということは、結局パウンドがいうように法をソーシャルエンジニ〔ア〕リングとして把握することを要求する。いいかえれば、法はわれわれによって単に解釈されるべき概念や思想なのではなくして、われわれが社会にはたらきかけわれわれの意図するような社会関係を創造していくための手段にほかならない」（強調ママ）のである。[52]

こうした社会関係を創造する手段としての法（学）理解からすれば、法学における研究方法をいかに社会科学化するかというよりも、隣接する社会科学領域の知見を法学はいかにして取り込む（または取り込まざる）べきかという点こそが、重要となるように思われる。こうした本章の関心事からすると、「法学と社会科学は、元来密接につながって」おり、実際のところ、「法学は価値判断を合理化するための科学的事実の認識をしばしば必要とする」との指摘は重要であろう。[53]

法学の研究評価と法律雑誌

さて、かような意味で「実学」としての学問的側面を有する法学は、その研究評価も特殊にならざるをえない。前述のような自然科学をはじめとする専門雑誌においては、論文の被引用数や引用影響度（いわゆるインパクト・ファクター）が研究評価として重要な指標となる。しかしながら、そもそも法学に限らず人文・社会科学の分野は、「人類の精神文化や、人類社会に生起する諸々の現象や問題を対象とし、これを解釈し、意味づけていくという特性を持った学問であり、したがって、個人の価値観が評価に反映される部分が大きいという点にとりわけ十分な配慮が必要」となる。[54]また人文・社会科学は、「人間が形成してきた文化と社会、あるいは形成を目指すべき文化と社会を対象とする学術であること、したがってまた、総体として見れば、人類が自己の営みを過去から現在に渡って省み将来へ向かって構想する知、つまり人類としての反省知・自己形成知を追求する学術である」と位置づけられる。そのため、人文・社会科学分野は「十分時間をかけて、対象との対話、また時空を越えた研究コミュニティとの対話を重ね、可能な限り確実な知を獲得・提示することこそが、その責務」とされ、これこそが「アマチュアリズムやジャーナリズム」との大きな相違点である。[55]他方、文系分野における研究評価において悩ましいのが、「論壇」などでの評価であろう。「アカデミズムに限定されない「作品」を評価する仕組みが、様々な「壇」の世界で行われ」ており、「出版やジャーナリズムを巻き込んだ論壇賞や学芸賞などは、そのような世上の評価に近い」とされる。さらに「若手の研究者でも、以前に比べ簡単に出せるようになった新書のようなメディアは、欧米のアカデミズムには存在しない。このような評価の場の多様性のために、日本の文系研究の価値の認定は、ますます曖昧にならざるをえない」とする指摘もある。[56]

その上で、「法律学、とりわけいわゆる実定法学の分野をみれば、それは社会制御の理論と仕組み（技術）を研究する学問であって、すぐれて現実社会の規律の在り方と密接に関係する」。そのため「学問的意義という視点からの評価の中で、その社会実践的意義という視点からの評価を欠かすことはできず、それらは常に一体のものとして評価されなければならない」のである。[57]こうした社会実践的側面を評価体系に持つ法学においては、法律雑誌が持つ時評機能の別側面も見出すことができよう。すなわち、法律雑誌は、各分野や世代を超えて法学を語り合う場を提供し、その時々の時事を捉えたテーマ・特集に対応する形で論稿が執筆・寄稿されることにより、ソーシャルエンジニアリングにおける「社会実践的」な意味での実用法学上の「実験場」として機能してきたのではないか。

法学者は、大学紀要、学会誌、法学書で開陳し、磨きをかけてきた自らの専門領域のセオリーを、「実験場」である法律雑誌上で展開することにより、世代や専門領域を超えて議論を深め、さらに陶冶を重ねていくことになる。こうして法律雑誌は、紀要とも学会誌とも異なる、法学という学問の作法において欠かせない独特の位置づけを得ることになったのである。

V　おわりに——法律雑誌と法学の未来図

法律雑誌は、現在、岐路に立たされている。いうまでもなく、それはデジタル化の波によってである。法律雑誌に限らず、デジタルシフトという環境の激変は雑誌メディアを苦境に追いやった。そうした中で、多くの雑誌メディアは二〇一〇年代に入り、「雑誌コンテンツを紙メディアに印刷するだけでなく、デジタル化することで自社のインターネットメディアに掲載したり、他社に提供することでマネタイズ（収益化）する」ようになった(58)。社会科学としての法学における「実験場」としての法律雑誌も、その戦場を徐々にデジタル空間にシフトさせつつある（その典型例は、有斐閣オンライン・ロージャーナルであろう(59)）。

もっとも本章がここまで紐解いてきた法学という学問と結びついた法律雑誌の特殊さは、あくまで日本という文脈に依存しているものであることは注意が必要である。筆者の力量不足もあり、比較対象として詳細に語ることはかなわなかったものの、周知のとおり、アメリカにおいては、法学分野において重要な学術コミュニケーションの機能を担っているのは、各大学で学生が主体となって編集・刊行する「ローレビュー」や「ロージャーナル」である。著名なところではハーバード、イェール、スタンフォードの各ローレビューがあるが、いずれも掲載に至るための審査はかなり厳しいとされている。(60) こうした海外における法学コミュニケーションのあり方とどのように向き合うのかも、デジタル空間の中での法律雑誌というメディアの趨勢を決めるであろう。

加えて法律雑誌は、先述のとおり法学内の各分野を横断して交流する場として機能してきたが、Society 5.0と呼ばれるサイバー・フィジカルの融合を前提とした社会変革が迫る中で、「ソーシャルエンジニアリング」として今後も法学が一つの専門的位置づけを得るためには、他の学問分野——従来の比較的交流が行われてきた経済学や心理学はもちろんのこと、(筆者の専門分野に引き付けて言えば) 情報工学・計算機科学等——との学際的交流の場がますます求められるようになろう。そこでは、これまでドメスティックに行われてきた法学の議論を「開く」場であるのと同時に、他分野が提示する知見に対する慎重な見極めを法学者が養う場としても機能する。こうした法律雑誌が代替不能なメディア機能を発揮することにより、法学もまたより良く発展を遂げていくことになるだろう。

第三章注

(1) 時実象一「日本発行の人文社会系学術雑誌・紀要」情報知識学会誌一八―二(二〇〇八年)二〇四頁以下。

(2) 指宿信『法情報学の世界』(第一法規、二〇一〇年)一頁以下。

(3) 郭薇『法・情報・公共空間―近代日本における法情報の構築と変容』(日本評論社、二〇一七年)一一三～一一四頁。

(4) 郭・前掲注(3)一五一頁。

(5) 清水一彦「第三章 雑誌」藤竹暁=竹下俊郎(編)『図説 日本のメディア〔新版〕―伝統メディアはネットでどう変わるか』(NHK出版、二〇一八年)一三四～一三五頁。

(6) 清水・前掲注(5)一四四～一四五頁。

(7) 有斐閣ウェブサイト「広告案内」〔https://www.yuhikaku.co.jp/static/ad.html〕によれば、『ジュリスト』の発行部数は一万部であり、『法学教室』は七〇〇〇部に過ぎない。

(8) 串崎浩「法学教育とその関連出版の現状と今後―日本評論社の雑誌、書籍出版を素材に考える」法の科学四七巻(二〇一六年)七一頁。

(9) 有斐閣ウェブサイト・前掲注(7)を参照。

(10) 有斐閣ウェブサイト・前掲注(7)を参照。ただし、市場からの分類としてはニッチ雑誌であり、発行部数としてはその他のマスメディアに遠く及ばないことに留意されたい。

(11)「創刊のことば」ジュリスト一巻一号(一九五二年)。

(12) 福島正夫「創刊号をみながらの想い出」法律時報五〇巻一三号(一九七八年)二五七頁。

(13) 山本秋「法律時報創刊前後のこと」法律時報五〇巻一三号(一九七八年)二六五頁。

(14)「発刊の辞」法律時報一巻一号(一九二九年)。

(15) 川島武宜「法律ジャーナリズムの元祖」法律時報五〇巻一三号(一九七八年)二六二頁。

(16) 山本・前掲注(13)二六七頁。

(17) 佐々木剛=草野篤子「関東大震災を契機として始まった東京帝国大学セツルメント―世代間交流の視点からの再検討と現代学生ボランティアとの関連性」日本世代間交流学会誌七巻一号(二〇一八年)

三四頁。

(18) 藤沢真理子「賀川豊彦と東京帝国大学セツルメント」東邦学誌四八巻一号（二〇一九年）二七頁。

(19) 山本・前掲注（13）二六三頁。

(20) 山本・前掲注（13）二六三頁。

(21) 橋場典子「社会的排除と法システム（2）―システム作動要因としての属人性」北大法学論集六六巻三号（二〇一五年）一三〇頁。

(22) なお『法律時報』では、「時評」、「法律時観」、「法律時評」という三種類の時評機能があったが、以降はこれらをまとめて単に「時評」と表現する。

(23) 田中二郎「法律時報の創刊の頃」法律時報五〇巻一三号（一九七八年）二五八頁。

(24) 清水英夫「戦後の法律時報と法学―その私的回顧」法律時報五〇巻一三号（一九七八年）二七一頁。

(25) 平野義太郎「末弘博士の学風にふれつつ」法律時報五〇巻一三号（一九七八年）二五五頁。

(26) 清水・前掲注（24）二七一頁。

(27) 清水幾太郎『ジャーナリズム』（岩波書店、一九四九年）二八〜三一頁。

(28) 清水・前掲注（27）三七頁。

(29) 佐藤信吾「ジャーナリズム実践の想起に関する一考察」慶應義塾大学メディア・コミュニケーション研究所紀要七一巻（二〇二一年）六五〜六六頁。

(30) 根津朝彦『戦後「中央公論」と「風流夢譚」事件―「論壇」・編集者の思想史』（日本経済評論社、二〇一三年）を参照。

(31) 杉原四郎「日本の経済雑誌」杉原四郎（編）『日本経済雑誌の源流』（有斐閣、一九九〇年）一頁。

(32) 大石和江＝竹内伸「我が国における科学雑誌の歴史―総合科学雑誌を中心として」科学史研究二七五号（二〇一五年）二五一頁。

(33) 藤岡伸一郎「科学雑誌の市場構造」科学技術計画八巻二号（一九九四年）一二八頁。

(34) 末弘厳太郎「時評　一九四四年二月号（一六巻二号／通観一七〇号）―法学雑誌の統合問題」日本評論社（編）『末弘嚴太郎　法律時観・時評・法律時評集（下）―戦中・終戦から講和条約　一九四二―一九五二』（日本評論社、二〇一八年）一〇六頁は、『法律時報』を「廣く一般読者を相手とし、執筆

者として廣く当該事項に関する権威者を求めながら成るべく時の問題を捉えて計画的に編集をしているもの」と評している。

(35) 高橋裕「明治中期の法律雑誌と大阪攻法会―梅謙次郎「日本民法和解論」に導かれて」法と政治六二巻一号下(二〇一一年)一六五頁。

(36) 高橋・前掲注(35)一八七~一八八頁。もっとも高橋が、「掲載される科目の偏り(特に『[第一期]大阪攻法会雑誌』に見られるそれ)は、購読者としてどのような層を想定していたのだろうかと訝りたくなるほどでもある」と指摘していることには留意が必要であろう。

(37) なお大学紀要の発展については、竹内比呂也「大学紀要というメディア―限りなく透明に近いグレイ」情報の科学と技術六二巻二号(二〇一二年)七二~七七頁を参照。

(38) 末弘・前掲注(34)一〇七頁。

(39) たとえば、日本公法学会の学会誌である『公法研究』は、前年度の学会報告の論文に加えて「公募論文」枠が設けられている。

(40) 日本学術会議科学者委員会研究評価分科会「提言　学術の振興に寄与する研究評価を目指して―望ましい研究評価に向けた課題と展望」(二〇二一年一一月二五日)一三頁〔https://www.scj.go.jp/ja/info/kohyo/pdf/kohyo-25-t312-1.pdf〕。

(41) 栗山正光「学術コミュニケーションと電子ジャーナル」日本図書館情報学会研究委員会(編)『電子書籍と電子ジャーナル』(勉誠出版、二〇一四年)一〇三~一二八頁を参照。また『フィロソフィカル・トランザクションズ』に関しては、柴田和宏「刊行初期の『フィロソフィカル・トランザクションズ』」科学史研究二七五号(二〇一五年)二三三~二三九頁を参照。

(42) たとえば、筆者が編集委員を務めた情報ネットワーク法学会の学会誌『情報ネットワーク・ローレビュー』は基本的に査読付きの投稿論文集である。同じく筆者が編集委員長補佐を務めた情報法制学会の学会誌『情報法制研究』にも、編集部からの依頼に基づく寄稿論文のほかに、査読付きの公募論文枠が設けられている。

(43) 飯田高『法と社会科学をつなぐ』(有斐閣、二〇一六年)二八〇頁。

(44) マーク・ラムザイヤー『法と経済学―日本法の経済分析』(弘文堂、一九九〇年)iii~iv頁。

(45) 何鳴「社会科学のなかの法学」二松學舎大學論集四三巻(二〇〇〇年)五頁以下を参照。
(46) 磯田進ほか「法律学はいかにあるべきか—続・日本法学の回顧と展望」日本評論新社(編)『日本の法学』(日本評論新社、一九五〇年)一七二頁〔川島武宜発言〕。
(47) そうした中で創刊されたからこそ、『法律時報』の存在は新鮮であった。たとえば、風早八十二「嵐に抗して船出した『時報』の航跡」法律時報五〇巻一三号(一九七八年)二五九頁は、『法律時報』以前の法律専門誌は「与えられた実定法規を無批判に大前提として解釈技術を競う、いわゆる「官僚法学」の道具に過ぎなかった」とし、それに対して『法律時報』は「法律問題を、社会に生起するもろもろの問題との密接なかかわりにおいて科学的分析の対象とし、そこから、社会問題の進歩的方向づけと解決に寄与しうる法の理論を創造しようとする、新しい型」であったとしている。もっともそうした試みは、その後の戦時体制の中で困難に直面していくのではあるが。
(48) たとえば川鍋健「憲法学の「社会科学化」へむかって」一橋法学二二巻三号(二〇二三年)一一三九〜一一四三頁は、「憲法学は、社会科学にはなり得ないにしても、社会科学であることを目指そうとする、いわば「社会科学化」を志向する学問」であると位置づけた上で、計量分析等の手法による因果推論は「あくまでも議論の手法の一つにすぎないはず」と論じる。
(49) なお、戦後直後に展開された法社会学論争、法解釈学論争、そして判例研究方法論争という三つの論争は、法学がいかなる意味で「社会科学」といえるかという点にとっても重要な位置を占めるものであった(長谷川正安『法学論争史』(学陽書房、一九七六年)を参照)。戒能通孝による法社会学を「ブルジョア的科学」と評した論稿「法律社会学」端を発するとされる法社会学論争は、法社会学とマルクス主義法学との間での論争であったが、その中ではたびたび、法と科学の関係が問われた(たとえば藤田勇=江守五夫(編)『文献研究　日本の法社会学—法社会学論争』(日本評論社、一九六九年)所収の戒能通孝「法律社会学」、山中康雄「法学の科学性」、杉之原舜一「科学としての法学」の各論稿を参照されたい)。むろんここでいう「科学」は時代背景的にマルクス主義におけるそれと同義であるという点には留意が必要であろう。法社会学論争ののちに起こる法解釈学論争は、一九五三年六月一三日付けで行われた学生生徒の住所認定を「郷里」にあるとした自治庁通達に関して、一一月の私法学会においてこれを取り上げた来栖三郎の報告「法の解釈と法律家」をきっかけとする。この点、出口雄一は、その前夜に民主主義科学者協会法律部会が開いたシンポジウム「法の解釈――科学としての法律学」を皮切りに、「この時期の「法の解釈」をめぐる言説空間において「科学」という用語が持っていた、ある意味特権的な地位が確認される」ことを指摘する。しかし同時に、「これらの一連の議論を経ることで析出されたのは、「客観性」を「歴史の進歩の方向」のような尺度により担保できると主張するマルクス主義（法学）の立場で用いられる「科学」のあり方に対する……法学者たちの懐疑的な姿勢であった」とされる（出口雄一「立法・解釈・「科学」――「戦後法学」の思想と行動」桐蔭法学二八巻二号（二〇二二年）六五頁）。

(50) 末弘厳太郎「法律時評　一九五一年一一月号（二三巻一一号／通巻二五八号）　法社会学の目的（遺稿）」日本評論社（編）・前掲注（34）四四二～四四三頁。

(51) 末弘厳太郎「法学とは何か―二完―特に入門者のために」法律時報二三巻五号（一九五一年）七頁。

(52) 磯田ほか・前掲注（46）二〇七～二〇八頁〔川島武宜発言〕。

(53) 飯田・前掲注（43）二七九～二八〇頁。

(54) 文部科学省科学技術・学術審議会学術分科会「学術研究における評価の在り方について（報告）：基本的な考え方」（二〇〇二年）〔https://www.mext.go.jp/b_menu/shingi/gijyutu/gijyutu4/toushin/attach/1337686.htm〕。

(55) 日本学術会議科学者委員会研究評価分科会・前掲注（40）一四頁。

(56) 苅谷剛彦「誰のための、何のための研究評価か―文系研究の日本的特徴」学術の動向二三巻一〇号（二〇一八年）二六頁。

(57) 櫻井孝一「学術研究評価の多様性とその評価基準― 特にいわゆる実学的分野の評価基準と定量的評価の適用の限界に関して」学術の動向八巻一〇号（二〇〇三年）二四頁。もちろん「この場合にも、社会・経済への貢献ないしは社会実践的効用を強調するあまり、それにのみ偏った評価は厳に慎まれなければならない」とされていることに留意する必要はある。

(58) 清水・前掲注（5）一五四頁。

(59) 有斐閣オンラインが提供している「ロージャーナル」〔https://yuhikaku.com/list/lawjournal〕では、二〇二一（令和三）年一〇月以降の『ジュリスト』、『重要判例解説』、『論究ジュリスト』に加え、二〇二三（令和五）年二月以降の『判例百選』に関する論稿・記事に加え、ウェブ版オリジナル論説を購読できる仕組みとなっている。

(60) 内田哲也ほか「座談会　海外ロースクール事情」東京大学法科大学院ローレビュー一二号（二〇一七年）一三八頁を参照。なおアメリカのローレビューと同じく、日本で数少ない学生主体で編集刊行を行っている雑誌が『東京大学法科大学院ローレビュー』である。もっともアメリカと異なり、教員が投稿する論文については掲載を前提に編集作業が行われているようである。これは「自分たちがその授業を受ける教員、しかも多くの場合学生の求めに応じて寄稿する教員の論稿を審査することに対する（ある種の謙虚さから来る）心理的抵抗がある」ためとされている（松原健太郎「ローレビュー今後の展望」東京大学法科大学院ローレビュー一〇号（二〇一五年）一四四頁）。

Column ❸

憲法学者の時論
——美濃部達吉と宮沢俊義

小野博司

Ⅰ　多くの時論を残した憲法学者

法学者（ここでは主に大学の法学教師を想定している）が書くものを、（一）教科書を含む研究書、（二）一般書を含む非研究書、（三）論文、（四）インタビュー、コメントを含む新聞・雑誌等の記事に分類し、その内容を（ア）学説、（イ）時論（時事を論評するもの、またはその他随筆）で区別すると、（一）、（三）が（ア）、（二）、（四）が（イ）と一応考えることができよう。もちろんこれはいいかげんな分類で、学術賞が与えられることもある今日の新書のように、（二）の中で最新の学説が披瀝されることもあり、（四）の中で解説を超えて自説が展開されることもしばしばである。(1)

戦前において最も多くの時論を物した法学者が誰かはわからないが、美濃部達吉、佐々木惣一、(2)上杉慎吉、宮沢俊義といった著名な憲法学者がトップクラスであることは間違いない。(3)松田義男の調査により判明した、新聞・雑誌等（大学紀要を含む）に掲載された美濃部の文章は六七二篇であるが、(4)掲載媒体を手がかりに数えてみると、その約半分は時論といえそうである。彼は、ゲオルク・イェリネック（George Jellinek）に多くを学び、現在に繋がる公法学の基礎を作ったと一般的には目されているが、奥平康弘は同時に、「啓蒙的論壇活動家」(5)であったとも評している。明治憲法下での政党政治の実現を確信し、「新聞・総合雑誌に憲政批判・時事批判のための啓蒙的な論稿を寄せて、実践的な活動にも従事した」(6)美濃部は、新聞・雑誌の紙・誌面で政党、貴族院、内閣、枢密院、軍、元老を縦横無尽に論評した。長年にわたり多くの文章を発表したが、その中でも憲政評論の主なものは、『時事憲法問題批判』（一九二一年）、

『現代憲政評論』（一九三〇年）、『議会政治の検討』（一九三四年）に収められた。

美濃部を超える「時論家」であったといえるのが、宮沢である。ともに約半世紀にわたって原稿を書いた両者であるが、宮沢の方が総数（一四六八）が七九六篇も多いのは、時論の数の差が大きい。[7] その筆に定評があった彼は、生涯に五冊の随筆集――『銀杏の並木』（一九三七年）、『東と西』（一九四三年）、『銀杏の窓』（一九四八年）、『右往左往』（一九五一年）、『神々の復活』（一九五五年）――を上梓し、また没後には、『随想全集三　末川博　南原繁　宮沢俊義』（一九六九年）、『宮沢俊義随筆集』（一九七七年）が出版された。宮沢は、最も多く時論を物した法学者の一人であった。

本コラムでは、美濃部と宮沢の時論の特徴（両者の違い）、またそこから見えてくる彼ら（の法学）の性質を紹介し、法学（者）史研究において、ときに雑文と呼ばれることもある時論を扱うことの意義について述べる（上杉慎吉については、Column❹〔坂井〕を参照されたい）。

Ⅱ　美濃部達吉

美濃部の文章が多くの人びとの目に触れたと考えられる最初は、一九〇八（明治四一）年、教授になって六年目の三五歳の時に『読売新聞』に一八回にわたり連載された「選挙法講話」である。[8] その内容は、選挙権、被選挙権、選挙区、投票の方法、選挙人名簿について現行制度を解説したものであった。総合雑誌に初めて登場したのは一九一〇（明治四三）年に『太陽』に寄稿した「議会と国民との同化」である。「議会が国民の心を以て心とすること」[9] ができていない現状を憂い、選挙人・議員双方の心構えを説いたものである。この当時（一九〇八～一二年）の時論（一一本）のテーマを見ると、選挙に関するもの（一〇本）が半数を占めていることから、メディアからは選挙に詳しい教授と見られていたと推測される。[10]

美濃部の名が社会に広く知られるきっかけになったのは、一九一二〔明治四五〕年に、博文館[11]が発行していた当時最大の総合雑誌『太陽』[12]を主戦場とした天皇機関説論争〔上杉・美濃部論争〕[13]である。論争のきっかけになったのは、一九一二〔明治四五〕年に美濃部が『国家学会雑誌』[14]に掲載した新刊紹介〔「国民教育帝国憲法講義　法学博士上杉慎吉著」〕[15]であるが、上杉慎吉が『太陽』に反論〔「国体に関する異説」〕[16]を載せたため、美濃部も同誌で再反論〔「上杉博士の「国体に関する異説」を読む」〕[17]に及んだ[18]。論争に「勝利」して以降、さまざまな雑誌から法や政治とは関係ない内容――受験[19]、芸娼妓問題[20]、嗣子[21]――について回答を求められるようにもなり、原稿も学術論文より時論の方が多くなった。総合雑誌に掲載された時論をきっかけに、選挙などに詳しい教授から人びとに広く知られる名士へとメディアでの位置づけが変化したといえよう〔Column❹〔坂井〕が指摘するように、論争相手である上杉もメディアで大活躍を見せるようになった〕。

五〇代を迎えた一九二〇年代は、年齢や臨時法制審議会への参加[22]などによる多忙といった事情もあったのだろうが、学術論文は年に三～四本くらいしか発表されなくなった。ちなみに、留学を終えて本格的に研究生活を始めた一九〇〇年代には、大学紀要等〔『国家学会雑誌』、『法学新報』[23]、『法学協会雑誌』[24]〕を中心に、短いものを含めれば年一五本ほどの論文を執筆していた。論文の数が少なくなる一方、時論の方は年間で一五本くらい発表されるのが常となった。彼の時論が掲載された主な媒体は、『帝国大学新聞』[25]〔八一本〕、『東京朝日新聞』〔二一本〕、『中央公論』[26]〔二一本〕、『改造』[27]〔一六本〕、『太陽』〔一一本〕、『経済往来』[28]〔八本〕であった。最も多く発表されたのは一九三四〔昭和九〕年で、学術論文は三本だったのに対し、東京帝大退官と重なったことも一因であろうが、時論は四〇本も発表された。

多くの論者が指摘しているように、六〇代を迎えた一九三〇年代には、書く内容が以前と大きく変化した。政党政治に限界を見出し、それに代わる円卓巨頭会議構想などに言及するようになったのである。『議会政治の検討』にも収められているこの当時の文章は、以前は「かつてのような鋭い筆致は失われている」[29]とネガティヴに評価されていたが、一九八〇年代以降に日本近代政治史や日本近代史の研究者の間で、「美濃部憲法学」の本質を知るための手がかりとみなされるようになった[30]。この時期の時論をどう評価するかという点は、いまもって美濃部研究の一つの論点である。

一九三五（昭和一〇）年の天皇機関説事件での対応[31]が示すように、美濃部は自説を批判する者との対立、論争を厭わなかった。むしろ、天皇機関説論争のように、彼の方から論争を仕掛けることもあった。こうした論争は、紀要に載せられた論文の中で展開されることもあったが、総合雑誌や新聞紙上の時論でも戦わされた。そのため、美濃部の「戦う法学者」としての側面を視野に収めるためには、時論に注目することが必須なのである。

Ⅲ　宮沢俊義

美濃部の下からは、次代の公法学を牽引する優れた研究者が数多く輩出されたが、その中で、東京帝大の憲法学講座の後継者となったのが宮沢俊義である。宮沢は、「時論家」としての顔も受け継いだが、美濃部の文章が論敵である穂積八束・上杉同様に「壮重厳粛な、堂々たる大文章であり、正座してでなければ読めない」のに対し、宮沢の「文章は極めて平明であり、流麗であり、あるいは軽妙でさえもあ」った[32]。同僚であった国際法学者の横田喜三郎も、宮沢は「軽妙な文章」[33]を書いたと述べている。すなわち、「あっさりとした、すっきりとした、気のきいた文書である。くどくどしてなく、堅苦しくなく、簡明で、あっさりしている。その意味で、「軽」である。すっきりして、気がきいているという意味で、

「妙」である。あたかも、軽妙なデッサンのような文章である」[34]。美濃部も、「宮沢君は、実にうまい、気のきいた文章を書く」[35]と周囲に語っていたという。

宮沢は、研究生活をスタートさせた直後から時論を発表した。最初のものは、大学卒業の翌年、助手であった一九二四（大正一三）年に『帝国大学新聞』に寄せた、投票用紙へのローマ字記入を評した「選挙の秘密とロオマ字投票」である[36]。一九二四（大正一二）年に刊行された『帝国大学新聞』は、助手・助教授時代に宮沢が最も多くの文章を発表した媒体であった。新聞への初めての寄稿は、国家主権概念を批判し、イェリネックの国家の自己拘束説を「きべん」と喝破した「国家主権概念のこく服」[37]である。これは、一九二八（昭和三）年に『東京朝日新聞』に四回にわたり連載された。総合雑誌の方は、一九三三（昭和八）年の『中央公論』に載った、世界的な独裁政の興隆を批判した「民主政より独裁政へ――政治に於けるタブーの再生」[38]が最初であった。

一九三四（昭和九）年の教授昇任以降は、時論の数が飛躍的に増えた。ほぼ憲政評論の範囲にとどまっていた美濃部とは異なり、宮沢はさまざまなメディアに登場した。「生涯の伴侶」[39]であった音楽をはじめ、「何でもござれの多趣味な人物」[40]だったことから、「映画、音楽、落語、謡曲、能、あるいは（中略）俳諧」[41]に関する時論を物した[42]。また、スイッチヒッターのセカンド[43]であり、東京巨人軍のファンであった宮沢は、「職業野球の健全な発達を図る」[44]べきと主張し、巨人軍理事の野村務から「職業野球の使命を余すところなく説明したもの」[45]と激賞された（その縁もあってか、一九六五（昭和四〇）年には、プロ野球コミッショナー委員会委員長に就任した）。教え子である小嶋和司は、「たんなる法律屋の疑わぬところを疑い、それを学問の出発点とされた」宮沢にとって、「専門家以外の人々に接し、それらの人々に理解させようと努めることは、何が法による第一選択であったかを発見し、自覚するための簡便な契機となるもの」

であり、「その意味で、マスコミ活動は、先生の学問的成果を普及発表するというより、学問的成果を得るための実験の場であった」と、その旺盛な執筆活動の動機を分析している。[46]

こうした観点から宮沢の時論が発表された媒体を眺めると、婦人雑誌が少なくないことが注目される（Column❹〔坂井〕で述べられているように、婦人雑誌で最初に活躍した憲法学者は、師である美濃部の仇敵である上杉であった）。最初に確認することができるのは一九三四（昭和九）年の『婦人之友』[47]で、議会や予算編成に簡単な説明を加えながら、政党、政府の態度を批判したものである。[48]そのほかにも、戦前に一一回も登場した同誌には、子ども向けと銘打ちながら、おそらく成人女性＝母親にも向けた各国政治史の解説などを寄せている。[49]また、一九三七（昭和一二）年に刊行された『新女苑』にも四回（時論三、座談会一）登場している。中流階層の主婦を対象とした『婦人之友』に対し、実業之日本社[50]から創刊された「若い未婚女性を対象とした教養雑誌」[51]である同誌で宮沢は、「積極的な、建設的な、進取的な生活態度」[52]を身に付けることや、「女性の真の教養を高めることが女性を救ふ」[53]との主張を行っている。ただし前者は、結婚後に満洲国で生活することになった場合などを例に語られ、後者は「見す見す不良男子に身を任せて後で困」らないようにとの文脈での発言であり、今日的価値観とはそぐわないところもあろうが、彼が女子教育に熱心だったことは間違いない。[54]宮沢は、一九四七（昭和二二）年に『あたらしい憲法のはなし』（文部省が発行した同名の書籍とは異なる）を、そして一九五五（昭和三〇）年には、児童文学者の国分一太郎、日本画家の堀文子と『わたくしたちの憲法』（「憲法を小学生にも理解してもらおうと、図解による憲法の本を企画した」[55]有斐閣の編集者のアイディアをもとにしたもの）を著し、日本国憲法の内容を人びとにわかりやすく伝えた。宮沢は、「憲法の講義からそれまでのような厳粛さをとりのぞき、その意味で憲法を科目として平民化するということは、僕は相当意識してやったつもりです」[56]と述べているが、「憲法の平民化」[57]は、大学外においても目指された。戦前の女子教育も含め、今日の主権者教育を先取りした法学者の一人であったともいえよう。

宮沢は、今日では美濃部憲法学を批判的に継承して「科学としての憲法学」を樹立することで学界を新たなステージに引き上げたこととともに[58]、日本国憲法の最初の体系的な解釈をリードしたことが、その功績として評価されている。[59]しかし、「徹底したリベラルで、デモクラティックで、それに反するものは一切排除する」[60]といわれる彼も、戦時中には「自由主義者の発言としては理解し難い多くの作品」[61]を残している。有名なのは、真珠湾攻撃以来の日本軍の快進撃を喜んだものや[62]、一九四四（昭和一九）年二月の東條英機首相兼陸相・嶋田繁太郎海相の参謀総長・軍令部総長兼任を支持するもの[63]であろう。またそのほかにも、一九四三（昭和一八）年の『新女苑』に寄せた文章では、若い女性に向けて、「肇国以来三千年の変らぬわが国民の本然の姿」である「われわれはただ「人間」であるのではなくて、日本人であることによつてのみ「人間」であり得るのである」という「日本国民の国家性」に即して行動するよう反省を促している。[64]結婚は「私事ではなくて、きはめて高度の国家性を有すること」であり、子どもは「親の私有物ではなくて国家的性格を有する」との主張[65]は、戦後の人権論の基礎を作ったとされる『憲法Ⅱ——基本的人権』（有斐閣、一九五九年。本書第二章〔荒邦〕参照）の著者の言葉とは思えない。彼の時論は、政党政治が始まった一九二〇年代に研究生活を開始し、それが変容を遂げる一九三〇年代に教授となり、その後の開戦と敗戦、日本国憲法の制定という激動の時代に、学界の第一人者として発言を求められ続けた法学者が、社会とどのように向き合っていたのかを知ることができる貴重な資料だといえよう。

戦後も宮沢は積極的に文章を発表した。その中でも特筆すべきは、一九五二（昭和二七）年に有斐閣より創刊された総合法律雑誌『ジュリスト』（第四章〔森元〕参照）での活躍であろう。大学時代の教え子であり、担当編集者（のち常務取締役）として信頼が厚かった新川正美は、「創刊以来、三百三十回にわたって病気とかご旅行などで休まれた外は毎号（月に二回）巻頭言をお書きいただいたが、先生の巻頭言がおくれたために、発刊日がおくれたことは一度もなかった」(66)と述べている。学識深く、話題が豊富な宮沢だからこそできた離れ業であった。

法学（者）史研究において時論の扱い方が難しいことは、かねてより指摘されているところである(67)。学説（研究書、論文）をきちんと検討せず、専門知識がないままに時論の片言隻句をとらえて法学者を語ることはフェアではない。また、学説と時論とを区別せず同列に扱うことも、その法学者が知的エネルギーを最も注いだものは何だったのかという問いに自信をもって答えられないのであれば、同様に慎むべきであろう。しかし、本コラムで取り上げた美濃部や宮沢の例が如実に表すように、時論は雑文であるとして無視を決め込んでいては、法学（者）史が単なる学説紹介に終わってしまい、彼らの本性や時代とともに揺れる態度に迫ることができなくなってしまう。時論が、法学（者）史研究に時代性という彩りを与えてくれる「宝の山」であることは間違いない。

（1）今日的にいえば、（一）、（三）と（二）、（四）の違いは、内容もさることながら学術ルールに従っているかが大きい。しかし、戦前または戦後のある時期までは、（一）、（三）でも引用や注記がきちんと行われていないものも多いため、この区別はより相対的である。

（2）佐々木が物した時論の数は五〇〇に迫る。松田義男（編）「佐々木惣一著作目録」（改訂二〇二四年五月二二日）九～四六頁〔http://ymatsuda.kill.jp/Sasaki-mokuroku.pdf（二〇二四年八月六日最終アクセス）〕。

（3）国際法学者で最高裁判所長官も務めた横田喜三郎も時論の数が多く、一二〇〇篇を超えている。松田義男

（編）「横田喜三郎著作目録」（改訂二〇二三年一二月五日）一〇〜七七頁〔http://ymatsuda.kill.jp/Yokota-mokuroku.pdf（二〇二四年八月六日最終アクセス）〕。

（4）松田義男（編）「美濃部達吉著作目録」（改訂二〇二四年一月五日）七〜三四頁〔http://ymatsuda.kill.jp/Minobe-mokuroku.pdf（二〇二四年四月五日最終アクセス）〕。

（5）奥平康弘「美濃部達吉」潮見俊隆＝利谷信義（編）『日本の法学者』（日本評論社、一九七四年）一五〇頁。

（6）同前一五〇頁。

（7）松田義男（編）「宮沢俊義著作目録」（改訂二〇二四年一月五日）一四頁〔http://ymatsuda.kill.jp/Miyazawa-mokuroku.pdf（二〇二四年四月五日最終アクセス）〕。

（8）読売新聞（一九〇八年四月二七日〜五月一五日）。

（9）美濃部達吉「議会と国民との同化」太陽一六巻一一号（一九一〇年）六二頁。本文での引用にあたっては旧漢字を新漢字に改め、原文に付せられていた傍丸やルビを削除した。

（10）美濃部は選挙法に関する書籍を多く執筆しており、選挙法は彼にとって得意なテーマであった。

（11）一八八七（明治二〇）年に大橋佐平が創業した出版社。一九四七（昭和二二）年廃業（国史大辞典編集委員会（編）『国史大辞典一一　にたーひ』（吉川弘文館、一九九〇年）五一〇頁「博文館」の項（佐藤能丸執筆））。

（12）『太陽』の論調は「総じて保守的である」が、「政治的には、野党的色彩が強く、時の権力構成を反映して、反政友会的傾向がみられる」（国史大辞典編集委員会（編）『国史大辞典八　すーたお』（吉川弘文館、一九八七年）九〇〇頁「太陽」の項（鈴木正節執筆））。

（13）天皇機関説論争についての文献は多いが、本コラムの主役である宮沢俊義の『天皇機関説事件―史料は語る（上）』（有斐閣、一九七〇年）が、まず手に取られるべきであろう。論争時の議論は、星島二郎（編）『上杉博士対美濃部博士最近憲法論』（実業之日本社、一九一三年）が収録する。

（14）一八八七（明治二〇）年に、伊藤博文の示唆・助力によって設立された国家学会が発行した雑誌。東京大学大学院法学政治学研究科・法学部「『国家学会雑誌』」〔https://www.j.u-tokyo.ac.jp/research/pubalication/kokka/（二〇二四年四月五日最終アクセス）〕。

（15）国家学会雑誌二六巻五号（一九一二年）八〇六〜八一二頁。

（16）太陽一八巻八号（一九一二年）。

（17）太陽一八巻一〇号（一九一二年）。

（18）宮沢・前掲注（13）一〇頁は、「美濃部達吉の「憲法講話」（一九一二年（明治四五年）有斐閣）に対する上杉慎吉の批判から、はじまったとされる」としているが、論争のきっかけを作ったのは美濃部の方であり、彼が「挑戦者」であった。

(19) 美濃部達吉「受験三則」雄弁五巻六号(一九一四年)一五三頁。美濃部が語る受験三則は、「所謂試験勉強をするとせば、必ず頭を悪くせぬ程度に於てせよ」、「吾人の接して最も良き感じを与ふる答案は、簡潔にして筋の透つたものを以て第一とす」、「之に反して最も悪しき感を与ふる答案は、不得要領のもの、若しくは講義又は書物を其儘に模写せるもの、等である」であった。

(20)「芸娼妓問題に対する来翰(三)」廓清五巻一二号(一九一五年)一六頁。今後六年間に公娼を全廃するかとの問いに対して美濃部は、賛成の返信を寄せている。

(21)「貴下の嗣子は?=名士の回答」実業の日本二〇巻二一号(一九一七年)一一七頁。

(22) たとえば、行政争訟法の改正では原案の作成などを引き受けていた(拙著『近代日本の行政争訟制度』(大阪大学出版会、二〇二二年)二八二~二九三頁)。

(23) 法典論争で施行延期を熱心に唱えた『法理精華』が発禁となった後、一八九一(明治二四)年に刊行された東京法学院の学術機関雑誌。現在は、中央大学法学部の紀要である(菅原彬州「『万国法律週報』と『法律精華』―『法学新報』創刊の沿革」法学新報一〇〇巻一号(一九九四年)一三八~一三九頁)。

(24) 法律問題についての討論を行うこと目的とした一八八四(明治一七)年設立の法学協会が刊行する雑誌。その後討論会の記事が減少し、現在では東京大学大学院法学研究科の紀要となっている。東京大学大学院法学研究科・法学部「『法学協会雑誌』」〔https://www.j.u-tokyo.ac.jp/research/pubalication/hogaku/(二〇二四年四月五日最終アクセス)〕。

(25) 一九一九(大正八)年の東京帝国大学の改組をきっかけに、全学的な連帯意識を高めるために学生と卒業生の有志が刊行を開始し、一九二三(大正一二)年に学生自治組織=学友会の機関紙となった(新聞部長は鳩山秀夫法学部教授)。一九二八(昭和三)年の学友会解散をきっかけに任意団体帝国大学新聞社が設立され、刊行を継続した(殿木圭一「『帝国大学新聞』の歴史」『帝国大学新聞　記事・執筆者索引』(不二出版、一九八五年)二~四頁)。美濃部は「創刊以来もっとも多く帝国大学新聞に執筆した教授であり、大正十四年には学友会新聞部長、昭和三年学友会解散以降は帝国大学新聞社理事長として、帝国大学新聞が学内で活動する上に大きなおもしとなっていた」(同一〇~一一頁)。

(26) 浄土真宗本願寺派に属する青年僧侶たちの修養雑誌である『反省会雑誌』(のち『反省雑誌』と改題)から出発し、一八九九(明治三二)年に『中央公論』と改題する。この時の発行所は反省社であったが、一九一四(大正三)年に中央公論社と改めた。主幹の滝田樗陰の下、一九一〇年代には吉野作造や大山郁夫の論文を掲載し、「指導的言論機関」となった。しかし、一九二五（大正一四）年に滝田が亡くなった後は、新興の総合雑誌である『改造』や『解放』にくらべて、活気に乏しく、圧倒されがちになった（国史大辞典編集委員会（編）『国史大辞典九　たかーて』（吉川弘文館、一九八八年）四六九頁「中央公論」の項（杉森久英執筆））。第六章〔山本〕Ⅲも参照。

(27) 山本実彦が起こした改造社が刊行した総合雑誌。「新鮮な社会主義的論客を迎えて論陣をは」り、「特に大正十五年からの数年間は極左的傾向をもち、論文に伏字が多く発売禁止を命ぜられたこともしばしばであった」（国史大辞典編集委員会（編）『国史大辞典三　か』（吉川弘文館、一九八三年）六八頁「改造」の項（横山春一執筆））。

(28) 一九二六（大正一五）年創刊の、日本評論社発行の月刊総合雑誌。一九三五（昭和一〇）年に『日本評論』と改題され、一九四四（昭和一九）年に経済誌『経済往来』に転じた（国史大辞典編集委員会（編）・前掲注（11）二二六～二二七頁、「日本評論」の項（荒瀬豊執筆））。

(29) 奥平・前掲（5）一六二頁。

(30) 小関素明「支配イデオロギーとしての立憲主義思想の思惟構造とその帰結―美濃部達吉の立憲主義思想を手がかりに」日本史研究三二二号（一九八九年）、坂野潤治「歴史的前提としての欽定憲法体制」東京大学社会科学研究所（編）『現代日本社会　第一巻　課題と視角』（東京大学出版会、一九九一年）。

(31) 米山忠寛『昭和立憲制の再建　一九三二～一九四五年』（千倉書房、二〇一五年）六七頁が指摘するように、「美濃部が批判に対して一身上の弁明をなす必要ありとして貴族院本会議で演説を行った（二月五日）ことで問題は拡大し、美濃部批判の運動は強まった」。

(32) 佐藤功「解説」末川博＝南原繁＝宮沢俊義『随想全集第三巻　末川博　南原繁　宮沢俊義集』（尚学図書、一九六九年）三九四～三九五頁。

(33) 横田喜三郎「軽妙なデッサンのような」宮沢俊義先生追悼『宮沢憲法学の全体像』（有斐閣、一九七七年）一九五頁。

(34) 同前。

(35) 同前。

(36) 帝国大学新聞七五号（一九二四年）。

(37) 「国家主権概念のこく服（一～四）」東京朝日新聞（一九二八年六月一日～四日）。

(38) 中央公論四八巻九号（一九三三年）。

(39) 大野木克彦「中学生の頃」宮沢追悼・前掲注（33）一六八頁。

(40) 横田正俊「宮沢俊義君と少女歌劇」同前一九六頁。

(41) 伊藤正己ほか「宮沢俊義先生の思い出」同前一五八頁（雄川一郎発言）。

(42) 一九五七（昭和三二）年より宮沢は、映画倫理管理委員会の委員を務めた。そこでは、「行き過ぎたり足りなかった点を、時世の推移・内外の情勢の変化に応じて随時修正し調整していくのが自主規制の在り方」であるという立場をとったという（有光次郎「宮沢さんの思い出」同前一六四頁）。

(43) 伊藤ほか・前掲注（41）一六〇頁（石川吉右衛門発言）、清宮四郎ほか「宮沢俊義を語る」同前九〇頁（辻清明発言）。

(44) 宮沢俊義「新娯楽論」改造二二巻一八号（一九四〇年）一五六頁。

(45) 野口務「新体制と日本野球連盟の使命」野球界三〇巻二一号（一九四〇年）一六九頁。

(46) 小嶋和司「師・教育者・研究者としての宮沢先生」宮沢追悼・前掲注（33）八一頁。

(47) 家庭之友社（のち婦人之友）から発行された「合理的生活改良をめざす女性雑誌」で、一九〇六（明治三九）年創刊の『家庭女学講義』の改題、後継誌。「毎号巻頭言で羽仁もと子の理想とするプロテスタンティズムに基づく「中等社会」生活の健全なあり方・生き方を説」き、また「家庭の主催者は妻であり、夫は助手であれ」と訴えた（宮地正人＝佐藤能丸＝櫻井良樹（編）『明治時代史大辞典三　に～わ』（吉川弘文館、二〇一三年）三二四頁「婦人之友」の項（三鬼浩子執筆））。

(48) 宮沢俊義「週末短言」婦人之友二八巻一〇号（一九三四年）五六～五七頁。

(49) 宮沢俊義「子供政治史」婦人之友三〇巻四号（一九三六年）。

(50) 『読売新聞』の経済部の記者であった増田義一が、大日本実業学会を譲り受け、一九〇〇（明治三三）年に興した出版社（国史大辞典編集委員会（編）『国史大辞典六　こま～しと』（吉川弘文館、一九八五年）八七八頁「実業の日本」（北根豊執筆））。本書第一章〔出口〕注（7）も参照。

(51) 入江寿賀子「『新女苑』考―一九三七年から四五年まで」近代女性文化史研究会『戦争と女性雑誌―一九三一年～一九四五年』（ドメス出版、二〇〇一年）八四頁。

(52) 宮沢俊義「女子教育論」新女苑六巻九号（一九四二年）七四頁。

(53) 宮沢俊義「女性と娯楽」新女苑四巻一二号（一九四〇年）一七五頁。

(54) 宮沢は、自身の娘が大学卒業後の就職について相談した際には、「おまえのように就職する必要のないものは就職しないでよろしい。万一お前が試験に通ったら、就職しなければならない人の席を奪うことになる」との理由で反対した。しかし娘から、「あなたは、男女の平等を説いていらっしゃるのではないのですか！」との趣旨の手紙を受け取り、「おやじは、つらいよ！」とこぼしたという（遠藤敦子「父と、娘と、」

(55) 宮沢追悼・前掲注(33)二〇一頁)。
新川正美「宮沢俊義先生を偲ぶ(二)」書斎の窓二六二号(一九七七年)四五～四六頁。
(56) 宮沢俊義＝佐藤功＝伊藤正己「憲法学よもやま話―〝昔の憲法学・今の憲法学〟」法学教室一号(一九六一年)四頁(宮沢俊義発言)。
(57) 佐藤・前掲注(32)三九五頁。
(58) 芦部信喜「宮沢憲法学の特質」〔初出は宮沢追悼・前掲注(33)〕同『憲法制定権力』(東京大学出版会、一九八三年)一七四頁。
(59) 小林直樹「宮沢憲法学の軌跡」宮沢追悼・前掲注(33)二二頁。
(60) 清宮ほか・前掲注(43)九三頁(田中二郎発言)。
(61) 高見勝利『宮沢俊義の憲法学史的研究』(有斐閣、二〇〇〇年)一二四頁。
(62) 宮沢俊義「アングロ・サクソン国家のたそがれ」改造二四巻一号(一九四二年)。
(63)「危急に処す非常措置　憲法上問題なし　兵政分離の建前変らず」読売新聞一九四四年二月二三日。
(64) 宮沢俊義「若人の国家性」新女苑七巻四号(一九四三年)四三～四四頁。
(65) 同前四四～四五頁。
(66) 新川正美「宮沢俊義先生を偲ぶ(三)」書斎の窓二六四号(一九七七年)四五頁。
(67) 須賀博志「明治憲法史研究の現在」法学教室三二八号(二〇〇八年)一六頁。

第四章

法学メディアと「党派性」——『法律時報』と『ジュリスト』

森元　拓

Ⅰ　はじめに——法律雑誌とは

本章の位置づけ

前章では法律雑誌・法学出版と法学者について「総論」的な検討を行った。これを踏まえて、本章と次章は、特定の法律雑誌——本章では『法律時報』（以下『時報』）と『ジュリスト』、次章では戦前の受験雑誌——を取り上げ、それぞれの雑誌の特徴、雑誌と「読者」・法学者の関係について検討する。いうなれば、本章と次章は、前章の「総論」に対する「各論」という関係になる。

また、法律雑誌は専門誌である。その読者は法律に関係・関心のある者に限定される。しかし、本章で取り上げる『時報』と『ジュリスト』は、専門誌である法律雑誌の中では最も一般的な雑誌であり、「法律雑誌の中の総合誌」と理解してよかろう。(1) 一方、次章で取り上げる受験雑誌や Column ❷〔兒玉〕で取り上げている監獄で働く人々のための雑誌は、読者が受験生や監獄官史に限定されることから、「法律雑誌の中の専門誌」と位置づけることができる。(2)

『法律時報』と『ジュリスト』の「党派性」

本章に与えられた任務は、『時報』と『ジュリスト』の特徴を検討することをとおして両誌の「党派性」について検討することである。この点について、双方の雑誌に執筆経験のある法学者に聞くと「明確には言えないが、『時報』に執筆する時と『ジュリスト』に執筆する時では自ずと心構えが違う」という。この「明確に言えない」部分がおそらくは党派性に起因している可能性がある。したがって、「明確に言えない」部分をつまびらかにするのが本章の使命となろう。

党派性に関してありていにいえば、『時報』に対する抜き去り難い「偏見」が存在する。それは、『時報』が反政府・反権力の左翼雑誌である、という「偏見」である。口の悪い人は『時報』をつかまえて「法律時報ではなく政治時報だ」と揶揄するという。(3) この「偏見」は本当なのか。本当だとすれば、何に起因しているのか。これを考えるのも本章の使命となろう。この二つの「使命」はおそらくはコインの裏表である。

本章では、『時報』について戦前と戦後を区別して検討する。それは、敗戦を画期として雑誌の性格が変化するためである。したがって、本章では戦前の『時報』、戦後の『時報』、『ジュリスト』を区分した上で検討する。また、本章では、メディアの党派性を考察するために、各メディアがどのような「読者」を想定しているか、ということに注目する。それは、各メディアがどのような「読者」に向けて発信しているか、ということによって自ずからメディアの特徴が規定されるからである。もちろん、メディアの色や党派性も「読者」に規定される。実際、本章で検討する戦前の『時報』、戦後の『時報』、『ジュリスト』とはそれぞれ異なる「読者」が想定され、それが各メディアの色や党派性を規定している。

Ⅱ『法律時報』の戦前——「法科大学の開放」「法律の社会化」としての雑誌メディア

創刊期

『時報』創刊のきっかけは『現代法学全集』(一九二八年刊行開始。以下『全集』)の成功であった[4]。すなわち、予約の段階で一五万もの申し込みがあり、ときに二〇万部を販売したという『全集』は最終配本に至っても七、八万部の販売を維持したという[5]。「法科大学の開放」「法律の社会化」をスローガンに掲げた『全集』がこれだけ売れたのは、大正デモクラシーを経験し、法学が統治者や権力者による「支配のための技術・道具」ではなく、社会で共有する「みんなの技術・道具」

【図4-1】『法律時報』の創刊を告知する新聞広告。「刻々生起する法律時事問題の解説は乏しい。法律研究に必要な資料・文献の漏れなき集輯を企てた雑誌がどこにあつたか？これ本誌の使命！」と謳う。

となりつつあったからであり、その結果、多くの市民が法学的知識を渇望していたからであろう。一方、出版社としては、『全集』で獲得した多くの読者をつなぎ止めることは至上命題だった。このことに気がついたのは、セツルメントに従事しながら『全集』の編集のために日本評論社（以下「日評」）[6]に入社した山本秋であった。山本によると、山本が社長の鈴木利貞に対して「法律雑誌を出して全集の読者を引きつづき日本評論社の読者として永久に固定する」[7]ことを提案したという。このように、『時報』は、『全集』の社会的使命を引き継いで誕生することとなった[8]。

ともあれ、日評は、一般的総合的な法律雑誌を創刊することに決めた。そこで、鈴木と山本は、『全集』の責任編集をした末弘厳太郎に相談することにした。末弘は、山本にドイツのユリステン・ツァイツング（Juristen Zeitung）誌を渡し、「これを勉強し給え」と言ったという。「これを「勉強」して、真似をして出したのが、法律時報の創刊号」だという[9]。実際、法律時報創刊を告知する新聞広告（【図4-1】）には「ドイツのユリステン・ツァイツンクは欧州法学界の驚異だ。ツァイツンクを供へずして誰が法を

語り得たか？法律時報は日本のユリステン・ツァイツンクだ」という文句がおどる。(10)

『法律時報』は、一九二九年一二月号をもって創刊された。創刊号の「発刊の辞」には「三つの原則」が掲げられた。第一に「時事問題の解説」、すなわち「法律に関する重要な時事問題に対して適時に適切な解説乃至権威ある評論」。第二に「研究資料の提供」、すなわち「「法律研究に必要なる資料文献を秩序正しく且成るべく漏れなく編輯紹介」すること。第三に「法律智識の普及」、すなわち「各種の読物、其他在来の法律雑誌では事実載せ得ないやうなものをも載せ得る」ことである。(11) 戦前の『時報』は概ねこの三つの原則に基づいた構成であった。三つの原則のうち、第二の原則は、法学研究者・学者者を意識しているが、第一と第三の原則は、「読者」として市民を念頭に置いている。「発刊の辞」も、「此雑誌は、一面専門家のものであると同時に専門外の人々のものたらしむことを期している」と述べる。ここからも、本誌が『全集』の社会的使命（「法科大学の開放」「法律の社会化」）を引き継いだものであることがわかる。

【図4-2】『法律時報』の創刊号の表紙。ハムラビ法典を地にした特徴ある表紙の装幀は恩地孝四郎によるもの。このデザインは現在まで続いている。

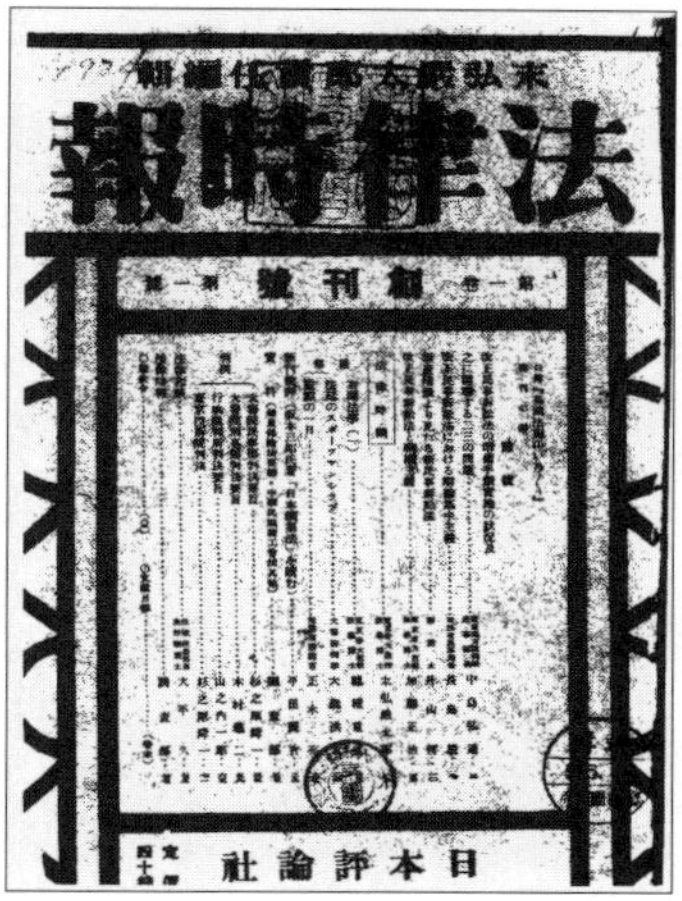

創刊号を見ると、現在まで続く特集方式を採用し、本号では改正民事訴訟法を特集している。掲載論文は、東京地裁民事部長と司法省民事局長による改正民事訴訟法の解説的な

論文のほか、弁護士による批判的論文と研究者による理論的論文を並べ、バランスのとれた構成となっている。[12] これらの論文が三原則の第一の原則に相当する。また第二の原則に該当するものとして「新刊批評」、「新法令」、「文献月報」のほか、杉之原舜一、木村亀二、山之内一郎による「主要判決要旨」を掲載している。第三の原則としては、末弘の「法律時観」のほか、穂積重遠「有閑法学」など三本の随想を掲載している。

初期の混乱と戦時体制下の法律時報

『全集』の快進撃を踏まえて『時報』の創刊号は四万部を刷ったが、あてが外れて創刊号は返品の山となり、その後も商業的には苦労したようである。[13] また、第二巻四号の刊行が遅れ、五号と六号は合併号となった。理由は、日評内部で労働争議が発生したためで、『時報』の編集に従事していた山本と彦坂竹男もこれに関与し、解雇された。[14] もともと『時報』を編集するために末弘の紹介で入社した山本と彦坂であったため、解雇はしたものの、会社としても困ってしまった。会社側として対応した鈴木三男吉も次のように述べる。「責任編集者末弘厳太郎の紹介で『時報』の編集者として入社した山本、彦坂を馘首にして『時報』の存続をはかることもできず、結局『時報』編集室を別個に設け、二人の身柄は末弘に預けることにして落着した。……この形態は、昭和十一年三月……まで続いた。」[15]『時報』は、末弘の責任編集の下、山本と彦坂を主たる編集スタッフに据えて始まった。

このように、戦前の『時報』は、法学関係者や学生のみならず市民をも「読者」として想定し、市民を法学的に啓蒙する目的を有していた[16]。この編集方針は敗戦まで続いた。

戦時体制下の『法律時報』

戦時体制になると、出版業界は権力からの圧力を受けるようになる。日評も例外ではない。美濃部達吉の『法の本質』と『ケルゼン学説の批判』が一九三六（昭和一一）年に発禁処分、一九三八（昭和一三）年には長谷部文雄訳のマルクス『資本論』、河合栄治郎の『社会政策原論』などが発禁処分となった。言論統制の波は『時報』へも及んだ。河合事件第一審判決文を『時報』一三巻二号（昭和一六年一月号）に掲載したところ「社会の安寧秩序を乱す」という理由で全面削除を命ぜられた[17]。

一方で、弾圧を否定する証言もある。『時報』の編集に従事していた彦坂は、『時報』二十五周年の座談会の中で、「弾圧はなかったのか」と問われて次のように述べる。「ありませんでした。伏字は一時相当多く使いましたが、当局から注意されたようなことはなかった。総合雑誌に対しては非常にやかましくて、ちゃんとわくをきめて、原稿の執筆者のことまでいいましたが、法律雑誌については、専門雑誌というわけで、総合雑誌ほど注目されないで済んだのです。[18]」これをどう考えるべきか。考えられるのは、『時報』が当局におもねっていたのではないか、ということである。それがために『時報』は物理的・直接的な弾圧から逃れることができたのではないか。戦後、このことを糾弾する声もある。たとえば、森英樹は、「本誌もまた三〇年代末から徐々に時局迎合的な紙面編集を余儀なくされ、たとえば一九四二年一月号……では直前の一二・八開戦をもって「我等業に法律のことに従ふ者亦其職分に於て最善の努力を為し一身を捧げて聖旨に応え奉るの覚悟」を求める姿勢を「巻頭言」で鮮明にしている」[19]と批判する。また、風早八十二も、次のように厳しく批判する。「わが『時報』も「大東亜法秩序に関する特輯」号（四四年一月）を出す。これを皮切りに小野博士の「大東亜法秩序の基本構造」が四回連続で紙面に展開される。こうなっては、もはや、編集陣の善意とかカムフラージュなどによっては説明は無理であり、「発刊の趣意」は嵐の前に完全に挫折したと見るほかないであろう。[20]」これらの批判のとおり、『時報』が体制におもねっていたのは相違ない。森や風早の批判も当然である。しかし、大きな時代の波の中で、単なる一専門誌に過ぎない『時報』が時勢に合わせ当局に迎合して生き延びる以外の方策を取ることができただろうか。実際、「戦争中は用紙割当権が内務省ないし陸軍に握られていて、どの出版社だって国策を先導するような企画を出さないと紙が入手できなかった。[21]」出版社の命綱ともいうべき紙の調達さえ権力の差配に左右されていた状況で、『時報』が取りうる選択肢は限られていたと見るべきではないか。

敗戦の年は『時報』にとっても受難の年となった。「昭和二〇年は二月号まではB5判の形を維持していましたが、四月発行の三・四月合併号からはA5判三二頁となり、五・六月合併号〔本号はA5版一六頁――引用者注〕が発行されたのち、七・八・九の三ヶ月間休刊になっております。そして一〇月号がＡ５判三二頁で発行され、これが戦後第一号ということになります。」[22]編集体制も、三月の東京大空襲で社屋が燃え、世田谷の鈴木利貞社長宅に活動拠点を移し、さらに四月には横浜事件に巻き込まれる形で『時報』編集長の渡辺潔が逮捕された[23]。戦争が終わった時、『時報』は満身創痍だった。

Ⅲ　戦後の『法律時報』——法学界の熱き同人誌

『時報』の戦前と戦後

敗戦は『時報』にとって画期となった。すなわち『時報』は、「法科大学の開放」「法律の社会化」を担うメディア——法学界と市民をつなぐメディア——から、法学者による法学者のための法学界の「同人誌」——法学界内部の共通感覚《コモンセンス》を構築するためのメディア——へと変化した[24]。具体的には、創刊時の三方針のうち、第一の「時事問題の解説」と第二の「研究資料の提供」が重要視され、紙面の大半を占めるようになり、市民の「読者」を対象とする「法律智識の普及」の要素が減少する。郭薇も戦後、「創刊当時に標榜された「法律の大衆化」を思わせる取り組みではなく、法律学習者や研究者向けの記事が一層強化されることになった」[25]と指摘する。『時報』は、戦前のように市民を「読者」として想定しなくなった。かくして『時報』は、法学関係者のためのメディアとなった。

『法律時報』と民主主義科学者協会法律部会

戦後の日評は、労働組合が盛んであった。舘雅子の描写によると、毎日のように岩波書店や改造社などの労組員が押しかけて気勢を上げるなどしていた[26]。また、『日本評論』に掲載された伊藤律と徳田球一の論文がプレスコード違反とされ、レッドパージとして日本共産党員一名を解雇する事態となった。GHQからは「『日本評論』編集部の共産党支配ないし政治傾向が問われた」[27]という。とはいうものの、ほどなくして共産党員の日評社員は大量退職して、日評や『時報』が日本共産党の直接的な支配下にあったということはない。一方で、『時報』は、一貫して間接的には日本共産党の影響下にあったともいえる。この点がⅠで述べた『時報』に対する「偏見」の原因となっている。この点を見ていこう。

「間接的」と述べたが、日評と日本共産党との間に入っていたのが民主主義科学者協会（以下「統一民科」）である。一九四六（昭和二一）年一月に設立された統一民科は一時は隆盛を極めるが[28]、一九五〇年以降、朝鮮戦争の勃発等の内外の情勢の変化などにより急速に弱体化し、統一民科としては一九五六（昭和三一）年の第一一回大会が最後の大会となった。しかし、法学者が属する法律部会は、その後も活動を続けて今日にいたる。民科法律部会が生き残った明確な理由は不明だが、統一民科の活動方針に疑問を持ち、この時の法律部会のリーダーであった野村平爾と戒能通孝が統一民科の運動に深入りしなかったことが奏功したという[29]（以下、民科法律部会を「民科」とする）[30]。

民科と日評は親密であった[31]。民科の機関誌『法の科学』は日評から刊行された。また、『時報』は、後述するように折に触れて増刊（名称は、正確には「別冊」、「臨時増刊」、「増刊」と変化した。以下は「増刊」とする）を刊行していたが、増刊の一部は、民科の編集として発行され、当該号は民科の会員が執筆した。この形式は二一世紀も継続している。最新号は、『時報』増刊として『改憲を問う――民主主義法学からの視座』（民科法律部会編、二〇一四年）である。さらに注目すべきは、その政治性である。最新号のタイトルからも一目瞭然であるが、民科が編集する増刊は、政府・自民党の諸政策――特に憲法改正と防衛政策――を批判し、明らかに革新的左派的な党派性を帯びる。

それだけではない。『時報』編集部は、民科に積極的に協力している。『時報』の臨時増刊として公刊された民科法律部会編『安保条約――その批判的検討』（一九六九年五月臨時増刊）は、小田中聰樹によると「一九七〇年安保改定の際に、民主主義科学者協会法律部会（民科）に結集した全国各地の若手法学研究者が総力を挙げて研究・執筆に参加して作り上げた六三二頁に及ぶ大冊」であり、この記念碑的臨時増刊の制作にあたって「法律時報編集部は、実質上は民科と共同して編集の任に当たるとともに、共同研究遂行上必要な便宜の一切を提供して下さった」[32]とする。つまり本増刊は、民科と『時報』編集部との共同作品である。これを踏まえると、『時報』が民科と同一の党派性――すなわち、革新的左派的党派性――の傾向を有していると見られても仕方あるまい。しかし、民科と密接であることを理由に、『時報』が党派的に偏向していると結論づけてよいのだろうか。筆者は、民科と『時報』との関係のみをもってそう考えるのは早計であると考える。そもそも『時報』は、どのようなメディアなのだろうか。それを考慮した上で結論を出すべきである。

弱きをたすけ、強きをくじく〈熱き〉メディア

民科と『時報』との関係を脇に置き、『時報』というメディアの特徴について考えたい。

第一の特徴は、『時報』が「弱きをたすけ、強きをくじく」正義感あふれる熱きメディアであるということである。『時報』は、時の政権の強引な政策決定や法への介入について増刊で集中的に批判する方法を多用する。森も次のように述べる。

> 日本国憲法が「戦後」まもなくにして、その定着・浸透を阻むかのごとき立法・判決・実務に直面し、あまつさえ憲法の根底的な、現憲法とは逆向きの再変更が計画されるに及んで、本誌はそれに対峙する論陣を張る専門誌メディアとして主導的役割を果たす。[33]（傍点は引用者）

そして、その内容は、改憲問題、九条問題、安保政策、沖縄問題のほか国民の自由を奪う可能性のある治安立法や秘密保護法などの諸立法に疑問と苦言を呈する増刊が目立つ。[34] これらの増刊における特集は、九条や平和、国民の権利と自由を侵害する可能性のある政策や判決に対して強

く異議を申し立てる正義感あふれる「熱きメディア」の姿をあらわにする。これが、強きをくじく『時報』である。

一方で『時報』は社会的に弱い立場の人びとへの視点も重視する。『時報』は、敗戦直後から借地借家法、とりわけ借家問題を繰り返し取り上げている。[35]また、公害問題・環境にも深い関心を示し、「法律時報は、臨時増刊『公害裁判』を第一集から第四集まで刊行し、また判決のたびに特集を組むなどして、このすべてについて大きな関心を寄せ続けた。」その結果、「法律時報は、公害・環境法の領域で時代を切り拓く様々な法理論を提供することになった。」[36]また、一九九〇年代以降、『時報』は、家族法や子どもの権利、ジェンダーを扱う特集が増えてくる。[37]このように、『時報』は、賃借人、公害・環境問題の被害者、子どもなど時々の社会的弱者に光を当て、その救済可能性を法的に探る「場」となっている。『時報』は、弱きをたすける心優しい「熱きメディア」である。

法学界による法学界のための「同人誌」としての『法律時報』

『時報』の第二の特徴は、法学界による法学界のための「同人誌」としての顔である。戦前の『時報』は、市民と法学研究者の双方を「読者」として想定していたが、戦後は、法学関係者、特に法学者向けの記事で占められるようになった。そして、『時報』は、法学界の共通感覚《コモンセンス》を構築する「同人誌」となった。ここでいう「同人誌」というのは、読んで字のごとく同人（同じ趣味や目的を持っている人。ここでは法学者を意味する）のための雑誌という意味である。同人誌に掲載される記事や論文、あるいは特集で取り上げられるトピックスは、同人として当然に知っておくべきである。専門誌においてこの地位を確立した意義は大きい。それは、第一に、商業的には安定した販売部数の確保を意味する。第二に、同人誌の地位を確立したということは、それだけの権威を確立したということでもある。これは、紙面構成を考え執筆依頼する編集者・企画者にとってはこの上ない僥倖となろう。ともあれ、ここでの問題関心は、『時報』がいかにして「同人誌」的地位を築いたのか、ということである。歴史の長さだけでは説明がつかない。

『時報』が法学界の同人誌たりえたのは、第一に、「論争の場」として機能したことにある。複数の学者の間で交わされる「論争」は、同人誌の「華」である。戦後初の論争は、法社会学論争である[38]。一九四九（昭和二四）年から一九五〇（昭和二五）年にかけて法社会学の意義・法学のあり方について複数の気鋭の学者の間で交わされたこの論争は、ほぼ『時報』誌上で行われた。これによって、『時報』は同人誌たる地位を得る基礎を築いた。

第二に、『時報』は多数の研究会を組織した。この『時報』の研究会は、学者同士の「触媒」としての役割を担い、法学界の紐帯となった[39]。『時報』は実にさまざまな研究会を組織し、多数の研究者を動員した。そして、研究会の成果は即座に『時報』に掲載された。たとえば、民事法研究会の成果は「民事判例研究の掲載」や「判例回顧」となり、「刑事法学の動き」研究会の活動が「刑事法学の動き」という連載となった。また、憲法学では「論争憲法学研究会」「比較憲法史研究会」「国家と自由研究会」「憲法理論の再創造研究会」などアドホックな研究会が展開され、その成果が誌上を賑わせた。このような研究会という場が触媒として継続的に研究者相互をつなぎ、研究者と『時報』をつないでいった。そして、この紐帯こそが『時報』を法学界の同人誌に押し上げた最大の要因である。(40) なお、『時報』は研究会への支援を惜しまなかった。(41) それは、『時報』自らも、この研究会という紐帯が重要な意義を有することを認識していたからだろう。このように、『時報』は、法学者に研究会の「場」を提供し、それによって、法学者たちは、研究会を通じて大学や学会の垣根を越えて交流し、研究し、研究成果を交換し合った。『時報』は、日々の研究会活動を通じて法学界の同人誌としての地位を構築していった。

『法律時報』は「熱き同人誌」である

以上、『時報』が法学界の「熱き同人誌」であることを説明した。この地位は、目下のところ不動である。それは、『時報』が法学者にとって必要不可欠なツールとなっているからである。たとえば、毎号の「文献月報」、「判例評釈」および「新法令解説」を確認することは、法学研究者（特に実定法学者）にとっては必須の作業であろう。また、毎年一二月号の「学界回顧」や、『評論』の臨時増刊としての『判例回顧』および『私法判例リマークス』なども同様である。(42) かくして『時報』は法学研究者に研究に必要な法律情報を提供する必須メディアとなった。換言すれば、先述の研究会の成果として『時報』誌上に発表される特集記事や諸論文を講読することは、法学界の住人としてもはや「常識」である。その上、『時報』に論文を発表することは、学界における一種のステータスでもある。このような『時報』のあり方は、法学以外の学界ではあまり見ることができない現象ではなかろうか。ともあれ、『時報』は法学者の「同人誌」たる地位をいまや不動のものにしている。学界の共通感覚《コモンセンス》は『時報』というメディアを通じて構築されている。

偏向しているのは誰か――『法律時報』の「党派性」

これまで述べたとおり、『時報』は法学界の熱き「同人誌」である。法学界の共通感覚を構築するメディアである。しかし、同時に『時報』をめぐっては、民科と癒着し党派的に偏っているというレッテルが存在しているのも厳然とした事実である。あるいは、問題の立て方を逆にすれば、このような党派性を有しているメディアであるにもかかわらず、『時報』は、法学界の「同人誌」の地位を確立している。なぜだろうか。それは、結論を述べてしまえば、法学界自らも党派性を有しているからである。法学界が総体として偏向しているからこそ学界の「同人誌」たる『時報』も偏向する。それではなぜ、法学界と『時報』はともに偏向しているのだろうか。これを解明する鍵は歴史の中にある。

話を敗戦直後に戻す。この頃は法学界に限らず日本の学界全体が左へ偏向していた。戦後日本の法学界を回顧する座談会において、編集部がまず述べたのは、マルクス主義法学の摂取についてであった。「申すまでもないとは思いますが、日本の法学は、戦後に至って、かなり大きく変わりました。その、変化というか、脱皮というか、あるいは一歩前進と言ってもいいと思うのですが、その前進について、大きな役割を果たしたのは、やはり、なんといってもマルクス主義法学と法社会学の勃興・出現であったと思います。」[43]座談会の黒子役である編集者をして「申すまでもない」と言わしめるほど、戦後法学にとってマルクス主義の摂取は当然のことであった。また、潮見利隆は、大学院に入った際、指導教員の川島武宜から、一年間は六法を開くな、と言われたという。そして「六法全書の代わりに岩波の『日本資本主義発達史講座』をこの一年間によく読め、それにもう一つ……『資本論』を読め、と言われた。」[44]この川島の言葉こそが、現代とは全く異なる時代の空気を示している。

重要なことは、この空気が敗戦初期には法学界のみのものではなかったということである。分野を越えて学界全体が左へ偏向していた。これは、(法律部会ではなく)統一民科の隆盛を想起すれば十分であろう。しかし、一九五〇年代以降、法学界以外ではこの空気は雲散霧消した。[45]そして、法学界のみがこの空気を残した。民科の諸部会の中で法律部会が生き残ったのは、(もちろんリーダーの野村と戒能の手腕もあったろうが、それ以上に)法学界が左に偏向した空気を残存させたからこそであった。では、なぜ法学界が偏向した空気を残しえたのか。おそらくは、第一に、正義や権利、平等といった普遍的価値を真剣に考える法学という学問そのものに内在する「法学的なもの」が「逆コース」へ方向転換することを拒否しえたのではないか。第二に、戦後日本の法学は、日本国憲法を原器とする。この日本国憲法という過度なまでに西洋普遍の価値を体現する憲法を出発点としたからこそ、法学は左に偏向した空気を堅持しつづけたのではないか。森の次の言葉が法学界の「戦後の空気」を端的に語っている。

本誌が旗印としてきた「戦後法学」とは、……「戦後」憲法にポジティヴにコミットしつつ、「戦前」からの根底的転換を全法領域ではかる「法学」の意であり、したがって「戦後」政治・経済・社会に不断に立ち現れる周知のネガティヴな動向に対峙する誌面となってきたのは、いわば論理的必然であった。「戦後」法学とは「戦後」憲法と共振関係に立つが、その共振する学問的営みの知的空間が本誌であったろう。(46)

確かに『時報』は党派性を有し、左に偏向している。したがって、Ⅰで述べた『時報』に対する「偏見」は真実ということになる。しかしそれは、法学界全体が党派性を有し、左に偏向しているためである。森の述べるとおり、その理由は、「戦後」法学と「戦後」憲法とが共振関係にあり、その空間を提供しているのが『時報』というメディアであるためである。左派的『時報』と左派的法学界は、共振的相互依存的に党派性を維持してきた。結局のところ、『時報』が左派的なのは、法学界自身が左派的だからである。

Ⅳ 『ジュリスト』——学界と業界とを架橋するクールなメディア

『ジュリスト』の創刊

法学総合雑誌のもう一方の「雄」は『ジュリスト』である。『ジュリスト』が登場したのは戦後の一九五二（昭和二七）年である。『有斐閣百年史』によると、社長の江草四郎は、当初は週刊の法律新聞のようなものを考えていた。しかし、新聞の継続発行は体制面などで困難が多いことから、結局、法律雑誌を創刊することにしたという。創刊にあたっては、まず我妻栄に編集を引き受けてもらうよう懇請して口説き落とし、これに宮沢俊義を加えて両者を責任編集とし、雑誌名を『エコノミスト』にならって『ジュリスト』とした。また、有斐閣では「『ジュリスト』の創刊、『新法律学辞典』の刊行にそなえ、社員を七名増員した。」[47]名前は表に出なかったが、編集委員として、鈴木竹雄、田中二郎、兼子一、石井照久、團藤重光が参加した。これは、鈴木によると「あたかも東大法学部の雑誌であるかのように受け取られてはまずいということで、表にはぜんぜん顔を出さかなかった」[48]。このような配慮が働いたということは、逆に考えると発足当初の『ジュリスト』は多かれ少なかれ東大法学部の雑誌という性格があったのかもしれない。

『ジュリスト』創刊に際しては、当然、先行の『時報』を意識せざるをえない。鈴木は、「どういう性格の雑誌にするかという相談をした結果、「法律時報」とは違った行き方のもの、法律と実際とを結びつけたものにしようではないかということになって、「実用法律雑誌」という方向をねらうことになったのです。」[49]そして、その「実用法律雑誌」というのは、具体的には「つまり、いままでの論文というのは、書斎の机の上でねじりはち巻でなければ読めなかったようなのに対して、通勤の電車の中で読めるといったような雑誌にしようじゃないかというふうな気持ちで始められた」[50]という。注目すべきは、『時報』と「違った行き方」を志向し、その結果「実用法律雑誌」を打ち出したことである。これは、学界内の内向きの雑誌ではなく、社会へ向けた雑誌という点で、戦前の『時報』の「法科大学の開放」「法律の社会化」と一致する。しかし、『時報』は、戦後、方向転換して法学業界の同人誌――すなわち、内向きの雑誌――となった。『ジュリスト』は、『時報』の方向転換により空白となった領域を狙ったものともいえる。ただし、より詳細に見ると、『ジュリスト』と『時報』とでは想定する「読者」に重要なズレがあることも見逃してはならない。『時報』が「読者」として市民を念頭に置き、法学的に啓蒙することと――市民におけるリーガルマインドの涵養――を旨としているのに対し、『ジュリスト』は、「実用法律雑誌」を掲げ、鈴木がいみじくも「通勤の電車の中で読める」と述べたように、「読者」としてサラリーマンを念頭に置き、仕事に役の立つ法的知識を提供すること――サラリーマンに益するリーガルナレッジの修得――を雑誌の目的としている。この相違は、根本は同じ意図――市民を対象とする雑誌――だったものが、時代状況に応じて変転したものだろう。すなわち、『時報』が市民社会の胎動ともいえる大正デモクラシーの申し子であった『現代法学全集』の嫡子であったこと、一方、『ジュリスト』が戦後の日本経済の力強い再生の中でホワイトカラーの急速な創出の過程のさなかに産まれたこと、これらを想起すれば十分であろう。[51]

『ジュリスト』と『時報』の創刊期の相違点について、もう一点指摘すべきことは両者の編集体制の差である。『時報』が末弘の責任編集の下で大学卒業直後の二名が編集実務を担当する体制で出発したのに対し、『ジュリスト』は、我妻と宮沢を責任編集としつつも有斐閣社員が編集長（新川正美）を務め、『ジュリスト』創刊に備えて（辞書の編纂担当も含めた数ではあるが）七名を新規採用したこと、さらに、我妻・宮沢の下に東大法学部の五名の若手が編集委員として参加したことを考えると、両者の体制の懸隔は明らかである。『時報』が月刊誌、『ジュリスト』が月二回の刊行（現在は月一回）であったことを考慮しても『ジュリスト』の編集体制の充実ぶりが目立つ。

【図4-3】『ジュリスト』の創刊号の表紙。画像では見えないが、右上に小さく「あなたの生活と仕事の能率と経済のための実用法律雑誌」とある。

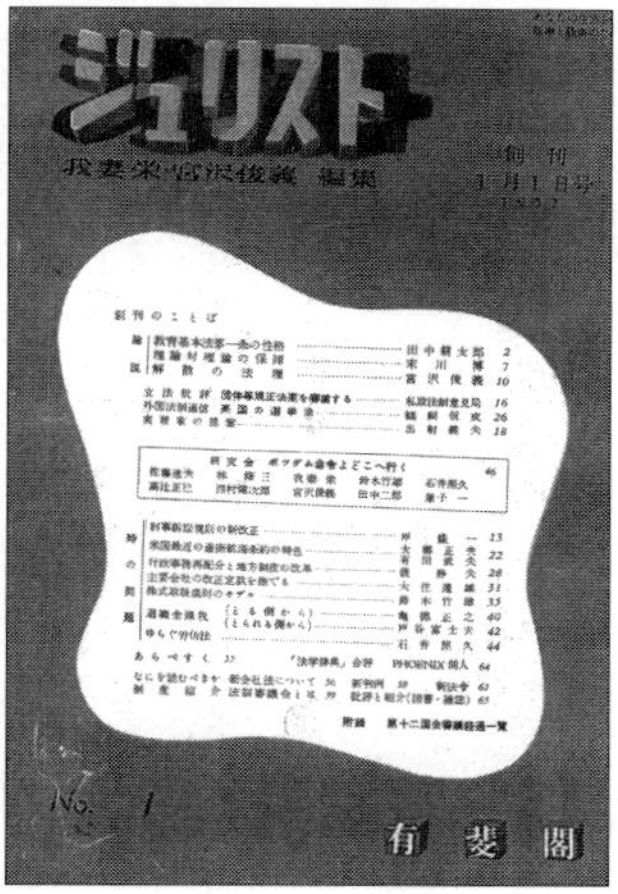

創刊号

『ジュリスト』創刊号には我妻の「創刊のことば」が冒頭を飾る。そこには、「法律人と社会人とのかような、協力の場をつくろうとする目的で生まれたもの、これがこの「ジュリスト」であり、言葉の最も正しい意味で、実用法律雑誌として登場する。

／「ジュリスト」は法学を論ずることを目的とするよりも、むしろ一般社会事象を法律的に取扱うことを念願する」とある。この「言葉の最も正しい意味での法律実務雑誌」というのは、『ジュリスト』の最も重要なキーワードとなる。また、『ジュリスト』は「法律人と社会人との協力の場」を作ることを目的とし、「法学を論ずること」よりも社会事象を法学的に論じることを重視するのは、明らかに『時報』を意識し、『時報』との差異化をはかったものだろう。

創刊号の内容はどのようなものだったのか。田中耕太郎、末川博、宮沢俊義の学術論文がまず冒頭をかざり、「時の問題」として改正刑事訴訟規則の解説、団体等規制法案に対する「立法批評」、通商航海条約の解説、主要企業の定款改正、地方制度の改革など法律情報が豊富に提供されている。また、佐藤達夫長官など内閣法制局幹部を招いての「ポツダム命令よどこへ行く」という座談会のほかに、読み物的な記事が何篇か掲載される。総じて創刊号を一瞥すれば「バランスの良さ」が際立っている。そして、この「バランスの良さ」は、初期の『時報』とよく似ている[52]。戦前の『時報』と『ジュリスト』が同じく市民を対象とした雑誌であることを考えれば、このことは当然かもしれない。逆にいえば、「創刊のことば」とは裏腹に、『ジュリスト』が独自色を出せていたとは言い難いことをも意味する。実際、編集委員の一員であった鈴木竹雄も「さて実際に編集に取りかかってみると、ことはなかなかむずかしい。いったいどうしたら創刊のねらいを達成できるかということが問題とな」った、と述べる[53]。

実用法律雑誌としての確立――会社法セミナー

苦心の船出となったが、『ジュリスト』が独自色を発揮するようになるには時間はかからなかった。創刊からわずか三ヶ月後に画期が訪れる。『有斐閣百年史』も次のように述べる。

『ジュリスト』は先述のように実用法律雑誌をめざして創刊されたが、その性格を鮮明にした企画の一つに「会社法セミナー」（昭和二七年四月一日号）の連載がある。これは実務家から現在当面している問題を提起してもらい、それに対して商法学者が解決をあたえるというのがその狙いで、初めは株券をめぐる問題がとりあげられた。……この「会社法セミナー」がきっかけとなり、引き続き我妻栄を中心にした「不動産」「戸籍」「銀行取引」、さらに兼子一を中心とした「強制執行」などのセミナーが連載され『ジュリスト』の一つの特色になった。(54)

「セミナー」は、実務家から出された最前線の問題を実務家と法学者とが対話形式で議論するものである。文字どおり誌上で実務家と法学者とが演習授業を展開する。これは、『ジュリスト』としての独自色を出す企画を案出するよう編集長の新川から依頼された鈴木竹雄が「ふと思いついた」という。実務と理論を架橋するこの「セミナー」は、実務家からも研究者からも歓迎され、シリーズとして展開していった。そして、この企画こそは、法学者と実務家を接続する「実用法律雑誌」としての『ジュリスト』の柱となる。セミナーを発案した鈴木も、「『ジュリスト』の、実用法律雑誌というのにまさにふさわしい企画だったんじゃないかというふうに、自分でうぬぼれている」と述べる。(55)

法学界と実務家を架橋する——実用法律雑誌としての『ジュリスト』

鈴木がうぬぼれた実務家と法学者とを架橋する「セミナー」方式が『ジュリスト』の背骨となっていることは間違いない。小早川光郎は次のように述べる。「ジュリストは、まさしく「実用法律雑誌」であるが、もっと言えば、「法の研究と実務を媒介するメディア」と性格づけることができるように思う。」すなわち、『ジュリスト』が掲げる「実用法律雑誌」が意味することは「法学研究者と法学実務家を媒介するメディア」であり、これこそが『ジュリスト』の特徴であるとする。その上で、具体例として小早川の専門である行政法について「行政法の実務に関わる事象をテーマとし、しばしば実務家も参加して行われる座談会や共同研究」が重要であると述べる。小早川によると、法実務と法学研究とは、不断に対話があってしかるべきだが、そういう機会はなかなかない。この点、『ジュリスト』が提供する座談会や共同研究は、貴重な機会を提供してくれる。「ジュリストの座談会等は、私にとって、そうした実務関係者との貴重な対話の場であった。」小早川が述べる「貴重な対話の場」というのは、「セミナー」方式そのものである。小早川は次のように述べる。「ジュリストは、創刊以来、学界から法実務へ向かっての語りかけの媒体であり、さらに、法学研究と法実務の色々な形でのコラボレーションを生み出す場となっている。[56]」つまり、『ジュリスト』は、法学者と実務家とを架橋する存在である。換言すれば、法学界と法実務家とを媒介するのが『ジュリスト』である。[57]

このことは『ジュリスト』自身も十二分に理解している。『ジュリスト』一五〇〇号記念号が象徴的である。本号の「記念特集にあたって」によると「本号の記念特集では、「法律実務のニーズに正確に応える」という……新たな方針と、創刊号から受け継がれている、「実務と研究の架橋」という変わらぬ原点を織り込むことにしました」とする。さらに、本号特集である「これからの法律実務」の扉を見ると、『ジュリスト』が自らをどう見ているか一目瞭然である（【図4-4】）。扉には、特集で取り上げる七つのテーマごとに区画され、左に研究者、右に実務家を配し、中央には、四角で抜かれた部分に七つのテーマの標題（「これからの会社実務」「これからの独禁実務」「これからの知財実務」など）が入る。象徴的なのは、左の研究者と右の実務家間を介在する四角で抜かれた標題の場所である。この標題こそが『ジュリスト』の自らの立ち位置を象徴しているのではないか。そうであるならば、『ジュリスト』は、まさに実務家と研究者の間に入り両者を媒介し架橋する存在である。

商売上手な『ジュリスト』

もう一つ『ジュリスト』の特徴を挙げるとすると、『ジュリスト』は商売上手である。雑誌の

【図4-4】『ジュリスト』1500号記念特集の扉。右に研究者、左に実務家を配する。中央の白抜きが『ジュリスト』だと仮定すると、『ジュリスト』の立ち位置は象徴的。

『ジュリスト』1500号（2016年）x～xi 頁より

記事にとどまらず、そこから別冊や増刊へ、あるいは書籍化への展開が得意である。典型例は何といっても『判例百選』であろう。『判例百選』は、『ジュリスト』の二〇〇号記念号の企画から産まれた。本号では各分野の重要判例を合計一〇〇件収載し、見開き二頁に各判例の「事実の概要」「判旨」「解説」を収めるお馴染みの形式がすでに見られる。そして、「この「判例百選」は大変な反響をよび、「続判例百選——重要判例の解説」（十月、臨時増刊号）が発行された。」[58] おそらくはこの続編の評判も良かったのだろう。一九六二（昭和三七）年には『行政判例百選』と『労働判例百選』が刊行され、その後、さまざまな分野の「百選」が『別冊ジュリスト』として刊行されている。「百選」の種類は約三〇にも及び、一度刊行されたものも改版を重ね『別冊ジュリスト』は二五〇号を超えるまでになった。この『判例百選』シリーズは法学学習者のみならず、法律実務家や法学者にとっても必携のツールとなっている。

『判例百選』のみならず『ジュリスト増刊』三〇〇号記念で企画された『学説展望――法律学の争点』は、『法律学の争点』『新・法律学の争点』(『ジュリスト増刊』)シリーズとして展開された。ほかにも、『ジュリスト増刊』として『重要判例解説』、『最高裁時の判例』、『実務に効く』各シリーズが企画され、『ジュリスト』に掲載された連載記事は『ジュリストブックス』として書籍化されている。もちろん、『時報』や他の法律雑誌にも同様の展開は存在するが、最も大規模かつ要領よく別冊、増刊、書籍化しているのは『ジュリスト』である。定評ある数多の教科書を長年出版し続けている有斐閣の企画力と組織力に鑑みれば、当然のことかもしれない。ともあれ、『ジュリスト』は商売上手である。そして、『ジュリスト』の強みはここにある。

『ジュリスト』の「党派性」――クールで商売上手な『ジュリスト』

『ジュリスト』の党派性はどうだろうか。先に述べたとおり、『ジュリスト』は法学者と実務家を架橋するメディアであり、商売上手である。となると、結論は自ずと決まってくる。すなわち、『ジュリスト』の党派性は無色透明である。(59) もちろん、個々の執筆者や編集者は党派性や政治性を有しているだろう。さらに、前節で述べたとおり、法学界自体は左派的である。しかし、実務は別である。法律実務に党派性は不要であるばかりか邪魔にすらなりかねない。法学者と実務家を架橋するメディアであるからこそ、『ジュリスト』がメディアとして「無色透明」であることはむしろ必要条件であろう。そうであるならば、「言葉の最も正しい意味での法律実務雑誌」を創刊から一貫して標榜する『ジュリスト』は、好むと好まざるとにかかわらず党派的に無色透明なメディアにならざるをえない。この点は『時報』と対称的である。すなわち、『時報』は、左傾化している法学界の同人誌として、時の権力に物申すことを厭わない「熱きメディア」であった。これに対し、『ジュリスト』は、法学界と実務家を架橋するメディアであるからこそ無色透明にクールでなければならない「クールなメディア」である。先述した商売上手という特徴を付加すれば、『ジュリスト』は「クールで商売上手なメディア」である。

V　おわりに――メディアの「党派性」？

本章では、戦後の『時報』を「強きをくじき、弱きをたすける熱き同人誌」と規定し、『ジュリスト』を「クールで商売上手」と規定した。これはあくまで相対的なものである。『時報』にもさまざまな派生的出版物が存在する。したがって商売上手な面もある。一方の『ジュリスト』も、法学界内部に向けた記事は多数掲載され、政府批判の記事や特集も存在する。本章は、両者の特徴をあえて理念型的に抽出したものである。両者の特徴は相対的なものであることは理解されたい。ただし、本章の冒頭で述べた「明確に言えない」部分は、明確にとまではいかないまでも、それなりに示せたのではないだろうか。

最後に、それぞれのメディアの党派性を形成している要因は何か、ということを考察しておきたい。本章の冒頭において、メディアの党派性は「読者」によって規定されると述べた。それでは、戦前の『時報』、戦後の『時報』および『ジュリスト』のそれぞれの「読者」はどのようなものだろうか。

戦前の『時報』は、法学の研究者や実務家に向けた部分を有しつつも、何より市民を「読者」として想定していた。これは、「法律の大衆化、法科大学開放」を謳い成功した『現代法学全集』の読者を引き継ごうとした必然的な結果であった。そして、この雑誌が目指したものは、「読者」すなわち市民の啓蒙であった。市民の啓蒙を第一とするからこそ、時に権力者に批判的な要素を有しつつも、控えめな進歩主義的な立場を選択した。これは、責任編集者の末弘自身の立ち位置とも一致していたし、何よりも急進的すぎると市民はついてこない。したがって、戦前の『時報』は、啓蒙的左派的ではありつつも、その色合いは控え目であった。しかしながら、戦況が悪化するにつれて体制に迎合せざるをえなくなった。先に述べたとおり一雑誌が時勢に抗することは難しかっただろう。また、市民を対象とする雑誌だからこそ、市民を繋ぎ止めておくために全体主義的な体制に迎合せざるをえなかったのかもしれない。

一方、今日まで続く戦後の『時報』の「読者」は誰か。それは法学研究者である。戦後の『時報』は法学研究者の「同人誌」である。このことは日評自身も自覚している。日評は、自らのHPにおいて次のように述べる。『時報』の「読者対象」を「法学研究者、弁護士、裁判官、検察官等の専門家はもちろん、関係公官庁や企業などで法務関係実務に携わっている方々にも愛読されている」（傍点は引用者）と述べている。筆頭に「法学研究者」を挙げ、「法務関係実務に携わっている方々」は付随的な位置にある。また、「編集の特色」として、「時事法律解説をはじめ、中堅法律家のライフワークともいえる研究論文発表の場として定評のある唯一の専門誌」と述べる。[60]『時報』は、自らを「中堅法律家」の「研究論文の発表の場」と規定する。本章で検討したとおり法学研究者のメディアだからこそ、『時報』は、強きをくじき弱きを助け、正義を追求する左派メディアへと成長した。そのことを『時報』自身も自認しているようである。

『ジュリスト』の「読者」は、『時報』とは逆に、法律実務家が多数派となり、法学研究者は少数派に追いやられる。『ジュリスト』のHPには読者層の分布が示されている。それによると「会社員三四％、法曹二五％、教員二〇％、公務員五％、大学院生五％、司法書士四％」とある。[61]会社員と法曹、公務員、司法書士を合わせた法律実務家が六八％、教員と大学院生が二五％となり、『ジュリスト』の読者は実に三分の二が実務家である。『ジュリスト』は法律実務家のための法学者と実務家を架橋するメディアである。実務にとって党派性は概して不要である。場合によっては邪魔になる。したがって、実務家のメディアである『ジュリスト』は、無色透明である。

そもそも「党派性」とは何だろうか。あるいは本章の関心に即していえば、「党派性を帯びたメディア」とは何だろうか。メディアというのは所詮メディア――情報をのせる「媒体」――に過ぎない。そして、そのメディアの「党派性」や「色」は、そのメディアに関与する人たち（読者、執筆者、編集者）によって染められていくものである。編集者が企画を立て、執筆者が原稿を書き、読者は記事を読み、感想や意見、評価という形で編集者や執筆者へフィードバックし、それが次号以降の編集方針へと反映される……。「党派性」や「色」は、このダイナミックな過程の中で構築されていくものである。そうであるならば、メディアの党派性は、結局のところ読者によって構築されるものである。法学研究者のメディアである『時報』が熱い左派的雑誌であるのも、逆に法律実務家のメディアである『ジュリスト』がクールに無色透明であるのも、むしろ当然のことなのかもしれない。

第四章注

（1）実際、『ジュリスト』は自らを「総合法律雑誌」「法律分野の総合誌」と称する。『ジュリスト』の発行部数は一万部（有斐閣ＨＰ「広告案内」〔https://www.yuhikaku.co.jp/static/ad.html（二〇二四年七月二六日最終アクセス）〕）。また、『時報』の発行部数は一万部（日本評論社ＨＰ「法律時報　広告のご案内」〔https://www.nippyo.co.jp/ad/houritsujiho/（二〇二四年七月二六日最終アクセス）〕）。なお、Column ❺〔水野〕でとりあげる『法律新聞』もコラムで述べているとおり法律の総合誌である。

（2）法律分野の専門誌は、雑誌の目的・役割がより専門化されたものと、雑誌の扱う法領域がより細分化されたものがある。前者としては、受験雑誌のほかに、『判例タイムズ』（判例タイムズ社）や『判例時報』（判例時報社）といった判例雑誌、『法律のひろば』（ぎょうせい）や『時の法令解説』（朝陽会、二〇二二年廃刊）といった立法情報の提供を任務とする雑誌などがある。後者としては、『民商法雑誌』（有斐閣）、『ＮＢＬ』（商事法務）、『労働法律旬報』（旬報社）などがある（出版社は現在のもの）。

（3）椿寿夫「取引法研究会・法律行為研究会・民法特集など」法律時報八〇巻一〇号（二〇〇八年）九八頁。

（4）『全集』については第二章〔荒邦〕参照。

（5）予約数と最終配本の販売数については山本秋「法律時報創刊前後のこと」法律時報五〇巻一三号（一九七九年）二六四頁以下。最終配本の販売数については、ニュアンスの異なる証言もある。末弘から販売部数を問われた編集者が「二十万くらい、普通の全集とちがって最後までそう減らなかったようです。」と答えている（日本評論社編集局（編）『日本の法学―回顧と展望』（日本評論社、一九五〇年）一三五頁。

（6）ここで日評について説明しておく。日評のＨＰには次のような説明がある。「日本評論社は、一九一八年（大正七年）末に創業されました。創業当初の文藝を中心とする出版から、昭和の初め（一九二七年）にかけて、社会問題・社会科学の分野の比重を高めていきます。……一九三八年（昭和一三年）から一九四三年（昭和一八年）にかけての河合栄治郎事件、一九四二年（昭和一七年）から一九四五年（昭和二〇年）にかけての横浜事件と、戦前を代表する二つの言論弾圧事件の試練に見まわれました。そんな経緯もあって、当社は屈指の〈硬派〉出版社と目されてまいりました。」（「日本評論社沿革」〔https://www.nippyo.co.jp/company/history/（二〇二四年七月二六日最終アクセス）〕）

創業年については諸説ある（七戸克彦「日本評論社初代社長・茅原茂と第二代社長・鈴木利貞について（一）」法政研究八五巻二号（二〇一八年）四二四頁以下）が、初代社長の茅原茂は、当時ジャーナリストとして名をはせた茅原華山の弟である。華山は一九一三（大正二）年『第三帝国』の創刊に関与し、この後継雑誌となる『洪水以降』一九一六（大正五）年一月を自ら立ち上げたが、半年ほどで終刊となり、新たに『日本評論』として再出発した。そして、一九一七（大正六）年に、弟の茅原茂の主催する東京評論社が発行する『東京評論』と合併し、社名も日本評論社と改めた。「もっとも、発行主体は東京益進会となっており、この組織は同人を擁し、その同人の中に、岩野泡鳴、金子洋文、本山荻舟のほかに、茅原茂、鈴木利貞が加わっていた。日本評論社の起点は、ここらあたりにあるように思われる。」（美作太郎『戦前戦中を歩む』（日本評論社、一九八五年）一七八頁）このように、日評の主たる事業は雑誌『日本評論』の出版であったが、初期は、多種多様なものを出版していたようで、社会科学系の文献のみならず学習参考書や当用日記といったものも出版している（七戸克彦「日本評論社・旧社時代出版目録（一）」法政研究八五巻二号（二〇一八年）四九六頁以下）。茅原茂が一九二五（大正一四）年に病没すると、鈴木利貞が経営を引継ぐ。この鈴木が手掛けたのが『現代法学全集』（一九二八年刊行開始）および『新法学全集』（一九三六年刊行開始）であった（両全集については、第二章〔荒邦〕参照）。本全集は、想定外の成功を収め、「『現代法学全集』の成功によって、日本評論社は、出版界で「中元の鹿」を逐う資格を獲得した。」（美作・同書二三一頁）なお、この頃、日評には千倉書房の創始者である千倉豊や大畑書店の大畑達雄も在籍し、日評は数多の編集者や出版社の母胎となっていた。戦中の苦労は本文を参照いただくとして、日評は、社会科学のみならず心理学、数学、社会福祉学といったさまざまな分野の雑誌および学術書の出版を手掛ける出版社に成長する。

蛇足だが冒頭に紹介した日評HPの「自己紹介」には河合事件と横浜事件を経験したことを指摘しつつ「当社は屈指の〈硬派〉出版社」と自己評価する。本文では触れることができなかったが、日評は一九三五（昭和一〇）年には『ムッソリーニ全集』全一〇巻（ただし、販売不振で四巻で打切り）を、一九三九（昭和一四）年には『新独逸国家体系』全一二巻を刊行している。これらの出版は、当時の世界情勢の下で体制に迎合したものと考えて差し支えない。特に後者は、ヒトラー政権による自画自賛の国策本の訳書であり、第一巻冒頭にヒトラーの演説写真を掲げ、ルドルフ・ヘスの「序及び緒言」から始まるなどヒトラー政権を強く礼賛したものである（参照、小田光雄、出版・読書メモランダム「古本夜話五八二日本評論社と『新独逸国家大系』」（二〇一六年九月一九日）〔https://odamitsuo.hatenablog.com/entry/20160919/1474211092（二〇二四年七月二六日最終アクセス）〕）。本文で述べるように一出版社が時勢に抗うのが極めて困難であったことは理解しているつもりだが、筆者としては、弾圧されたことのみに言及し、体制迎合的な事実に全く触れないのは公正さに欠けるものと考える。同社が考える「硬派」の定義を伺ってみたいところではある。

(7) 山本・前掲注(5)二六五頁。

(8) 鈴木三男吉『回想の日本評論社』(日本評論社、二〇〇七年)三三頁。

(9) 山本・前掲注(5)二六五頁。なお、ユリステン・ツァイツングについては、七戸克彦「末弘厳太郎責任編輯『現代法学全集』の研究」法政研究八五巻一号(二〇一八年)九二頁を参照。

(10) 東京朝日新聞一九二九年一一月二九日朝刊一面。

(11) 三つの原則は郭薇『法・情報・公共空間』(日本評論社、二〇一七年)一三八頁から借用した。

(12) 各論文は次のとおり。東京地裁民事部長・中島弘道「改正民事訴訟法の準備手続実施の状況及之に関連する二三の問題」、司法省民事局長・長島毅「改正民事訴訟法における辯論集中主義」、弁護士・片山哲「無産階級より見たる新民事訴訟法」、東京帝大教授・加藤正治「改正民事訴訟法と職権主義」。

(13) 山本・前掲注(5)二六六頁。なお、これに反し、第二号(第二巻第一号)の編輯後記で末弘は「幸いに第一巻はどうやら思つたより成績がいゝやうである」と述べる。山本の発言と末弘の発言は矛盾しているが、当時の末弘には営業上の配慮が働いた可能性がある一方、山本の発言が戦後に当時を回顧して述べたものであることから、本章では山本の言説を採用した。

(14) なお、この労働争議に山本・彦坂が参加していたことについて、末弘は理解を示していたという。山本・前掲注(5)二六六頁。

(15) 鈴木・前掲注(8)三九頁。

(16) 『時報』が『現代法学全集』の読者を引き止めることを念頭に置かれたのであれば、このことは当然であった。なぜなら『現代法学全集』は、法学という専門知を大学法学部が独占することなく、ひろく市民に解放する「大学の開放」を目指したものであったからである。参照、第二章〔荒邦〕Ⅱ。

(17) 鈴木・前掲注(8)四九頁。

(18) 〔座談会〕「法律時報の廿五年」法律時報二六巻一号(一九五四年)九一頁。ただし、彦坂は、同じく日評の美作太郎とともに、同盟通信社や千倉書房、岩波書店の同志を巻き込んで、多くの出版社を国策会社として統合しようと画策していた(鈴木・前掲注(8)八五頁)。これは、彦坂が革新体制に積極的に関与していたことを意味し、「弾圧はなかった」という言葉を文字どおり受け取ることはできない。なお、総合雑誌に対する言論統制については、参照、佐藤卓己『言論統制─情報官・鈴木庫三と教育の国防国家〔増補版〕』（中央公論新社、二〇二四年）。

(19) 森英樹「戦後法学と憲法」法律時報八〇巻一〇号（二〇〇八年）七五頁。さらに、末弘は同号の「編集後記」において「畏くも宣戦の大詔を拝して億兆一心奮起を以て君国に報ずるの覚悟を固む。本誌も本誌としての使命を愈々発揮して長期戦下の法律生活の整序に此上とも微力を捧げたい」との決意を語っている。

(20) 風早八十二「嵐に抗して船出した『時報』の航跡」法律時報五〇巻一三号（一九七九年）二六〇頁。

(21) 鈴木・前掲注（8）九六頁。

(22) 鈴木・前掲注（8）九〇頁以下。

(23) 横浜事件に関しては、前年に編集局長兼『日本評論』編集長の美作太郎がすでに逮捕されている。また、渡辺と同時に取締役出版部長の鈴木三男吉も逮捕された（鈴木・前掲注（8）六八頁以下）。

(24) この変化を考える上で重要な証言がある。当時『時報』の編集員であった岩田元彦は、「戦後『時報』が労働組合などに非常に読まれていた頃、末弘先生に、今よりももっと、いわゆる大衆的なものにしたい意向を申し上げた時、法律雑誌というものの大衆化の限界の疑問をのべられて、今のままでやっていこう、といわれたことがありました」（〔座談会〕・前掲注（18）九四頁）と述べている点は示唆に富む。

(25) 郭・前掲注（11）一三八頁。敗戦直後は、吉川大二郎による『法律文化』（法律文化社）、高柳賢三編集の『法律タイムズ』（法律タイムズ社）などさまざまな雑誌が創刊された（鈴木竹雄＝大隅健一郎＝鈴木光夫「閑談・法律雑誌あれこれ」商事法務一〇〇〇号（一九八四年）四一頁以下）。これ以外にも、判例評釈誌である『判例タイムズ』、政府系の雑誌である『旬刊時の法令解説』（印刷庁、のちの『時の法令』、二〇二二（令和四）年廃刊）など多彩な雑誌が創刊され、敗戦後の早い段階から法律雑誌の点数と守備範囲は飛躍的に拡大した。なお、敗戦直後に新雑誌の創刊が相次いだのは法律雑誌に限ったことではない。

(26) 舘雅子『挑戦！ しなやかに─ちいさな恋からおおきな恋へ』（日本評論社、二〇〇二年）五九頁以下。この書には日評の幹部となっていた美作太郎の「暗躍」が描写されている。戦前は日本共産党の地下活動にも参加した美作であったが、本書では、日評を左翼の影響力から脱却させようとする会社幹部としての姿と、それを隠して組合活動に参加する矛盾した姿が描かれている。一方、本書の記述とは逆に、美作を「共産党の経営細胞」と評する書もある（鈴木・前掲注（8）一〇一頁）。戦前戦後の動乱の中で多面的に描写される美作の実像はどのようなものだったのかは興味深いテーマであるが、本書の守備範囲を外れる。このため、これ以上の言及は避ける。

(27) 鈴木・前掲注（8）一〇三頁。なお、日評の鈴木三男吉（常務総務局長）と共産党の亀山幸三（財政部長）との間にはホットラインが存在していた。これは、日評の「ドル箱的存在」であった長谷部文雄訳『資本論』の印税の一部が共産党に寄付されていたことに起因する（鈴木・前掲注（8）一〇五頁）。また、舘の書には、共産党幹部と日評幹部が日常的に交流している記述がある（舘・前掲注(26) 六四頁以下）。

(28) 学者のみの二〇〇名程度で発足した統一民科は、市民や学生も加入し、一九五〇（昭和二五）年には会員数は一万人を超え、支部数は一一四を数えるまでになった。なお、統一民科は、発足当初から日本共産党のゆるやかな影響下にあったが、一九五〇年代以降、統一民科への共産党の影響力を強めようとしたために活動方針をめぐる混乱が生じ、それが凋落に拍車をかけたという。参照、民主主義科学者協会法律部会（編）『民科法律部会の五〇年』（日本評論社、一九九六年）七頁。

(29) 同前九頁以下。なお、ここでいう統一民科の活動方針とは、「国民的科学の創造と普及」運動と思われる。

(30) 正確を期すのであれば、このような略称は紛らわしく、むしろ「法律部会」あるいは「民科法律部会」とすべきであろう。しかし、法学界では民科法律部会を単に「民科」と呼ぶ慣行が確立しているため、それに従った。

(31) 民科と日評が親密であった理由の一つとして、戒能通孝の存在がある。戒能は、民科の中心的人物の一人であった。それとともに、一九五一（昭和二六）年九月に末弘が逝去した後、『時報』における末弘の立場を引き継いだ。すなわち、『時報』の巻頭言、「法律時評」というコラムを毎号執筆し、編集部作成の編集プランに目を通し、示唆、助言を与えた（渡辺潔「戦中の戒能先生と法律時報」法律時報五〇巻一三号（一九七八年）二六八頁）。したがって、戒能は『時報』と民科の双方に顔が利き、日評と民科との太いパイプ役となった。しかも、戒能の法理論が「主体としての市民を重視し、裂帛の気合をもって官僚法学を攻撃し、市民のための法学を主張した」（清水誠「戦後の法学世界をともに歩んで」法律時報八〇巻一〇号（二〇〇八年）六五頁）ものであったことから、戒能の思想が戦後の『時報』の編集方針に影響を与えたことは推測しえよう。しかし、一方で、『時報』編集長経験者からの次のような指摘もある。「たしかに、『法律時報』は両先生〔末弘と戒能――引用者〕の懇切な指導とアドバイスを受けてきたけれども、雑誌編集そのものは編集部の主体的努力で行われてきた。往々誤解されているように、本誌は末弘イデオロギーや戒能イデオロギーの直接的産物では決してなかった」（清水英夫「戦後の法律時報と法学―その私的回顧」法律時報五〇巻一三号（一九七八年）二七一頁）。これもまた真実なのだろう。『時報』創刊期のような家内制手工業的な編集手法ならともかく、戦後になると編集部の下でシステマティックに『時報』が作られていたはずで、清水の述べるとおり『時報』も戒能のイデオロギーの「直接的産物」ではなかったのだろう。しかし、一方で戒能が戦後の『時報』の編集方針、ひいては政治的立ち位置に間接的な影響を与えたこともまた、否定しえないのではなかろうか。

(32) 小田中聰樹「時代を刻み込み、時代を超える」法律時報八〇巻一〇号（二〇〇八年）六八頁。

(33) 森・前掲注（19）七六頁。

(34) 改憲問題は、『憲法改正』（一九五六年）、『改憲問題の焦点』（一九六三年）、『正続・憲法改正問題』（二〇〇五年、二〇〇六年）、『改憲・改革と法』（二〇〇八年）、『「憲法改正論」を論ずる』（二〇一三年）、『改憲を問う』（二〇一四年）。安保問題については、『日本の国際的地位』（一九五七年）、砂川事件を内容とした『憲法と裁判官』（一九五九年）、『最高裁をめぐる法と政治』（一九六〇年）、『恵庭事件』（一九六七年）、『安保条約』（一九六九年）、『自衛隊裁判』（一九七三年）、『憲法と平和主義』（一九七五年）、『憲法と有事法制』（二〇〇二年）。九条問題については、『憲法九条の総合的研究』（一九六六年）、『憲法九条の課題』（一九七五年）。沖縄問題については、『沖縄白書』（一九六八年）、『沖縄協定』（一九七一年）、『沖縄白書・総集編』（一九七二年）、『復帰一〇年の沖縄白書』（一九八二年）。その他、『破壊活動防止法―逐条解説と総批判』（一九五二年）、『治安立法』『大学の自治』『治安と人権』『教育二法案・秘密保護法』『新たな監視社会と市民的自由の現在』など。

(35) 参照、吉田克己「戦後民事法学の展開と法律時報」法律時報八〇巻一〇号(二〇〇八年)七八頁以下。

(36) 同前八〇頁。

(37) 同前八二頁。

(38) 法社会学論争については、長谷川正安『法学論争史』(学陽書房、一九七六年)、近時の研究としては、川角由和「『法社会学論争』の教訓(二四)」龍谷法学五六巻二号(二〇二三年)、「『法社会学論争』の教訓(二五)」龍谷法学五六巻三号(二〇二三年)。なお、この論争の意義について、広渡清吾は以下のように述べる。「戦後はじめての法学論争として、一九四九―五〇年に『法律時報』誌上を中心に展開された「法社会学論争」である。/法社会学論争は、「戦後法学」の担い手として現れた法社会学が、当時の状況、つまり一九四八年以降、世界的に東西の対立が明確化・激化し、占領政策の反動的転換によって戦後社会の民主的変革への危機感が増大するなかで、いわばそのかなえの軽重を問われるという文脈で生じたのである」(「戦後法学と法社会学」法律時報八〇巻一〇号(二〇〇八年)七一頁)。

(39) 後述のとおり『ジュリスト』もこの研究会という手法を多用した。ただ、ジュリストが「セミナー」という形で法学者と実務家との間の研究会を重視したのに対して、『時報』の研究会は、法学的時事問題に対する研究者同士の共同研究の「場」として機能した。そして、その研究成果の報告の場として(増刊を含めた)『時報』の紙面が用いられた。

(40) 同様の指摘は、郭・前掲注(11)一三九頁。

(41) 日評は、自社の会議室や社長室を刑事法の研究会のために貸与したのみならず、関西での民事法の研究会に対して会場費などの助成を行っていた。参照、中山研一「「刑事法学の動き」研究会について」法律時報八〇巻一〇号(二〇〇八年)九五頁、奥田昌道「「民法学の歩み」を顧みて」法律時報八〇巻一〇号(二〇〇八年)九三頁。

(42) 「文献月報」は第一号からの企画である。また、新法令と主要判例を解説するコーナーも初回から存在している。また、毎年の「学界回顧」も初年度(第二巻)から企画されている。

(43) 潮見俊隆（編）『戦後の法学』（日本評論社、一九六八年）四頁。なお、法社会学とマルクス主義法学は、法社会学論争をみれば判るように不可分の二つの要素である。
(44) 同前八頁。なお、『講座　日本近代法発達史』については、参照、第一章〔出口〕Ⅱ。
(45) 正確には、京都民科歴史部会など現在でも活動している団体はいくつか存在している。
(46) 森・前掲注(19)七七頁以下。
(47) 矢作勝美（編）『有斐閣百年史』（有斐閣、一九八〇年）四六一頁。なお、有斐閣の概要については、本書第二章〔荒邦〕Ⅳ参照。
(48) 鈴木竹雄『商法とともに歩む』（商事法務、一九七七年）二二六頁。なお、我妻栄は『ジュリスト』と東大法学部の紀要的位置づけである『法学協会雑誌』および『国家学会雑誌』との原稿の取り合いとなっている現象を嘆いている。参照、我妻栄「初心忘れずに」ジュリスト四六九号（一九七一年）九頁。
　また、『ジュリスト』の責任編集・編集委員と有斐閣が刊行した『法律学全集』の編集顧問（我妻、横田喜三郎、宮沢）および編集委員（鈴木、田中、金子、石井）との重複も著しい。横田以外は、全員『ジュリスト』の編集に関わったことがある（同時に就任しているとは限らない）。ここからも東大法学部と有斐閣の密接な関係がうかがわれる。参照、第二章〔荒邦〕Ⅳ。
(49) 同前二二六頁。
(50) 鈴木竹雄＝大隅健一郎＝鈴木光夫「閑談・法律雑誌あれこれ」商事法務一〇〇〇号（一九八四年）四三頁。
(51) 『ジュリスト』創刊前後に、法律実務を支援する雑誌が相次いで創刊されたことも想起されたい。一九五〇（昭和二五）年に『判例タイムズ』と『時の法令』、一九五三（昭和二八）年に『判例時報』、『金融法務事情』、一九五五（昭和三〇）年に『商事法務研究』（現『旬刊商事法務』）など。
(52) この点は、郭薇氏から示唆を頂いた。また、郭薇氏には、本章の執筆に際して、資料提供を頂くほか、種々のアドヴァイスを頂戴するなどお世話になった。記して感謝する。
(53) 鈴木・前掲注(48)二二六頁。
(54) 矢作（編）・前掲注(47)四六三頁。

(55) 鈴木ほか・前掲注(50)四四頁。同旨は鈴木・前掲注(48)二二七頁。
(56) 小早川光郎「コラボーレーションの場」ジュリスト一五〇〇号(二〇一六年)四五頁。
(57) Column ❺〔水野〕で取り上げている『法律新聞』も、実務家向けの雑誌である。この点は『ジュリスト』と共通している。一方、『法律新聞』と『ジュリスト』は、雑誌記事の執筆者が異なっている。『法律新聞』は法実務家が執筆した記事が多数を占めた。この意味で、『法律新聞』は法実務家による法実務家のための雑誌といえよう。一方、『ジュリスト』の記事の執筆者は研究者が多数を占め、小早川がいうように「学界から法実務へ向かっての語りかけの媒体」である。また、『法律新聞』は法実務から学界へ向かっての語りかけの要素もあった(本書 Column ❺〔水野〕Ⅳ)。この点は、『法律新聞』が『ジュリスト』と逆のベクトルも併有するメディアであったことを意味する。
(58) 矢作(編)・前掲注(47)五一八頁。
(59) 『ジュリスト』の「党派性」を「無色透明」とした。この表現が妥当であるか、逡巡がないわけではない。しかし、次の議論を参照すると「不偏不党」はもちろんのこと「中立」と表現することもできず、結局「無色透明」とした。根津朝彦によると、「不偏不党」を標榜するメディアは体制迎合と商業主義の結果だという。「日本近代のジャーナリズム史に即せば、「不偏不党」とは独立した言論への志向といった立派なものではなく、天皇制国家と戦争を支えるバックボーンであった」(根津朝彦『戦後日本ジャーナリズムの思想』(東京大学出版会、二〇一九年)一五頁)。また、山本武利によると、不偏不党は「営利主義の隠れ蓑」であり、「支配的なイデオロギー的言説……を再生産させるメディアの論理」であるという(山本武利『新聞記者の誕生』(新曜社、一九九〇年)三一頁)。参照、有山輝雄=竹山昭子(編)『メディア史を学ぶ人のために』(世界思想社、二〇〇四年)一一六頁)。
(60) 日本評論社HP・前掲注(1)。
(61) 有斐閣HP・前掲注(1)。

Column❹

上杉慎吉の多彩な執筆活動について

坂井大輔

I　はじめに

法学者の行う執筆活動にはいかなるものがありうるであろうか。論文・著作・判例評釈・書評などといった研究に関わる文章が含まれることはもちろんである。戦前の憲法学者がいわゆる「憲政評論」を多く執筆したことも知られており、この点については本書の中でも指摘されている（Column❸〔小野〕）。これも、政治の実践が憲法学という学問に関わる問題である以上、法学者としての執筆活動であると考えてよいだろう。

とはいえ、実際に法学者の執筆した文献を収集してみると、もはや「本業」とは全く関わらないのではないか、と思われる例が散見される。そういった文章は今日においては必ずしも注目を集めるものではないが、法学と出版の関わりを探る上では一つの手がかりになるのではないだろうか。

本コラムで取りあげる憲法学者である上杉慎吉は、[1]その点において優れた事例となる。上杉は、天皇を「現人神《アラヒトカミ》」と位置づける憲法解釈論を展開し、[2]師である穂積八束とともに「いわゆる正統学派（神権学派）」を構成した人物であるとされる。[3]そして、一九一二（明治四五）年に開始された上杉・美濃部論争[4]において天皇機関説を主張する美濃部達吉に立ちはだかった「敵」として、おそらくは最もよく知られているであろう。美濃部との論争を終え、恩師・穂積八束との死別を経験した上杉は、大正時代（とりわけ中期）以降、普通選挙の早期実現などを訴え、政治運動に従事するようになった。そして、自身の主張を流布するために、媒体を問わずに執筆活動に邁進した。[5]その全貌は今でも完全には明らかになっていない。それらの多くは、その時々の政治状況に対する批評や、自身の主張の提示であり、「憲政評論」の枠内に収まっているように見える。しかし、それと同時に上杉は、自身の専門外の事柄についても発言しており、場合によっては単なる随筆、さらには詩すらも公にしているのである。以下では、上杉のそれらの文章を紹介することを通じて、法学と出版との関わりという問題に対して、一つの限界事例を提供することを試みたい。

Ⅱ　法学雑誌以外への寄稿の開始

一九〇三（明治三六）年七月に東京帝国大学を卒業した上杉慎吉は、ほぼ間をおかずに母校の助教授に採用された。着任後、留学（一九〇六年五月出発）までの間に上杉が寄稿した媒体は、基本的には法学の専門誌であり、東京帝国大学法学部の事実上の紀要というべき『国家学会雑誌』『法学協会雑誌』が多くを占めている。[6]

一九〇九（明治四二）年に帰国した上杉の第一作と思われる記事は、留学中の体験を語ったものであり、[7]「南独逸の人間は「ビール」を飲んで遊んで居るが、北独逸の人は芋を食つて働いて居ります」[8]などと、冗談めいたことまで活字化されている。これが契機になったとは思われないが、その後の上杉は、法学雑誌以外への、自身の専門分野以外についての寄稿を大幅に増やしていくこととなる。

その意味で上杉を表舞台に立たせたのは、主に婦人雑誌であった。上杉は一九一〇（明治四三）年一〇月に著書『婦人問題』[9]を上梓したのであるが、この著作が注目を集めた結果、婦人雑誌を中心とする各種媒体から、上杉への執筆オファーが舞い込んだのである。上杉自身、この問題が自身の専門領域でないことは承知しており、その冒頭には「素より学究的の研究を公にするに非ず」[10]と記されている。しかし、外ならぬ上杉自身が婦人問題の日本への紹介がないことを「遺憾」[11]としていたところにこの著作が現れたために、上杉はメディアの注目を集めることとなった。

一九一一（明治四四）年の上杉慎吉は、さながら婦人問題の専門家のようである。一月には『太陽』、『婦人乃鑑』、『毎日電報』[12]に登場し、同年二月には『婦人画報』[13]、『女子文壇』[14]にも寄稿している。それらで展開される上杉の主張は、女性は「良妻賢母」たれ、というものである。ただし、上杉の求める「良妻賢母」は単に男性に服従するものではない。女性に対しては家庭において夫を助け、子を育てるための一定の教育が施されなければならないし、男性が女性を「玩弄物」のように視る風潮は否定されなければならない[15]。すなわち、男女の役割分担を当然の前提とした上で、双方に品位向上を求める、というのが上杉の発想であった[16]。

こうして各種メディアに取り上げられた上杉は、一九一二（明治四五）年、美濃部達吉との論争に身を投ずることとなる。その際に主戦場となったのは、法学雑誌ではなく『太陽』であった[17]。

Ⅲ　何を訊かれても答える上杉慎吉

とはいえ、婦人問題は男女の品位、つまり窮極的には国民道徳に関わる問題であるから、上杉慎吉の本来の活動である国体明徴と全く無関係であるともいえない。先に取り上げた留学体験記についても、ヨーロッパで得た知見を共有する、もしくは後進にとっての先例となる[18]、という点において、研究生活とは関連を有するかもしれない。留学中に芽生えた問題意識をもとにして書かれた、住宅政策についてのいくつかの文章も、本人の研究と結びつけて考えられる可能性は一応ある[19]。

しかし、このようなやや無理筋の正当化を敢えて行ったとしてもなお理解しがたい文章さえも、上杉は遺している。筆者の見る限りでは、その最たるものは乗馬に関する記事である。

諸種の運動中恐らく乗馬ほど快感を覚ゆるものはなからう、……馬場の外へも出られるやうになると、その愉快は益々加はつて来る、腸の工合も非常に良くなつたばかりか、頭脳を明晰ならしむる効力のあることは、自分ばかりでなく乗馬に経験ある者の誰しも口にするところである。これを以て見ても乗馬の如何に健康を齎らすものであるかゞ分かる。(20)

段々面白くなつて遂に馬を買ふ。此頃ならば玉川と云ふ所だが、新緑の頃などは早起、一時間も費せば新井の薬師辺までは楽に往つて復られる。汽車や電車の中と違つて、思ふさま郊外新鮮の空気を呼吸することは出来るし、運動として此位好いものはない。殊に馬上ユラリと跨つた時、その高さにしたならば僅か四尺か五尺の相違に過ぎないのだが、而も道行く人に対すれば卓然群を抜いたやうな感じのするのも亦一種の愉快たるを失はぬ。(21)

上杉が乗馬を楽しんでいることがよく伝わってくる書きぶりではあるが、なぜこのような文章が公にされたのか、その事情は全くわからない。末尾において上杉は、乗馬の奨励が「強健なる国民の身体を養」うために適切であるとして、(22)無理に国家全体への意義づけを試みているが、(23)牽強付会の感は否めない。なお、『明治大学百年史』は、大正時代前期の事件として、当時講師を務めていた上杉慎吉が乗馬服姿で教壇に立ったことを学生が「不真面目」と捉え、授業をボイコットした一件を伝えている。(24)ここからも乗馬に入れ込んでいる上杉の姿が見て取れる。

このような執筆活動は、おそらくは上杉自身の希望によるのみでは実現しなかったのではないだろうか。すなわち、婦人問題で一躍脚光を浴び、大衆誌で華々しく学説論争を展開して見せた上杉慎吉を、新聞雑誌メディアの側も書き手として欲していたのではないだろうか。新聞や雑誌のアンケート企画に(25)上杉がたびたび登場し、時には自身の専門とは全く関係のない事項にまで回答を寄せていることは、このような推測をさらに強固にするものである。

政治・外交について上杉の意見を徴することは、それほど不自然ではない。たとえば原内閣について、[26]山東問題について、[27]そして上杉年来の主張である普通選挙についてなど[28]である。大学教授として、教育問題[29]について問われるのも理解できる。しかし、これをなぜ上杉に、と思わざるをえないようなものも散見される。たとえば読売新聞に掲載された「私の健康法」では、上杉は「小生ハ別ニ健康法ヲ行ハス自然ニ任シム」という回答を寄せている。[30]さらには、映画に関して、[31]郵便に関して、[32]果ては女性の髪型に関して、[33]といった具合である。上杉が新聞・雑誌といったメディアでの意見表明の機会を重視していたであろうことはもちろん想定されるのであるが、[34]メディアの側も、「何を訊かれても答える人物」として上杉慎吉を重宝していたのではないだろうか。

Ⅳ　随筆家・上杉慎吉

そうして上杉慎吉は、ついには名だたる文筆家と並んで記事を執筆する随筆家となった。その嚆矢と思われる小文「机辺小話」は、特に脈絡のないいくつかの項目を一頁のうちに並べたてたものである。最終項「エラクなる」には、このように記されている。

> 私は男の子が四人居るが、小供等はヱラクなりたいと言うてゐる、妻もヱラクなれと教へて居る、ヱラクなれとはどうなれといふ事かと考へて見ると、大将になるといふ、然し私の知合に大将は沢山居るが、さうヱライとも思はぬ、あんなものになる為に、小供を苦労させる気にはならぬ、又は大臣になれといふ、然し大臣になつた知人を見ると、その為に小供に勉強させる値打があるかどうかは疑はしい、金持になつた人を見ても、是非これになるべきとも思はれ

るぬ〔ママ〕、[35]

随筆としてこれが巧いかどうかは判定できないが、実際に大将・大臣・金持の知り合いを多く持つ上杉の、いかにも「旋毛曲り」[36]らしい一面は出ているだろう。いずれにせよ、これを皮切りに上杉は何篇かの随筆を遺すことになる。

『随筆』二巻一〇号の末尾に、上杉が編集部に充てた書簡が掲載されている。編集部が上杉に対して「秋に関する愛誦の詩歌」について問うたアンケートに答え損ねたことを詫びる内容である。[37] このやりとりが契機になったかどうかはわからないが、『随筆』誌から上杉に、執筆のオファーがあったようである。その後『随筆』誌は休刊し、後に発行者を変更して同名の雑誌が出ることになるのだが、上杉が実際に執筆した随筆は別の雑誌に掲載された。[38]

　随筆社の人が来て、私に随筆を書けと云ひ去る酒屋に餅を求めらるるが如きこと哉と首を捻つて居ると、客あり、曰く、汝の顔は随筆然として居り、其の言ふ事も亦随筆味があるからであらうとそうか知ら。[39]

冒頭のこの書き出しからは随筆執筆への戸惑いが感じられるのであるが、上杉は末尾に「書き終つて読んで見ると中々旨いと云ふ感じがして来た」と記しており[40]、満更でもない様子である。一九二五（大正一四）年末[41]から一九二六（大正一五）年初頭[42]にかけて『局外』誌に請われて二本の随筆を公にした上杉は、同年夏にはついに『文藝春秋』誌に登場する。

　どんなことを書いたらよからうと、文藝春秋を開いて、諸名家の随筆を読む。百花妍を競ふ、絢たり爛たり、目もあやに、とても及ぶべからずと嗟嘆した。つくづく見ていると、なんだか、支那料理といふやうな気持である。灼鶏、蒸豚、煮卵等々、こてこて出て来る。果然この雑誌のはやる所以が分つた。といふのは文藝春秋の悪る口を云ふのではない。僕は支那料理が大好物である、料理を食ふべく、たゞそれだけのためにも北京に行きたいと思つてゐるくらいだ。(43)

掲載誌を「支那料理」に喩えたこの随筆が、錚々たる文人たちと並んで掲載されたことは特筆しておかねばならない。上杉慎吉はここで、芥川龍之介、武者小路実篤、正宗白鳥、若山牧水、直木三十五、平塚らいてう、幸田露伴、菊池寛などと肩を並べているのである。その後、上杉は『文藝春秋』誌にさらに三本の随筆を寄稿することになる。(44)

再開した『随筆』(45)や『経済往来』(46)にも随筆を掲載した上杉であるが、それらの中に多く見られる話題は、人びとのマナーに対する苦言である。

今春新宿御苑に御大葬場跡拝観のあつたとき、信濃町駅で、それは何百何千といふ人が列を作つて居た、すると一、（ママ）人相当な風体の人であつたが、横合ひから出て、列の先頭には入つた、駅夫が見とがめると、其の男は却てあべこべに駅夫をなぐりつけた。私は若しこんなことがアメリカあたりにあつたならば、其の男は袋だゝきになるであらうと思つた、アメリカ人のヤリ方がいいとは必ずしも云はぬけれども、民衆礼儀の貴ばれざると、不義を憤るの念の薄きとを嗟嘆したことである。この時、私が何をしたかは、年甲斐も無いこと、敢て申さぬ。(47)

鉄道乗車列への割り込みを非難するという今でもありふれた話を、法学者である上杉が述べる必然性はもはやどこにもないように思われる。「この時、私が何をしたかは、年甲斐も無いこと、敢て申さぬ」とあるが、血気盛んな上杉のことである、殴り合いの喧嘩になっていても不思議ではない。

とはいえ、こういった話題を雑誌側が求めている点は、やはり見逃してはならない。日本旅行協会の機関誌であった『旅』に寄稿した上杉の随筆は、「又三好君から電話がかゝる、「旅」に何か。書けと云はるゝのだ」(48)という一文から始まる。「三好君」とは、日本旅行協会の専務理事であり、『旅』の編集に携わった三好善一のことであろう。(49)上杉が乗客のマナーを捉えて「ドンナ人でも車掌に対しては、オイ君なんかと、極めて無作法であるのは、如何にも見苦しい」(50)などという調子で非難する文章であっても、雑誌としては需要があったということであろうか。

V　結びに代えて

大衆に対する働きかけを重視し、自らも大衆誌の愛好家であった上杉慎吉が、自らメディアへの露出を求めたという面は間違いなくあるだろう。(51)しかし、これまで見てきたように、上杉の執筆活動のある部分は、メディアの側からの求めによるものである可能性が高い。筆者には、お題を与えればなにがしかの皮肉めいたことを書いてくれる有益な著名人(52)として、上杉慎吉がメディア側に認知されていたように思われるのである。そして、上杉自身の幅広い人脈がその背景をなしていたであろうことも想像される。上杉の新聞・雑誌メディアとの関係の築き方は、同時代の法学者たちと比較するならば、おそらく類例を見ないものであろう。(53)冒頭で上杉慎吉を「限界事例」と評した所以はここにある。法学と出版の関わりは多様であり、上杉慎吉の執筆活動もまた多彩なのである。

(1) 上杉慎吉の生涯については、今野元『上杉慎吉―国家は最高の道徳なり』(ミネルヴァ書房、二〇二三年)を参照されたい。

(2) 上杉慎吉『新稿憲法述義』(有斐閣、一九二四年)九〇頁。

(3) 大石眞『日本憲法史』(講談社、二〇二〇年)(原著二〇〇五年)二八六頁。このようなカテゴライズが妥当でないことを、筆者は別稿にてすでに指摘している。坂井大輔「上杉愼吉の国家論は「宗教」的か」法と文化の制度史四号（二〇二三年）二〇～二一頁（とりわけ二〇頁注（89））を参照されたい。
（4）この論争については、今野・前掲注（1）一〇〇頁以下など、数多くの紹介がある。
（5）大正期の上杉における政治運動の位置づけについては、坂井・前掲注（3）一〇頁以下を参照されたい。
（6）ほかに『法学新報』（中央大学）、『法学志林』（法政大学）、『明治法学』（明治大学）、『法政新誌』（日本大学）など。なお、学生時代から留学に出発するまでの間の上杉の執筆活動については、坂井大輔「上杉愼吉の懊悩―留学以前（1902-1906）の憲法解釈をめぐって」遠藤泰弘＝坂井大輔（編）『革命と戦争』（国際書院、二〇二五年）を参照されたい。
（7）上杉愼吉「予の最も親みたる独逸の農村」斯民四編七号（一九〇九年八月）〔以下、上杉の著作物については刊行月まで記載する〕。これは上杉が「内務省地方局食堂に於てせられたる講話の概要を筆録したもの」（同三九頁）とされる。なお、同号には内務次官一木喜徳郎の記事「国運の発展と勤倹協同の精神」も掲載されている。上杉の講話自体が一木の要請によるものであった可能性もあるだろう。上杉と一木の関係については今野・前掲注（1）二六～二七頁を参照されたい。
（8）同前四九頁。留学中の体験を記した記事としては上杉愼吉「独逸の農村にコンナ面白味がある（上）（中）（下）」青年及青年団二巻七・九・一〇号（一九一一年七・九・一〇月）も存在し、こちらでも「向ふの学生は麦酒を誰でも飲みますか、麦酒を飲むことが学生の第一の仕事で次が本を読む」（同（上）一六頁）などと軽口めいた事を書き残している。
（9）上杉愼吉『婦人問題』（再版、三書樓、一九一〇年一二月〔初版一九一〇年一〇月〕）。今野・前掲注（1）七五～七九頁にその概要が紹介されている。
（10）同前一二頁。
（11）同前一一頁。
（12）上杉愼吉「婦人問題」太陽一七巻一号（一九一一年一月）、同「婦人問題は如何にして解決すべきや（上）」婦人乃鑑一年一号（一九一一年一月）、同「婦人問題（一）～（五）」毎日電報一九一一年一月二～六日。なお、「婦人問題は如何にして解決すべきや（中）」は同誌一年三号に掲載されているものの、現時点で（下）は発見できていない。
（13）上杉愼吉「婦人は男子にあらず」婦人画報五二号（一九一一年二月）。一九一一年の『婦人画報』を見ると、上杉は三・四・七・八・九・一一月にも記事を掲載しており、連載作家かと見紛うほどである。
（14）上杉愼吉「婦人は結婚すべきものなるか」女子文壇七年二号（一九一一年二月）。
（15）「新らしい良妻賢母主義」太陽一九巻九号（一九一三

年六月）三一～三四頁。

(16) 上杉はここから、芸妓・娼妓の全廃を訴えていくようになる。上杉慎吉「娼婦公認制度の誤謬（一）～（二）」廓清五巻三号～四号（一九一五年三月～四月）において上杉は「娼婦存在の原因は、経済的窮迫の状況と男子の強烈なる性慾に在りと雖も、要するに、婦人乃価値を認めず、其の人格を無視するに在り」（（一）一三頁）と明言し、公娼制度を「国家が男子の不品行を公認し、保護する」もの、「婦人の人格、本性を荒暴」するものと断じている（（一）一五頁）。芸妓もまた、「公娼ではないけれども、娼妓と同様の事をして居る」者であるから廃止すべきと上杉は訴えるが（上杉慎吉「芸妓廃止論」実業之世界一八巻三号（一九二一年三月）七八頁）、芸妓についてはもう一つ思うところがあった。それは、宴席に芸妓が参加すると有益な話し合い（社交）ができなくなる、というものである。この点について上杉は、「芸者を呼ぶことは、啻に主客懇談の目的を達しないのみならず一面に於ては詰まらぬ費用がかゝる。所謂一挙両損である」（同七九頁）、「これ程社交の内容を薄弱にし、時間を空費するものはあるまい」（上杉慎吉「生活改造の根帯―大名の住宅、格式ある言葉、無用な芸者」大鵬九四号（一九二一年四月）二〇頁）、「待合の宴会に出て見ると……芸者本位で、皆芸者と話して居る、折角立派な人が揃つて居りながら、何の話も聞くことが出来ぬ。」（上杉慎吉「相互教育」経済往来一巻七号（一九二六年七月）三頁）といった不満を何度も書き記している。

(17) 星島二郎（編）『最近憲法論』（実業之日本社、一九一三年）にはこの論争に関わる諸論文が収録されているが、その多くは『太陽』からの転載である。

(18) 自身の学習法を具体的に披露した記事も、そのような意味では研究に関係するのかもしれない。「今世に出て、時めく立派の人でも、其の学生時代は碌々勉強せなかつたと云ふ者もあるが、これは勉強以外、何かの理由あつて今日を得たのであらう。それを真似て勉強せぬのは誤りである。仮令よく出来ても、其の人は最うそれで終を告げて了つたのだ。将来がない。四十五十の成功は見られぬ。」（上杉慎吉「健実の勉強法」中学世界一四巻九号（一九一一年六月）五〇頁）、「極端な粗食は否かぬが、併し勉強の為め特に滋養分を取る必要はない。却つて滋養分を多く取ると、身体に疲れが出来る。」（同五三頁）、といった具合である。

(19) 上杉は「国民の幸福を計るは国家当然の職責である」として、国または市町村による住宅の供給を要望している（上杉慎吉「住家問題に就て」社会政策一年七輯（一九一一年一〇月）三三頁）。同趣旨の論考として、上杉慎吉「公設住家制度」法学協会雑誌二九巻八号（一九一一年八月）、同「生活問題解決の第一歩」朝鮮公論三巻一一号（一九一五年一一月）がある。

(20) 上杉慎吉「馬上運動論」日本一二巻八号（一九一六

年八月）四六〜四七頁。
(21) 同前四七〜四八頁。
(22) 同前五〇頁。
(23) この点を敷衍して、上杉はさらに国立乗馬学校の設立をも提案している（上杉愼吉「乗馬学校の設立を希望す」畜産三巻一号（一九一七年一月））。
(24) 明治大学百年史編纂委員会（編）『明治大学百年史　第三巻　通史編Ⅰ』（明治大学、一九九二年）七七六頁。
(25) ある特定の質問を著名人に葉書などで送付し、集まった回答で誌面を構成するという企画。戦前の雑誌によく見られる。「アンケート企画」というのは筆者による便宜上の呼称であり、このような記事類型について何か決まった呼び名があるかどうか、筆者は承知していない。なお、以下の文献情報では、編集者から投げかけられた問いの部分を［　］で囲うこととする。
(26) 上杉愼吉「［原内閣論］　首相としての一特色」国論（一九一八年一一月）。
(27) 上杉愼吉「［山東（青島）還附の時期方法及び条件如何？］　即時又は九十九年後」公論一巻一号（一九一九年一〇月）。
(28) 上杉愼吉「［普通選挙実施の時期方法及び利害］」公論一巻二号（一九一九年一一月）。
(29) たとえば、上杉愼吉「［新時代の教育に任ずべき今後の教育者に与ふる言葉］」教育時論一九二〇年一月、同「［社会教育上最も急務とすべき施設如何—本会の徴したる名士の意見（到着順）］　芸者との待合の禁止」社会と教化一巻二号（一九二一年二月）、同「［当来の教育問題］」教育時論一三五八号（一九二三年一月）など。
(30) 上杉愼吉「［私の健康法（五十八）　法学博士上杉愼吉氏］」読売新聞一九一六年七月一四日朝刊。
(31) 上杉愼吉「［あなたは映画を御覧になりますか？］」映画時代一巻四号（一九二六年一〇月）。
(32) 上杉愼吉「［日曜と郵便］」中央公論四二年七号（一九二七年七月）。
(33) 上杉愼吉「［日本髪と洋髪（束髪）はどちらが好いでせう］」婦人倶楽部四巻八号（一九二三年八月）。
(34) 上杉は大衆誌『講談倶楽部』の愛読者であり、講談社が『キング』を創刊した際には賛助員として名を連ねていた（佐藤卓己『『キング』の時代—国民大衆雑誌の公共性』（岩波書店、二〇二〇年）〔初出は二〇〇二年〕二三頁、一四一頁）。
(35) 上杉愼吉「机辺小話」芸術一巻二〇号（一九二三年八月）五頁。設けられた項目は、「半世紀」「宣伝」「努力奮闘主義」「デモクラシー」「蔭口」「貧乏人の群」「死と生」「エラクなる」の八つである。なお、同頁には幸田露伴「書業の楽み」が掲載されている。
(36) 今野・前掲注（1）一五頁。
(37) 上杉愼吉「（タイトル無し）」随筆二巻一〇号（一九二四年一一月）六八頁。上杉は自作の詩を雑誌に掲載したこともある（上杉慎吉「新妻中尉」我が国一七四号（一九一九年三月））。

(38) 上杉慎吉「机辺閑話」急進一九号（一九二五年二月）。この雑誌に掲載された経緯は、記事の冒頭に記されている。「本稿は『随筆』のために執筆されたものであるが『随筆』は当分休刊といふことになつたさうだから、之れ幸ひと本誌に掲載を移転して貰つた次第である。上杉博士には、高畠から直接御了解を得るといふ約束で、実際二度も電話をかけた訳だが、いつも御不在のやうだし、〆切りが迫つて来たから、無断で載せてしまふことにした。随筆社の方からも改めて御挨拶申上げるさうだが、万一無断掲載について御立腹の場合は、専ら高畠のみを責任者として御咎め下さるやう、失礼ながら此席で博士に御了解を求めます。」（同前）つまり、高畠素之の独断で掲載されたようである。

(39) 同前。

(40) 同前四頁。

(41) 上杉慎吉「病余雑話」局外一巻二号（一九二五年一二月）。雑誌の編輯者（津久井龍雄）に請われての執筆であった（同二頁）。

(42) 上杉慎吉「何を書くとはなしに」局外二巻二号（一九二六年二月）。冒頭に、高畠素之から電話で原稿の催促を受けたとの記述がある（同二頁）。

(43) 上杉慎吉「仮寝書屋随筆」文藝春秋四年七号（一九二六年七月）二頁。

(44) 上杉慎吉「反対模倣」文藝春秋五年五号（一九二七年五月）、同「箕距漫筆」文藝春秋五年一〇号（一九二七年一〇月）、同「石が笑ふ」文藝春秋六年五号（一九二八年五月）。「反対模倣」において上杉は、『文藝春秋』を「支那料理」に喩えたことについて「お叱りを受けた」（同一一頁）ことを明らかにしている。

(45) 上杉慎吉「庭前の景情」随筆一巻二号（一九二六年七月）、同「当世七不思議」随筆二巻一〇号（一九二七年一〇月）。

(46) 上杉・前掲注（16）「相互教育」、同「民衆礼儀」経済往来二巻一一号（一九二七年一一月）。

(47) 同前「民衆礼儀」一二六頁。

(48) 上杉慎吉「汽車の食堂」旅五巻八号（一九二八年八月）二頁。「又」とあるように、上杉はこれ以前にも『旅』に寄稿している（上杉慎吉「旅行と相互教育」旅一巻三号（一九二四年六月））。

(49) 財団法人日本交通公社社史編纂室（編）『日本交通公社七十年史』（日本交通公社、一九八二年）四二～四三頁、赤井正二「旅行の近代化と「指導機関」―大正・昭和期の雑誌『旅』から」立命館産業社会論集四四巻一号（二〇〇八年）一〇一頁。

(50) 上杉・前掲注（48）四頁。

(51) 上杉が新聞への投書を行った例として、「クリスマス」東京朝日新聞一九二七年一二月一八日朝刊がある。

ここで上杉は、大正天皇崩御一周年を念頭に、「ヤソ教を信ずる者の数へる程きりをらぬ日本に、クリスマスが段々盛んになるとは実にをかしい。……しかし、毎年のクリスマス騒ぎも、子供の遊びと思つて見ればさうやかましくいふにも当らぬかも知れぬ……クリスマス当日十二月二十五日は、畏くも先帝崩御の、第一年に当る、悲しき日である……この日に、メリィクリスマスは余りに不謹慎である」と述べている。なお、この投書に対しては、柳田国男が「御もつともなる上杉博士の御意見ではあるが、クリスマスは単に西洋かぶれの名前であつて、こんな冬の夜の遊びが、新たに流行してきたものと自分等は解して居る、始から祭といふほどの儀式でも無く、西洋でも本来ヤソ教とは無関係のものであり東洋でも冬至の夜は古くからこれに類する行事が往々あつたからである」とのコメントを附している。

(52) 上杉の文章が「荘重厳粛」であるという評価が下されたとすれば(Column❸〔小野〕Ⅲ)、それは上杉のこのような側面を見落としたものに過ぎないというべきであろう。

(53) これは、美濃部達吉の遺した「時論」との比較において判断されるべき問題である。Column❸〔小野〕(とりわけⅡ)を参照されたい。

第五章

受験雑誌にみる高等試験――『受験界』と『国家試験』

小石川裕介

I　法学と高等試験

法学を学ぶことは、しばしば職業を得るための手段として把握されることがある。すなわち、「パンの学問」Brotwissenschaftとしての法学であるが、その位置づけは、ことさら戦前期において軽視することはできない。明治憲法下における高級官吏（高等官）もしくは法曹三者への任用資格試験であった「高等試験」（およびその前身に当たる各種試験）では、憲法や民法等の法律系科目が試験科目の多くを占めていたからである。つまり、法学を学ぶことは立身出世の糸口になりえた。後年、末弘厳太郎はこのような状況について、法学部における「学問は要するに受験の具にすぎなかった」と表現している。[1]

では、高等試験の実態や法学との関係はどのようなものであったか。これについては、実は必ずしも明らかになっていない部分も多い。[2] たとえば、どの参考書がどのように使用されたのか、それらは当時の法学の潮流とどのくらい関係したのか、といったものに対しては比較的目配りが弱いようである。

そこで本章は『受験界』および『国家試験』という受験雑誌二誌を手がかりにして、これらを明らかにしていこうと思う。特に両誌に掲載された合格者の体験記は、あまり知られていない高等試験の実態をよく示す。ここでは、高等試験令全部改正後の一九二九（昭和四）年から、戦時による休止前の一九四三（昭和一八）年の一五年間を中心にして、受験雑誌から高等試験と法学を眺めていきたい。

II 高等試験の概要

ここで高等試験の概要に簡単に触れておく。高等試験は現在の国家公務員採用総合職試験および司法試験に相当する戦前期の国家試験であり、当時は「高文」「高文試験」とも呼ばれた。一九一八（大正七）年の高等試験令（勅令七号）によって、それまでの文官高等試験・外交官及領事官試験・判事検事登用試験・弁護士試験が統一され、高等試験となった。同令は一九二九（昭和

【表5-1】高等試験の科目

	行政科			外交科		司法科		
施行	1918年	1929年	1942年	1918年	1929年	1923年	1929年	1942年
必須科目	憲法 行政法 民法 刑法 国際公法 経済学	憲法 行政法 民法 経済学	憲法 国史 行政法 経済学	憲法 国際公法 国際私法 経済学 外交史 外国語	憲法 国際公法 経済学 外国語	憲法 民法 商法 刑法 民事訴訟法 刑事訴訟法 国際私法	憲法 民法 商法 刑法	憲法 国史 民法 刑法
選択必須科目			（２科目） 民法 国際公法 外国語				（１科目） 民事訴訟法 刑事訴訟法	（２科目） 商法 民事訴訟法 刑事訴訟法
選択科目	（１科目） 商法 民事訴訟法 刑事訴訟法 財政学	（３科目） 哲学概論 倫理学 論理学 心理学 社会学 政治学 国史 政治史 経済史 国文及漢文 商法 刑法 国際公法 民事訴訟法 刑事訴訟法 財政学 農業政策 商業政策 工業政策 社会政策	（１科目） 哲学 民法 商法 刑法 民事訴訟法 刑事訴訟法 国際公法 国際私法 政治学 財政学 経済政策 外交史 経済地理 外国語	（１科目） 行政法 民法 商法 刑法 財政学 商業学	（３科目） 哲学概論 倫理学 論理学 心理学 社会学 政治学 国史 政治史 経済史 外交史 国文及漢文 民法 商法 刑法 行政法 国際私法 財政学 商業政策 商業学	（１科目） 行政法 国際公法 経済学	（２科目） 哲学概論 倫理学 論理学 心理学 社会学 国史 国文及漢文 行政法 破産法 国際公法 民事訴訟法 刑事訴訟法 国際私法 経済学 社会政策 刑事政策	（１科目） 哲学 商法 民事訴訟法 刑事訴訟法 破産法 行政法 国際私法 経済学 刑事政策
口述試験	受験科目全部	行政法・受験科目２科目	国史および行政法または国際公法・経済学	受験科目全部	外国語および国際公法、受験科目２科目	受験科目全部	民法または刑法を含む受験科目３科目	国史および民法・刑法

※官報より作成。
※外交科は1942（昭和17）年度に廃止された。

四）年の全部改正等を経て、一九四八（昭和二三）年まで存続した。

高等試験は行政科・外交科・司法科の三科に分かれ、[3]それぞれ筆記試験および口述試験が課せられた。会場は東京で、年一回実施される。受験科目は各科によって異なり、また制度改正による異同も激しいが、概ね法学系科目が中心となった[4]（【表5-1】）。

同試験は内閣が管掌し、高等試験委員長は法制局長官が兼職する。[5]その下に試験委員および臨時試験委員（以下、両者を試験委員と呼ぶ）が任命され、出題・採点等をなした。

受験資格としては基礎学力を問う「予備試験」及第が必要となるものの、高等学校等卒業者または大学等在学・卒業者はこれが免除された。性別要件については、任用段階にて実質的な制限がなされている。ただし弁護士は一九三六（昭和一一）年より女性にも開かれた。[6]なお、複数科の同年度受験も可能であった。

以下では、一九三九（昭和一四）年実施の高等試験を例にして、具体的なスケジュールや出願者や合格者数等を見ていく。[7]同年の行政科試験は、五月一日から二五日までが出願期日となり、筆記試験は六月一五日から二四日にかけて実施された。筆記試験合格者は九月一二日の官報で発表され、同合格者に対する口述試験が一〇月二日から七日にかけて施行される。最終的な合格者は、一〇月一四日付の官報で発表された。司法科・外交科各試験は行政科試験に続いて六月から一〇月にかけて実施されており、一一月二日の司法科の合格者発表まで続く。年によって期日に異同はあるものの、全日程で概ね数ヶ月の期間を要した。

【表5-2】1939年高等試験の出願者数と合格者数

	行政科	外交科	司法科
出願者	2550	286	2684
筆記試験合格者	210	47	259
口述試験受験者	220	52	263
口述試験合格者	214	29	255

※国家試験編輯部・前掲注(7)により作成。
※口述試験受験者は前年の筆記試験合格者を含む。

同年の出願者数は、行政科と司法科がそれぞれ二五〇〇人を超えている(【表5-2】)。他方で外交科は二五〇人程度と少ないが、これで例年どおりの数字であった。筆記試験は特に狭い門であり、対して口述試験での不合格者はそれほど多くない。最終的な合格者はいずれも出願者の一〇%前後となる。合格者数・倍率は年によって増減は見られるものの、難関試験といって差し支えない。

同年の合格者出身校の上位(一〇名以上)については、行政科で東京帝大(一二〇名)、京都帝大(二四名)、予備試験(二二名)、中央大(一二名)であった。行政科合格者の半数以上を東京帝大が占める。この比率の高さは戦前期を通じて変わらなかった。司法科は東京帝大(六三名)、中央大(六一名)、日本大(二四名)、京都帝大(二三名)、関西大(一五名)、明治大(一四名)、早稲田大(一二名)、予備試験(一一名)の順となる。行政科に比べて東京帝大の比率が下がり、中央大を筆頭に一定の私立大学出身者が見られる。

Ⅲ 『受験界』と『国家試験』

さて、本章が素材とする雑誌『受験界』(8)および『国家試験』は、資格認定試験として高等試験だけでなく、普通試験（現在の国家公務員採用一般職試験に相当する）や検定試験（たとえば専門学校入学者資格検定試験／専検）も扱う。[9] ただし高等試験を主たるターゲットとしているのは、同時期ではこの二誌が中心となる。[10]

『受験界』（受験界社）は一九二〇（大正九）年創刊の月刊誌、『国家試験』（育成堂、のち育成洞）は一九二九（昭和四）年創刊の月刊誌（ただし一九三三～三九年は月二回刊）であり、両誌の出版社は東京に所在する。発行部数についてはともに不明であるが、たとえば『国家試験』については都市部の大型書店を中心に販路があり、定期購読制度も備えていた。なお、一九四四（昭和一九）年、戦時企業整備と雑誌統合によって受験界社が『国家試験』を買収統合し、同年五月号より『受験界』誌は『教学錬成』と改題された。[11]

高等試験関係の誌面構成については、両誌に共通性が見られる。

（1）試験委員講評（『受験界』のみ）――毎号に掲載され、受験の心構えから学習方法、採点実感、また参考書等、多彩な内容がエッセイ風に綴られる。[12] たとえば野村淳治（東京帝大）は「私が今年担当した試験の、答案を見て特に答案作成上に就て感じた事を申述べて注意し度いと思ふ」として、「文字を綺麗に」からはじまる答案叙述の作法を八点にわたって連ねる。[13] また、佐藤丑次郎（東北帝大）は「今回の試験から得た体験に基づき私が試験委員として感じた侭」を述べるとして、当該年の出題を例に答案構成の重要性を強調し、あわせて問題を解説する。[14]

（2）研究論文（『国家試験』中心）――試験科目に関連して、基礎的または時事的・特殊的な内容を扱った論文が掲載される。執筆者は官僚・実務家のほか、試験委員および同経験者も少なくない。たとえば牧野英一(東京帝大)「法律の錯誤と相当の理由[15]」は、刑法の基本的観念としての違法性の問題を取り上げる。また、松原一雄(中央大)「日支事変と国際法[16]」は、時事的問題として日中戦争と国際公法の関係性を論じた。

(3) 高等試験の出題問題および解説・解答例——試験実施の直近号にはまず問題文が速報として掲載された。のちの号にて詳しい解説等がなされる。

(4) 練習問題——実務家等が高等試験の筆記試験と同形式の問題を出題する。注目すべきは、両誌とも有料ではあるが郵送にて添削を受けられる点である。優秀答案は誌面に掲載される場合もあった。

(5) 主要大学の試験問題——大学教員の試験委員も多いため、参考として大学の試験問題が掲載された。ただし、大学試験での出題と高等試験での出題が類似した事例があった点は留意される(後述)。

(6) 各種情報——官報掲載の高等試験公告や合格者一覧等が転載された。さらには高等試験委員の科目担任一覧や、試験委員の近影の掲載もあった。これについても後述とする。

(7) 合格体験記——高等試験合格者が自身の体験談を綴ったものであり、多くは出版社からの依頼にて執筆されたと推定される。ほとんどは筆名であるが、一部は本名にて掲載された[17]。体験記の内容は執筆者によって大きく異なり、自身の生い立ちから現在の境遇、受験の動機や心構え、勉強法、サブノートの可否、使用参考書の紹介、筆記答案および口述試験の再現等、千差万別であった。また当時は面接形式の試験が少なかったからか、(18)台詞形式で口述試験を再現する体験記が数多く見られる。

(8) 読者投稿——勉強上・受験上の疑問を中心とした読者の質問に出版社が答える。

(9) 他記事——ほか、高等試験合格者の座談会や、試験委員・主要参考書の紹介、読み物的な連載記事(小説風記事等)など、数多くの記事が見られる。

(10) 受験サポート——練習問題の通信添削のほか、たとえば『国家試験』では「高等試験講習会」の告知が掲載されており、現在でいう予備校的機能を有していたことが推測される。そのほか、地方在住者向けに仮住所設定引受、(19)受験時の旅館斡旋、受験願書用紙の郵送、また主要参考書の通信販売もなされた。

以上のように、両誌は広く受験に関する各種記事を掲載した。これらは高等試験に関する情報の偏差を、一定程度押し均す効果を持っていたかと推測される。後述するように、高等試験委員は帝大、特に東京帝大中心であり、このこともあって自ずから受験に関する各種情報等も東京に集まっていた。また受験技術等についても、帝大生と私大生、さらにはそれ以外(予備試験)とでは保持する情報に格差があったと推測される。これら中央と地方、また帝大とそれ以外を、雑誌メディアとしてつなぐ結節点機能を両誌が担っていたと考えられる。

Ⅳ　受験雑誌にみる高等試験

それでは、受験雑誌の高等試験関係記事から何が読み取れるか。ここでは行政科と司法科を中心に、四点について取り上げたい。

高等試験委員担任科目

通例、筆記試験の数ヶ月前に、当該年度各科における試験委員の担任科目が掲載される。当時の官報では試験委員の任命自体は掲載されるものの、担任科目の記載はなかった。このため受験者は、受験雑誌に掲載された当年度等の試験委員担任者を参照し、「参考書を選ぶ時は最近の試験委員の顔触れと最近問題の傾向とをよく注意して出来るだけ試験委員の著書を使ふ様にする」[20]という当時一般的であった受験対策を進めた。なお、試験委員の選定経緯等の詳細は現在のところ不明である。

では、試験委員の科目担任になんらかの傾向が存在するか。[21]【表5-3～5】は、一九二九（昭和四）年から一九四三（昭和一八）年までの法律学系科目について、各科の科目担任者とその所属をまとめたものになる。[22]表からは、科目ごとに所属の「枠」を前提とした運用原則の存在が推測される。すなわち、大きく東京帝大・京都帝大・他大・官僚等の四種の「枠」が科目ごとに設定されており、委員の（一時的なものを含む）交代の際には、その「枠」を保持するという原則であ

【表5-3】高等試験行政科試験委員・担任別（法律関係科目）

年	1929 昭和4	1930 昭和5	1931 昭和6	1932 昭和7	1933 昭和8	1934 昭和9	1935 昭和10	1936 昭和11	1937 昭和12	1938 昭和13	1939 昭和14	1940 昭和15	1941 昭和16	1942 昭和17	1943 昭和18
憲法	筧克彦	→	森口繁治	筧克彦	→	→	→	→	→	→	→	→	→	→	→
	清水澄	→	→	→	→	→	佐藤丑次郎	→	→	→	→	森山鋭一	→	山崎又次郎	→
	野村淳治	→	→	→	→	→			黒田覚	→	→	→	→	→	→
												入江俊郎	→	中野登美雄	→
													井上孚麿	→	→
														大串兎代夫	→
行政法	美濃部達吉	→	→	→	→	→	野村淳治	→	→	→	→			野村淳治	→
	佐々木惣一	→	→	→	→	杉村章三郎	→	→	→	→	→	→	→	→	→
	杉村章三郎	→	渡辺宗太郎	→	→	→	→	島村他三郎	→	→	→	→	→	村上恭一	→
	鈴木義雄	宇賀田順三	→	→	山田準次郎	→	→	→	→	→	→	→	→	→	→
														柳瀬良幹	→
														澤田竹治郎	→
民法	穂積重遠	→	→	→	→	→	→	→	→	→	→	→	→	→	→
	中島玉吉	→	→	→	→	→	→	近藤英吉	→	→	→	→	石田文次郎	田島順	→
	遊佐慶夫	→	→	→	→	→	→	→	→	→	→	→	→	岩田新	→
														勝本正晃	→
商法	田中耕太郎	→	→	→	→	→	→	→	→	→	田中誠二	田中耕太郎	→	→	→
	竹田省	→	→	烏賀陽然良	→	→	→	→	→	→	大隅健一郎	→	→	→	→
刑法	牧野英一	→	→	→	→	→	→	→	→	→	→	→	→	小野清一郎	→
	宮本英脩	→	→	→	→	→	→	→	→	→	→	→	→	→	→
	岡田朝太郎	→	→	→	→	→	→	→	草野豹一郎	→	宮城実	豊水道雲	織田嘉七		
民事訴訟法	加藤正治	→	→	→	→	→	→	→	→	→	菊井維大	→	→	→	→
	池田寅二郎	→	→	→	→	→	→	細野長良	→	→	森田豊次郎	吉田久	森田豊次郎	山田正三	小野木常
刑事訴訟法	小野清一郎	→	→	→	平井彦三郎	→	→	→	→	→	織田嘉七	神原甚造	沼義雄	不破武夫	團藤重光
	板倉松太郎	→	清水孝蔵	林頼三郎	清水孝蔵	→	→	→	→	木村亀二	→	→	→	→	→
	滝川幸辰	→	→	→											

※『受験界』『国家試験』より作成。ただし、委員の途中辞任等は反映していない。

※所属は、 東京帝大 京都帝大 他大学 官僚等 とした。

【表5-4】高等試験司法科試験委員・担任別（法律関係科目）

年	1929	1930	1931	1932	1933	1934	1935	1936	1937	1938	1939	1940	1941	1942	1943
	昭和4	昭和5	昭和6	昭和7	昭和8	昭和9	昭和10	昭和11	昭和12	昭和13	昭和14	昭和15	昭和16	昭和17	昭和18
憲法	宮沢俊義	筧克彦	美濃部達吉	筧克彦	宮沢俊義	→	筧克彦	→	→	→	→	→	→	久保田美英	→
	森口繁治	→	佐々木惣一	→	→	渡辺宗太郎		島田鉄吉	黒田覚	→	→	→	→	→	→
	吾孫子勝	→	島田鉄吉	→	→	尾佐竹猛	→	矢部克巳	→	→	神谷健夫	矢部克巳	→	→	→
	佐藤丑次郎	→	→	→	→	→	→	→	→	→	→	森山鋭一	中島弘道	中野登美雄	→
民法	三潴信三	→	→	→	→	→	→	→	我妻栄	→	→	→	→	→	→
	中島玉吉	末川博	→	→	→	石田文次郎	→	→	→	→	→	→	→	→	→
	大森洪太	→	→	→	池田寅二郎	→	→	古川源太郎	→	→	中島弘道	長島毅	末弘厳太郎	→	→
	須賀喜三郎	→	→	→	→	→	→	→	井上登	岡村玄治	→	井上登	→	岡村玄治	→
商法	田中耕太郎	→	→	→	→	→	→	鈴木竹雄	田中耕太郎	→	鈴木竹雄	田中耕太郎	→	→	→
	竹田省	→	→	鳥賀陽然良	→	→	→	→	→	霜山精一	大隅健一郎	→	→	→	→
	三橋久美	→	→	→	霜山精一	三橋久美	→	→	島保	→	植月愛明	→	大森洪太	豊水道雲	
	小町谷操三	→	→	→	→	→	→	→	→	→	→	→	→	→	→
刑法	小野清一郎	→	→	→	牧野英一	→	→	→	→	→	小野清一郎	→	→	→	→
	瀧川幸辰	→	→	→	江崎定次郎	宮本英脩	→	→	→	→	→	→	→	→	→
	木村尚達	→	→	泉二新熊	→	→	→	→	織田嘉七	木村尚達	久保田美英	→	木村亀二	→	→
	草野豹一郎	→	→		草野豹一郎	→	宇野要三郎	→	宮城実	三宅正太郎	草野豹一郎	宮城実	豊水道雲	三宅正太郎	→
民事訴訟法	池田寅二郎	→	→	→	菊井維大	→	→	→	→	→	→	→	→	→	→
・破産法	井上直三郎	山田正三	→	加藤正雄	山田正三	→	→	→	→	→	→	→	→	→	中田淳一
	細野長良	→	→	→	中島弘道	→	→	吉田久	→	→	細野長良	犬丸巌	→	中島弘道	→
						霜山精一	神谷健夫	→	→	佐藤共之	→	→	兼子一	→	森田豊次郎
刑事訴訟法	宮本英脩	→	→	→	→	金山季逸	松阪広政	佐々波与佐次郎	岩村通世	武松久吉	柴碩文	→	團藤重光	→	→
・刑事政策	矢追秀作	→	宮城長五郎	中西用徳	菰淵清雄	→	→	→	池田克	日下部美夫	神原甚造	不破武夫	→	→	沼義雄
	宮城長五郎	→	→	松井和義	→	遠藤誠	→	→	日下部美夫	宮城実	岸達也	→	宮城実	→	→
	清水孝蔵	→	平井彦三郎	大原昇	→	堅田忠美	→	秋山要	遠藤誠	金沢次郎	村上常太郎	瀧川秀雄	村上常太郎	→	黒川渉
行政法	筧克彦	野村淳治	→	→	→	→	→	→	→	→	→	山田準次郎	→	→	→
	佐々木惣一	→	渡辺宗太郎	→	→	杉村章三郎	→	→	→	→	→	→	→	→	→
国際公法	中村進午	→	→	→	→	→	→	→	→	→	→	立作太郎	→	（科目消滅）	
	松原一雄	→	→	→	→	→	→	→	→	→	→	→	→		
国際私法	鬼頭豊隆	山田三良	→	→	→		江川英文	→	→	→	→	→	→	→	→
	跡部定次郎	→	→	斎藤武生	→	→	森田豊次郎	→	→	織田嘉七	斎藤武生	→	→	→	→
	河辺久雄	→	井野英一	→	→	→									

※【表5-3】に同じ。

【表5-5】高等試験外交科試験委員・担任別（法律関係科目）

年	1929 昭和4	1930 昭和5	1931 昭和6	1932 昭和7	1933 昭和8	1934 昭和9	1935 昭和10	1936 昭和11	1937 昭和12	1938 昭和13	1939 昭和14	1940 昭和15	1941 昭和16
憲法	美濃部達吉	→	→	→	→	→	佐藤丑次郎	→	→	→	→	黒田覚	→
	黒崎定三	→	→	→	村瀬直養	樋貝詮三	→	→	→	→	→	佐藤基	→
	金森徳次郎	→	→	→	→	→	森山鋭一	→	→	→	→	→	→
国際公法	立作太郎	松原一雄	立作太郎	→	→	松原一雄	→	→	立作太郎	→	→	→	→
	河相達夫	横田喜三郎	→	→	→	→	立作太郎	横田喜三郎	→	松原一雄	→	→	→
	宮崎勝太郎	→	松田道一	→	栗山茂	→	→	→	三谷隆信	→	→	→	松本俊一
民法	加藤正治	→	→	→	→	→	→	→	→	→	→	→	田中誠二
	黒崎定三	→	→	→	村瀬直養	樋貝詮三	→	→	→	→	→	佐藤基	→
商法	加藤正治	→	→	→	→	→	→	→	→	→	→	→	田中耕太郎
	黒崎定三	→	→	→	村瀬直養	樋貝詮三	→	→	→	→	→	佐藤基	大隅健一郎
刑法	牧野英一	→	→	→	→	→	→	→	→	→	→	→	→
	三谷隆信	栗原正	守島伍郎	→	→	→	→	松本俊一	石井康	→	→	→	佐藤信太郎
行政法	美濃部達吉	→	→	→	→	→	山田準次郎	→	→	→	→	→	→
	金森徳次郎	→	→	→	→	→	森山鋭一	→	→	→	→	→	→
国際私法	松永直吉	→	山田三良	→	→	→	→	→	江川英文	→	→	→	→
	塩崎観三	→	天城篤治	→	→	→	松本俊一	阪本瑞男	杉原荒太	→	→	門脇季光	→

※【表5-3】に同じ。
※外交科は1942（昭和17）年に廃止された。

る。試験委員を東京帝大中心としながらも、しかし東京帝大だけに偏ることを避けるものといえる。さらには担任者の学説については、（天皇機関説事件を除いて）基本的には考慮されていない可能性がある。

たとえば、一九二九（昭和四）年から一九三三（昭和八）年にかけての司法科憲法担任の委員交代は典型的といえる。宮沢俊義（東京帝大）は一九二七（昭和二）年から当該担任を務めていたが、一九三〇（昭和五）年一月から一九三二（昭和七）年四月までの在外研究[23]のため担任を外れている。この間に担任となったのが筧克彦（一九三〇年および三二年）であり、その筧が海外視察員[24]として日本を離れた三一年については、美濃部達吉が担任となった。特に美濃部・宮沢と、筧の間にはある程度の学説の懸隔があるとされたにもかかわらず、このような交代が見られたのは全員が東京帝大の所属であった、すなわち「枠」の存在が推認される[25]。

また、当時の刑法学において主観主義／客観主義という学説上の対立があり、受験雑誌上でもたびたび取り上げられた話題であった[26]。しかし試験委員については、偏りが見られる年はあるものの、どちらか一方が完全に排除された形跡は見られない。

他方、天皇機関説事件[27]（一九三五年）では、同事件以降、美濃部達吉自身を含め、美濃部説に近いとされた宮沢俊義や渡辺宗太郎等は試験委員から排除された。同事件における影響は、先に述べた原則の例外に位置づけられよう。

出題

高等試験の筆記試験では、一科目につき二問の論述問題が課された。いわゆる一行問題が大半で、時間は一科目二時間である。出題方針については、「高等試験施行要綱」（昭和四年内閣告示一号）第三条にて「……特殊ノ学説特殊ノ学派ノ見解ニ偏スルコトナク適正ヲ得ルニ努メ又記憶力ニ基ク知識ノ考試ニ偏スルコトナク学理ノ理会及其ノ応用能力ヲ考試スルニ意ヲ用フ」とある。

実際の出題手続については、内部資料によれば一九四三（昭和一八）年の問題提出は、試験委員間合議の上で「試験前日迄」、場合によっては「試験開始時刻の一時間前」までに提出する旨が求められている。(28)

すなわち出題方針は明示されているものの、締切期日を考えると試験問題の事前チェック等は事実上想定されていなかったと考えられ、現実には試験委員のフリーハンドに近い状況だったと推測される。(29)

では、実際にどのような問題が出題されていたか。ここでは主に憲法を事例とする。【表5-6】は、行政科・司法科における憲法の出題を一覧にしたものである。一見するとさまざまな範囲から出題されているように見えるものの、(30)しかし時事的要素（戦時関係）や属人的要素（学説・個人的関心等）も読み取れる。(31)

後者について、たとえば一九三四（昭和九）年行政科第二問は「帝国憲法第七十三条ヲ説明ス」として、憲法改正手続を問う。これに関連して、試験委員の清水澄（行政裁判所）は同年に「帝国

【表5-6】高等試験行政科・司法科における憲法の出題一覧

年	行政科	司法科
1929	(1) 帝国憲法ト皇室典範トノ関係ヲ論ス (2) 条約ノ締結及効力ヲ論ス	(1) 我憲法上ノ天皇ノ地位ヲ論セヨ (2) 法規命令ヲ論ス
1930	(1) 憲法第三条ノ説明ヲスヘシ (2) 国務大臣ノ副書ヲ論スヘシ	(1) 我国体ハ憲法上如何ニ表現セラルルヤ (2) 法律ト予算トノ関係ヲ説明ス
1931	(1) 国務大臣輔弼ノ範囲ヲ論スヘシ (2) 憲法第二十七条ノ規定ヲ説明スヘシ	(1) 刑罰制度ニ関スル憲法上ノ原則ヲ論ス (2) 帝国議会ノ予算協賛権ノ限界ヲ論ス
1932	(1) 帝国憲法第一条ノ意義ヲ明カニス (2) 条約締結権ト立法権及予算議条件トノ関係ヲ論ス	(1) 臣民ノ権利ヲ論シ裁判請求権ニ及フ (2) 憲法上ノ大権ヲ論ス
1933	(1) 司法権ノ独立ヲ論ス (2) 帝国憲法第三十一条ヲ説明ス	(1) 国務大臣ノ権限ヲ論ス (2) 租税ニ関スル憲法上ノ原則ヲ論ス
1934	(1) 帝国議会ノ議員ニシテ且官吏タル者ハ其ノ議院内ニ於テ為シタル発言及表決ニ付官吏トシテ懲戒処分ヲ受ケサルノ特権ヲ有スルヤ (2) 帝国憲法第七十三条ヲ説明ス	(1) 帝国憲法第二十四条ヲ説明スヘシ (2) 帝国議会ノ予算議定権ヲ説明スヘシ
1935	(1) 日本臣民ノ権利義務ノ性質ヲ論ス (2) 帝国憲法第五十七条ヲ解釈ス	(1) 帝国憲法第一条ヲ説明ス (2) 処罰ニ関スル憲法上ノ原則ヲ論ス
1936	(1) 告文ニ統治ノ洪範ヲ紹述ス、トイヘル意義ヲ説明ス	(1) 憲法第四条ヲ解釈ス (2) 臣民輔翼ノ性質及ヒ種類ヲ論ス
1937	(1) 皇位継承ノ性質ヲ明ラカニス (2) 帝国憲法第九条ノ命令ノ性質及効力ヲ論ズ	(1) 皇室典範ト帝国憲法トノ関係ヲ明ラカニスベシ (2) 予算ノ効力ヲ論ズ
1938	(1) 帝国憲法ノ改正ノ性質及手続ヲ論ズ (2) 日本臣民ノ権利義務ノ本質ヲ論ズ	(1) 天皇ノ国法上ノ地位ヲ明ラカニス (2) 立法権ノ意義及範囲ヲ論ズ
1939	(1) 国体ト政体トノ関係ヲ論ズ (2) 憲法第三十一条ヲ説明ス	(1) 天皇ト帝国憲法トノ関係ヲ明ラカニス (2) 司法権ノ独立ヲ論ズ
1940	(1) 帝国憲法ノ告文、勅語及上諭ノ性質ヲ説明ス (2) 法律ト勅令トノ関係ヲ論ズ	(1) 皇室典範ノ性質及効力ヲ説明ス (2) 帝国憲法第十一条ヲ解釈ス
1941	(1) 国体ト憲法トノ関係ヲ論ズ (2) 帝国議会ノ憲法上ノ地位ヲ論ズ	(1) 日本臣民ハ詔勅、憲法、法律、勅令ノ批判ヲ為シ得ルカ (2) 協賛ト輔翼トノ異動及関係ヲ論ズ
1942	(1) 典範及憲法制定ノ告文ト憲法トノ関係ヲ論ズ (2) 国務大臣ノ輔弼ト其ノ範囲ヲ論ズ	(1) 憲法第三条ヲ説明ス (2) 戒厳ヲ論ズ
1943	(1) 我国体ト立憲政体トノ関係ヲ論ズ (2) 輔弼ト協賛トノ異動ヲ明カニス	(1) 憲法第三十一条ト戦時立法トノ関係ヲ論ズ (2) 次ノ問ヲ簡単ニ説明セヨ （一）副書（二）外地（三）帷幄上奏（四）公式令（五）予備金

※国家試験編輯部（編）『最近高等試験行政司法外交各科問題集』（育成洞、1939年）および『受験界』『国家試験』より作成。

憲法改正の限界」[32]を公表しており、合格体験記でもその関係性が指摘された。[33]同様に、三九（昭和一四）年行政科憲法第二問「憲法第三十一条ヲ説明ス」はいわゆる非常大権規定を問うが、これは黒田覚（京都帝大）による「国家総動員法と非常大権」[34]という前年公表論文との関わりが指摘されうる。[35]

直近の論文に限らず、合格体験記では担任試験委員から出題者を推測し、設問に対して誰の説でどう書けば良いかという対策が示されることも多い。たとえば一九三七（昭和一二）年行政科憲法第一問「皇位継承ノ性質ヲ明ラカニス」について、「この問題は筧〔克彦〕先生の著書でなければ到底よい解答は書けないと思ひました。佐藤〔丑次郎〕博士では皇位継承の効果については大分紙数を費やされて居られますが性質についてはわづか二、三行しか説明がなかつた様に思ひます」[36]と述べられる。このように「（試験委員の）〇〇を読んでいれば書ける」という表現は、合格体験記中に頻出する。一九三八（昭和一三）年行政科憲法第一問「帝国憲法ノ改正ノ性質及手続ヲ論ズ」については、黒田覚『日本憲法論』中[37]を挙げて「之は読んでさへゐれば可成り易い問題であつたと思ふが読んでゐないと憲法改正の手続は条文を見れば分かるけれど、其の性質に就いて廃止、停止と比較、区別することに思ひつかなかつたかも知れない」[38]とある。極端な例では、前年までの委員と出題から当年の委員・出題を予想し、ヤマを張る受験者も見られた。[39]

他方で、「受験者は多く、孰れも試験委員の著書、講義、出題傾向を中心として受験勉強を始めてゐる」ため、滝川事件や天皇機関説事件等のアクシデントによって、「試験直前になつての委員の変更などは、受験者にとっては殆んど致命的な打撃」となった。[40]

また、高等試験の試験問題について、試験委員の大学での試験問題や演習課題からの流用・変形も指摘されている。[41]たとえば一九四一（昭和一六）年行政科行政法第二問「国家総動員法ノ本質ヲ論ズ」について、「意外であった。……然しすぐに気が落着いた何故かと言ふに、こゝ暫くは眼を通してゐない問題だが、三ケ月程前になるだらうか学年試験に杉村教授が出した問題だったからである」[42]という東京帝大出身者の生々しい体験記もある。試験委員である杉村章三郎が直近の大学試験で同様の出題をしたという、現在であれば当然に問題化する事案であるが、当時は公には疑問視された形跡は見られない。このようなことは当該事例だけに限らず起きたようで、たびたび受験者の間で不満が表出した。前述のように試験委員の多くは東京帝大（次いで京都帝大）であり、出身校の有利不利はこのような点からも垣間見える。

合格基準

受験雑誌上では、一般に筆記試験において受験科目全体で平均六〇点以上が合格であると認識されており、一部では必須科目だけでも平均六〇点以上の得点が必要ともいわれている。[43]また座談会企画にて、出席した試験委員経験者によって平均六〇点以上はおよそ合格であることが示されたこともあった。[44]

実際には、各科および実施年によって異なったようである。たとえば一九四二（昭和一七）年

行政科における内部資料では、

（1）各科目四〇点以上で、全科目平均および必須科目平均六〇点以上

（2）各科目四〇点以上で、全科目平均六〇点以上

（3）各科目四〇点以上で、全科目平均および必須科目平均五九点以上

（4）各科目四〇点以上で、全科目平均六〇点以上および必須科目平均五九点以上

の四パターンが筆記試験の合格基準案として示され、それぞれの合格者数・合格割合が記されている。[45]

このことは、合格者数のある種の目標数に応じて、合格基準が多少とも上下しうるものであったことを示唆する。特に外交科については、合格がその任用に直結しうる関係上それが露骨であり、一九四一（昭和一六）年外交科の最終的な合格者（口述試験）の合格基準は「成績順ニ依リ所要員数ヨリ幾分多く合格セシムル」というものであった。[46]

なお、答案は複数の試験委員が一〇〇点満点にて採点し、それを平均したものが点数となった。[47]ただし最高点は、他科目と平均する関係からか七五〜八五点程度とされた。

試験場の実際

高等試験令において試験場は東京であることのみが定められており、試験会場は旧帝国議会議事堂（仮議事堂）や官庁等が使われた。雑誌中には試験場での様子について伝える記事も多い。

筆記試験[48]は、午前に一科目、午後に二科目が設定される。試験開始の合図とともに、試験室前方等に問題文二問が大きく掲示された。答案は、二〇枚程度に綴じられた縦書きの罫線用紙に記入する。答案構成用の練習用紙と、法律系科目では「法文」[49]（六法）も配布された。時間は一科目二時間であるが、終了の合図から答案の提出まで一〇分間程度の猶予があったという[50]。なお、昼食持参とされていたが、たとえば議事堂が会場の場合は議事堂内の売店や食堂の利用も可能であった。

口述試験[51]では、当日の受験者控室での籤引きによって、面接する試験室と順番が決まった。そして試験室にて試験委員二名による口述試験となる。内容は一問一答形式で、当時の合格体験記記事では数多く再現されている。面接時にも「法文」は参照可能であり、また時間は概ね一〇分から二〇分程度であった。

なお、口述試験の面接官も高等試験委員が担当するが、それが誰であるかは最後まで明示されない。しかし受験雑誌には高等試験委員の顔写真が毎年掲載されており、受験者はこれを覚えることで、自身の面接担当試験委員が誰であるかの判別は可能であった[52]。これによって多少の不安を和らげるとともに、一部の試験委員への対策も可能となる。たとえば行政科および司法科にて憲法担任試験委員であった筧克彦（東京帝大）は、その独特の学説・学風も相まって体験記にて数多く取り上げられ、「口述に筧氏に当り、佐藤〔丑次郎〕説、黒田〔覚〕説一点張りでおし通し口述不合格のうき目を見た人は枚挙に暇が無い。受験生としては大いに心せねばならない[53]」とまで評されている。もちろん同エピソードの真偽は不明である。

V 参考書の変遷

昭和戦前期の法学参考書としては、たとえば美濃部達吉『憲法撮要』、同『行政法撮要』、鳩山秀夫『日本債権法』、我妻栄『民法講義』、牧野英一『日本刑法』等が一般によく知られる。ただし参考書の使われ方として大まかな様相が伝えられるのみで、本当に使用されていたのか、また他の参考書とあわせて使用されたのか等、その詳細を論じたものはほとんど見当たらない。

このため、ここからは『受験界』『国家試験』両誌（および後継の『教学錬成』誌）掲載の合格体験記から、高等試験に用いられた参考書の傾向を確認していく。期間は、高等試験令全部改正後の一九二九（昭和四）年実施分から、戦時による休止前の一九四三（昭和一八）年実施分までの約一五年間を対象とし、(54) 憲法・行政法・民法・刑法の四科目を扱う。

本章が対象とした高等試験合格体験記のうち参考書が挙げられた記事は、『受験界』二一二件、『国家試験』二二四件、『教学錬成』二件で、計四三八件であった。ただし、このうち三八件は事実上『受験界』『国家試験』両誌への二重投稿であったためデータ上統合した。よってデータの総数は四一九となる。高等試験年次別・合格科別・出身校別の内訳は【表5-7～9】のとおりである。

【表5-7】年次別内訳

年	記事数
1929	16
1930	22
1931	17
1932	14
1933	30
1934	33
1935	31
1936	36
1937	47
1938	28
1939	55
1940	24
1941	20
1942	42
1943	4
計	419

【表5-8】合格科別内訳

合格科	記事数
行政	180
司法	186
外交	14
五十二号	3
行政・司法	33
行政・外交	2
不明	1
計	419

【表5-9】出身校別内訳

出身校	記事数
東京帝大	94
京都帝大	10
東北帝大	4
九州帝大	3
中央大	36
日本大	14
関西大	8
明治大	7
早稲田大	5
他大学等	5
大学名不明	73
予備試験	46
不明	114
計	419

※大学には専門部を含む。

なお、集計にあたって、体験記中では参考書名ではなく著者名のみを挙げることも少なくなかったため、原則として著者別にて集計し、その使用率を求めた。[55] さらに、各科目で一記事当たり何人の参考書を使用しているかを「平均参照」とした。また、母数が十分でないため各科ごとの集計を行っていない。以上に基づいて、毎年の上位五位までを各表にまとめた。

憲法(【表5-10】)

全科で必須科目となる憲法については、毎年八〇%以上であった美濃部達吉(東京帝大・『憲法撮要』[56])の使用率が、天皇機関説事件(一九三五年)によって発禁となった影響もあり、急激に落ち

【表5-10】憲法参考書使用率

年	平均参照	1		2		3		4		5		記事数
1929	1.88	美濃部達吉	88%	上杉慎吉	44%	市村光恵	25%	清水澄	19%	金森徳次郎	13%	16
1930	2.48	美濃部達吉	90%	金森徳次郎	33%	上杉慎吉・清水澄	29%			市村光恵	19%	21
1931	2.00	美濃部達吉	94%	清水澄	38%	金森徳次郎	25%	佐々木惣一・佐藤丑次郎	13%			16
1932	2.23	美濃部達吉	92%	金森徳次郎・清水澄	31%			佐々木惣一	15%	佐藤丑次郎ほか6名	8%	13
1933	2.43	美濃部達吉	96%	清水澄	50%	佐々木惣一	29%	佐藤丑次郎・金森徳次郎	18%			28
1934	1.82	美濃部達吉	85%	清水澄	45%	佐々木惣一	18%	金森徳次郎	9%	佐藤丑次郎・上杉慎吉	6%	33
1935	2.36	佐藤丑次郎	89%	清水澄	68%	美濃部達吉	32%	佐々木惣一	14%	筧克彦・金森徳次郎	11%	28
1936	2.42	佐藤丑次郎	89%	清水澄	50%	筧克彦	39%	金森徳次郎	17%	上杉慎吉	14%	36
1937	2.49	佐藤丑次郎	93%	筧克彦	51%	清水澄	42%	黒田覚	22%	宮沢俊義	9%	45
1938	2.96	佐藤丑次郎	96%	黒田覚	65%	筧克彦	54%	清水澄	38%	上杉慎吉	15%	26
1939	2.80	佐藤丑次郎	100%	黒田覚	69%	清水澄	47%	筧克彦	43%	上杉慎吉・宮沢俊義	8%	51
1940	3.04	黒田覚・佐藤丑次郎	96%			清水澄	52%	筧克彦	48%	宮沢俊義	9%	23
1941	3.63	黒田覚・佐藤丑次郎	95%			筧克彦	74%	上杉慎吉	32%	清水澄	26%	19
1942	2.85	黒田覚	95%	佐藤丑次郎	73%	筧克彦	44%	清水澄	22%	宮沢俊義	17%	41
1943	2.75	黒田覚	100%	佐藤丑次郎	75%	清水澄	50%	入江俊郎	25%			4

※二重下線は高等試験委員（【表5-3～5】による）。以下同。

込む[57]。その後は佐藤丑次郎（東北帝大・『帝国憲法講義』[58]）がその位置を襲うが、佐藤が一九四〇（昭和一五）年に死去したこともあって、黒田覚（京都帝大・『日本憲法論』中[59]）の使用率が上がっている。

まず注目すべきは、天皇機関説事件以前であっても「平均参照」の数値が二前後となっている点である。すなわち、当時の高等試験の憲法では、受験者の多くが美濃部のみを読んで準備したわけではないことを示す[60]。その理由は、「憲法を二冊にしたのは、憲法の如く学説の分かれてゐる所の多いものは一冊では危険だと思つたからです[61]」とあるように、端的には当時の憲法学説の不統一にある。合格体験記の多くは美濃部の著書が基本と位置づけるものの、一部は必ずしも通説ではないことを指摘する。特に「「国体と政体」及び「立法事項と大権事項」等に関する部分に於て取り分け一般の学説と見解を異にせられて」いるとされた[62]。この「通説に相当反するところを持つて居る」点から、他の参考書を読むことで「極端な美濃部説を緩和して置く必要を見る」とされたのである[63]。なお、あわせてよく使用された清水澄（行政裁判所・『逐条帝国憲法講義』[64]）は穂積八束の系譜に連なる。

そして一九三五年の天皇機関説事件は、高等試験の憲法科目にも大きな影響を与えた。ある受験者は、憲法の勉強について「議会であゝ云ふ問題が起つて以来本年度の憲法の委員に誰がなるか予想がつかなくなったので遂に試験委員決定迄ノータッチのまゝにして置いた[65]」と振り返る。同事件によって美濃部説排斥の可能性が色濃くなると、長く司法科憲法担任であり、同年から行政科憲法担任を兼務した佐藤丑次郎の著書が参考書として選ばれた[66]。合格体験記中では、このときに初めて佐藤の著書を手に取ったと思われる受験者も多いが、評判は概して上々である。たとえば、「前者〔美濃部『憲法撮要』――引用者注〕は観念一読捕捉し難く既に基本書たるの資格を欠くが、後者〔佐藤『帝国憲法講義』――引用者注〕は反之、論旨明快透徹、紙数少なきも前者の冗長なるに比し内容充実。基本書として最も好適である[67]」とあるように、受験用としてコンパクトにまとまった点が評価された。

ただし、機関説事件以降は「平均参照」数が概ね三前後まで上昇していることは注意される。佐藤『帝国憲法講義』の紙数の少なさを、他著で補う必要もあった[68]。また、筧克彦〔東京帝大・『大日本帝国憲法の根本義[69]』〕は前述したように、主として口述試験対策に使用された。筧の著書は難解であり、また「神がかり」として敬遠される向きもあったものの、「殊に良い成績を欲するなら筧博士の本は読まねばならぬ。日本国家の現実の憲法的構造を説いた本として読めば腹も立たうが日本国家の理会を説いた国家哲学書として見れば必読の書だ[70]」という評価も見られる。

行政法（【表5-11】）

行政科の必須科目である行政法については、美濃部達吉の使用率の高さが目に付く。殊に天皇機関説事件（一九三五年）以前はその使用率の高さとともに、「平均参照」の少なさは特筆される。著書『行政法撮要[71]』上下巻は「恐らくこれのみで充分であらう[72]」と述べられるほど信頼性が高

【表5-11】行政法参考書使用率

年	平均参照	1		2		3		4		5		記事数
1929	1.31	美濃部達吉	100%	佐々木惣一	31%							13
1930	1.65	美濃部達吉	100%	佐々木惣一	29%	島村他三郎	18%	野村淳治	12%	副島義一	6%	17
1931	1.18	美濃部達吉	100%	佐々木惣一・山田準次郎	9%							11
1932	1.50	美濃部達吉	88%	佐々木惣一・野村淳治	25%			清水澄	13%			8
1933	1.57	美濃部達吉	100%	野村淳治	19%	渡辺宗太郎	14%	宇賀田順三・山田準次郎	10%			21
1934	1.39	美濃部達吉	100%	渡辺宗太郎	13%	山田準次郎	9%	野村淳治ほか3名	4%			23
1935	1.61	美濃部達吉	94%	野村淳治	33%	渡辺宗太郎	28%	杉村章三郎	6%			18
1936	2.26	美濃部達吉	89%	野村淳治	42%	杉村章三郎	32%	山田準次郎・渡辺宗太郎	21%			19
1937	2.27	美濃部達吉	85%	野村淳治	58%	杉村章三郎	54%	渡辺宗太郎	23%	山田準次郎	8%	26
1938	2.77	美濃部達吉	100%	杉村章三郎	85%	野村淳治	38%	山田準次郎	31%	島村他三郎	15%	13
1939	3.00	美濃部達吉	92%	杉村章三郎	88%	野村淳治・山田準次郎	38%			島村他三郎	21%	24
1940	2.53	美濃部達吉	80%	杉村章三郎	73%	山田準次郎	47%	島村他三郎・田中二郎	27%			15
1941	2.40	杉村章三郎	80%	美濃部達吉	60%	山田準次郎	40%	田中二郎	30%	野村淳治	20%	10
1942	2.55	杉村章三郎	94%	美濃部達吉	68%	山田準次郎	52%	佐々木惣一	16%	田中二郎	13%	31
1943	2.25	杉村章三郎・山田準次郎	75%			美濃部達吉・島村他三郎・田中二郎	25%					4

く、また岩波全書のコンパクトな叙述となった同『行政法』[73] Ⅰ・Ⅱも当時広く参照された。

ただし、このような状況は、美濃部が行政科行政法の担任試験委員であったことにも起因した。というのも、機関説事件以降に美濃部が試験委員から外れると、著書の使用率は高いままだが「平均参照」は二～三まで上昇する。合格体験記には、「結局美濃部博士が一番よいと思ひますが委員でないので委員の特色を知る必要上他の著書を読みました」[74]とある。つまり「高文に関して美濃部博士一点張りで行く事は危険だ」[75]との認識が広まったため、試験委員であった野村淳治（東京帝大・『行政法総論』[76]）や山田準次郎（中央大・『日本行政法』[77]）等が併読されるようになった。そして最終的には、杉村章三郎（東京帝大・『行政法講義要綱』[78]）の使用率が美濃部を上回る。天皇機関説事件の余波が、結果的に行政法科目にも及んでいたことは留意される。

民法（【表5-12～15】）

司法科にて必須科目であり、行政科でも必須科目もしくは選択必須科目であった民法は、財産法部分について総則・物権法・債権法といった分野ごとに参考書を分けるのが一般的であった。一九三〇年代前半までは、総則については鳩山秀夫（元東京帝大・『日本民法総論』[79]）もしくは穂積重遠（東京帝大・『民法総論』[80]）、物権法は三潴信三（東京帝大・『物権法提要』[81]）もしくは末弘厳太郎（東京帝大・『物権法』[82]）、債権法は鳩山秀夫（『日本債権法』[83]）の使用率が高い。

注目すべきは、「平均参照」の数値が各分野ほぼ一台であり、また鳩山や末弘のように担任試

【表5-12】民法（総則ほか）参考書使用率

年	平均参照	1		2		3		4		5		記事数
1929	1.46	鳩山秀夫	62%	穂積重遠	46%	末弘厳太郎ほか4名	8%					13
1930	1.84	鳩山秀夫	74%	穂積重遠	37%	末弘厳太郎	21%	我妻栄ほか2名	11%			19
1931	1.41	鳩山秀夫	65%	穂積重遠	41%	我妻栄	18%	末弘厳太郎・遊佐慶夫	6%			17
1932	1.58	鳩山秀夫	92%	穂積重遠・我妻栄	17%			遊佐慶夫ほか3名	8%			12
1933	1.48	鳩山秀夫	64%	我妻栄	40%	穂積重遠	16%	末弘厳太郎	12%	大谷美隆ほか3名	4%	25
1934	1.35	鳩山秀夫	55%	我妻栄	42%	穂積重遠	13%	三潴信三ほか2名	6%			31
1935	1.35	我妻栄	85%	穂積重遠	31%	鳩山秀夫	12%	石田文次郎・末弘厳太郎	4%			26
1936	1.63	我妻栄	67%	鳩山秀夫	43%	穂積重遠	27%	末弘厳太郎ほか3名	7%			30
1937	1.39	我妻栄	89%	鳩山秀夫	23%	穂積重遠	11%	石田文次郎	7%	末弘厳太郎	5%	44
1938	1.52	我妻栄	92%	穂積重遠	20%	石田文次郎・鳩山秀夫	16%			勝本正晃・近藤英吉	4%	25
1939	1.69	我妻栄	94%	石田文次郎	22%	鳩山秀夫	16%	穂積重遠	14%	近藤英吉	10%	51
1940	1.54	我妻栄	100%	鳩山秀夫	17%	石田文次郎・近藤英吉	13%			穂積重遠	8%	24
1941	1.71	我妻栄	94%	石田文次郎	35%	穂積重遠・鳩山秀夫・近藤英吉	12%					17
1942	1.45	我妻栄	88%	石田文次郎	25%	穂積重遠	15%	末弘厳太郎	13%	近藤英吉・鳩山秀夫	3%	40
1943	1.00	我妻栄	100%									4

※一冊で民法全体を叙述するものも含めた。

【表5-13】民法（物権法）参考書使用率

年	平均参照	1		2		3		4		5		記事数
1929	1.46	三潴信三	46%	末弘厳太郎	38%	鳩山秀夫	31%	横田秀雄	15%	穂積重遠・山下博章	8%	13
1930	1.63	三潴信三	68%	末弘厳太郎	42%	鳩山秀夫	21%	富井政章	11%	横田秀雄ほか3名	5%	19
1931	1.56	三潴信三	69%	末弘厳太郎・鳩山秀夫	31%			横田秀雄	13%	我妻栄	6%	16
1932	1.08	三潴信三	75%	末弘厳太郎	17%	富井政章・鳩山秀夫	8%					12
1933	1.54	末弘厳太郎	50%	三潴信三	46%	我妻栄	29%	横田秀雄	13%	穂積重遠ほか3名	4%	24
1934	1.39	三潴信三・我妻栄	42%			末弘厳太郎	26%	鳩山秀夫	10%	横田秀雄ほか5名	3%	31
1935	1.85	我妻栄	92%	末弘厳太郎	42%	三潴信三	19%	穂積重遠・石田文次郎	12%			26
1936	1.90	我妻栄	68%	三潴信三	58%	末弘厳太郎	26%	石田文次郎	19%	鳩山秀夫	6%	31
1937	1.45	我妻栄	89%	石田文次郎・三潴信三	16%			末弘厳太郎	14%	穂積重遠	5%	44
1938	1.38	我妻栄	88%	石田文次郎	17%	鳩山秀夫・三潴信三	13%			近藤英吉・勝本正晃	4%	24
1939	1.61	我妻栄	96%	石田文次郎	24%	末弘厳太郎・三潴信三	14%			穂積重遠ほか2名	4%	51
1940	1.42	我妻栄	100%	穂積重遠・石田文次郎	13%			三潴信三	8%	末弘厳太郎・鳩山秀夫	4%	24
1941	1.41	我妻栄	100%	石田文次郎	18%	穂積重遠	12%	末弘厳太郎・中島弘道	6%			17
1942	1.35	我妻栄	93%	石田文次郎	28%	末弘厳太郎	10%	穂積重遠・三潴信三	3%			40
1943	1.25	我妻栄	100%	末弘厳太郎	25%							4

※担保物権法分野も含めた。

【表5-14】民法（債権法）参考書使用率

年	平均参照	1		2		3		4		5		記事数
1929	1.38	鳩山秀夫	100%	穂積重遠・中島弘道	15%			末弘厳太郎	8%			13
1930	1.53	鳩山秀夫	89%	三潴信三	26%	末弘厳太郎	16%	中島弘道ほか3名	5%			19
1931	1.31	鳩山秀夫	100%	中島弘道	13%	末弘厳太郎ほか3名	6%					16
1932	1.33	鳩山秀夫	100%	末弘厳太郎ほか3名	8%							12
1933	1.54	鳩山秀夫	92%	末弘厳太郎	25%	穂積重遠・三潴信三	8%			我妻栄ほか4名	4%	24
1934	1.39	鳩山秀夫	84%	末弘厳太郎・我妻栄	19%			三潴信三	10%	中島弘道	6%	31
1935	2.04	鳩山秀夫	73%	我妻栄	69%	穂積重遠	27%	末弘厳太郎	15%	三潴信三	8%	26
1936	1.69	鳩山秀夫	79%	我妻栄	48%	末弘厳太郎	14%	石田文次郎・三潴信三	7%			29
1937	1.65	我妻栄	81%	鳩山秀夫	56%	末弘厳太郎	9%	石田文次郎・三潴信三	7%			43
1938	1.80	我妻栄	80%	鳩山秀夫	40%	石田文次郎	28%	末弘厳太郎	12%	近藤英吉	8%	25
1939	1.84	我妻栄	92%	石田文次郎	35%	鳩山秀夫	25%	末弘厳太郎	18%	穂積重遠ほか2名	4%	51
1940	1.88	我妻栄	88%	石田文次郎	38%	鳩山秀夫	33%	穂積重遠	13%	末弘厳太郎	8%	24
1941	1.88	我妻栄	94%	石田文次郎	47%	穂積重遠・鳩山秀夫	18%			末弘厳太郎	6%	17
1942	1.53	我妻栄	90%	石田文次郎	50%	穂積重遠ほか4名	3%					40
1943	1.25	我妻栄	100%	石田文次郎	25%							4

【表5-15】民法（親族法・相続法）参考書使用率

年	平均参照	1		2		3		4		5		記事数
1929	1.23	穂積重遠	85%	牧野菊之助	15%	中島玉吉ほか2名	8%					13
1930	1.53	穂積重遠	94%	島田鉄吉	24%	牧野菊之助・柳川勝二	12%			嘉山幹一・中島弘道	6%	17
1931	1.20	穂積重遠	87%	中島弘道・柳川勝二	13%			牧野菊之助	7%			15
1932	1.17	穂積重遠	100%	外岡茂十郎・牧野菊之助	8%							12
1933	1.25	穂積重遠	100%	牧野菊之助・柳川勝二	10%			中島玉吉	5%			20
1934	1.14	穂積重遠	90%	牧野菊之助	7%	中島玉吉ほか3名	3%					29
1935	1.08	穂積重遠	63%	中川善之助	46%							24
1936	1.29	穂積重遠	68%	中川善之助	39%	牧野菊之助	11%	外岡茂十郎	7%	仁井田益太郎	4%	28
1937	1.29	中川善之助	74%	穂積重遠	47%	末弘厳太郎	6%	近藤英吉	3%			34
1938	1.45	中川善之助	65%	穂積重遠	35%	我妻栄	30%	近藤英吉	15%			20
1939	1.39	中川善之助	74%	穂積重遠	42%	我妻栄	13%	近藤英吉	8%	柳川勝二	3%	38
1940	1.55	中川善之助	80%	穂積重遠	45%	近藤英吉	15%	我妻栄	10%	野上久幸	5%	20
1941	1.42	中川善之助	75%	穂積重遠	42%	我妻栄	17%	近藤英吉	8%			12
1942	1.19	中川善之助	77%	穂積重遠	23%	我妻栄	19%					31
1943	1.00	中川善之助	67%	我妻栄	33%							3

験委員以外の参考書も使用されていた点にある。これは民法学にて当時大きな学説対立がなかった点に求められる。合格体験記では「民法では個々の点で学説が分かれて居ても刑法のやうに真向から立ち廻ると云つた風なひどい論争は余りないから安心して一人の先生の本だけを読んで居ればいゝ」[84]として、刑法学における主観主義・客観主義の対立と対比して理解されている。

一九三五（昭和一〇）年頃より、新たな参考書となる我妻栄（東京帝大・『民法講義』[85]）が財産法各分野の大半を占めることになった。『民法講義』は債権法部分の刊行が遅れたが、同じ我妻による、コンパクトな岩波全書『民法』[86]Ⅰ・Ⅱ（いわゆる「ダットサン（民法）[87]」）もしくは講義案[88]が併読され、未刊行部分が補われた。受験者の我妻への支持は強く、「民法は、総則、物権、担保物権法は我妻博士のもので殆ど全く十分である。私は右の三著書〔『民法講義』一～三――引用者注〕を恰も芸術写真を鑑賞するような気分で、甚だ美的に味読した。実に整然たるものであり、一種の美術的ハーモニーを感ずる」[89]とあり、極端なものでは「今頃鳩山の本にしがみついてゐるなんて愚な勉強法と云ひたい」[90]とさえ述べられた。また同時期は、石田文次郎（京都帝大・『民法大要』[91]）もよく読まれた。

家族法（親族・相続）部分については、穂積重遠（東京帝大・『親族法大意』[92]『相続法大意』[93]）が中心であったが、その後は中川善之助（東北帝大・『民法』Ⅲ[94]）に代わった。同書は、我妻が執筆した岩波全書『民法』Ⅰ・Ⅱの続刊である。なお、家族法部分は高等試験で直接出題されないことも多かった。

【表5-16】刑法参考書使用率

年	平均参照	1		2		3		4		5		記事数
1929	1.54	牧野英一	92%	滝川幸辰	23%	小野清一郎	15%	泉二新熊ほか2名	8%			13
1930	2.63	牧野英一	94%	滝川幸辰	50%	小野清一郎・泉二新熊	31%			草野豹一郎・宮本英脩	19%	16
1931	2.42	牧野英一	83%	小野清一郎	67%	滝川幸辰	42%	泉二新熊	25%	宮本英脩	17%	12
1932	2.45	牧野英一	73%	小野清一郎	64%	滝川幸辰	55%	草野豹一郎	18%	泉二新熊ほか3名	9%	11
1933	2.40	牧野英一	96%	小野清一郎	52%	滝川幸辰	28%	泉二新熊	24%	岡田庄作・草野豹一郎	12%	25
1934	1.77	牧野英一	80%	小野清一郎	30%	滝川幸辰・宮本英脩・泉二新熊	20%					30
1935	1.71	牧野英一	100%	小野清一郎・宮本英脩	24%			滝川幸辰	10%	泉二新熊ほか2名	5%	21
1936	2.36	牧野英一	93%	宮本英脩	39%	小野清一郎・滝川幸辰・泉二新熊	21%					28
1937	1.58	牧野英一	95%	宮本英脩	28%	小野清一郎	18%	滝川幸辰・草野豹一郎	8%			40
1938	1.77	牧野英一	100%	小野清一郎	32%	木村亀二	23%	宮本英脩	14%	泉二新熊・草野豹一郎	5%	22
1939	2.24	牧野英一	90%	小野清一郎	45%	草野豹一郎・宮本英脩	21%			木村亀二	14%	42
1940	2.06	牧野英一	100%	小野清一郎	44%	木村亀二	25%	泉二新熊・宮本英脩	13%			16
1941	2.46	牧野英一	85%	小野清一郎	54%	木村亀二	23%	泉二新熊・滝川幸辰	15%			13
1942	2.17	牧野英一	83%	小野清一郎	52%	宮本英脩	35%	木村亀二	30%	泉二新熊ほか3名	4%	23
1943	2.67	牧野英一	100%	木村亀二	67%	小野清一郎・草野豹一郎・宮本英脩	33%					3

刑法（【表5-16】）

司法科の必須科目であった刑法は、前述のように主観主義および客観主義刑法理論における対抗関係として当時理解された。[95] 他方で高等試験における参考書では、主観主義の牧野英一（東京帝大・『日本刑法』[96]）が毎年概ね八〇％超の使用率であり、体験記では「牧野教授の日本刑法は正に刑法学に於けるコーランである」[97]とも評された。ただし「平均参照」は二前後で推移し、また客観主義の小野清一郎（東京帝大・『刑法講義』[98]）も広く参照されていたことには留意したい。試験においては主観主義／客観主義どちらの立場であっても及第は可能であった。ほか、主観主義の宮本英脩（京都帝大・『刑法学粋』[99]）も読まれた。

なお、一九三三（昭和八）年の滝川事件によって、以後は客観主義の滝川幸辰（京都帝大・『刑法講義』[100]）が司法科刑法担任試験委員から外れる。その影響について合格体験記からはあまり読み取ることができなかった。[101]

Ⅵ　受験雑誌と戦後への接続

本章では、受験雑誌を素材として高等試験がどのように把握されていたかを見てきた。端的に、ここでは学問というよりも受験技術としての法学が第一に観念された。たとえば参考書については、高等試験合格という目的のため合理的かつ戦略的な著者および著作が選択されており、さらには雑誌等を通じて諸情報がある程度共有されていたことも注目される。

他方、特に参考書において、現在では法学／法学史としてあまり顧みられることのない著者・著作も数多く挙げられ、さらなる検討の余地とともに、そのこと自体が当時の学問状況を再考するための一つの手段となりうるだろう。

さて、受験技術としての法学は戦後、特に司法試験を中心にそのまま引き継がれたと考えられる。もちろん制度的な変更は多々あったものの、たとえば戦後の受験雑誌『受験新報』(法学書院、一九五一～二〇二〇年)の誌面構成には、戦前期の『受験界』『国家試験』に通底する部分が数多く含まれており、各種記事や合格体験記等を通じて受験技術の共有が戦後も広く図られていたことが確認できる。[102] その中で具体的にどの部分が受け継がれ／断絶したか、またそれが時とともにどう変わっていくのか／変わらないのかについては、今後の検討課題としたい。[103]

※本研究はJSPS科研費JP23K01069の助成を受けた。

第五章注

(1) 末弘厳太郎「法学とは何か(一)」法律時報二三巻四号(一九五一年)一三頁。以下、引用にあたって旧字は新字とした。

(2) 高等試験およびその前身に当たる各種試験については、近代的官僚制形成やメリット・システムの観点から注目され、政治史や教育史を中心として先行研究は数多い。基本文献としてR・M・スポールディングJr.(鵜養幸雄訳)『文官高等試験』(創英社／三省堂書店、二〇一九年)〔原著一九六七年〕、

日本公務員制度史研究会（編）『官吏・公務員制度の変遷』（第一法規出版、一九八二年）、秦郁彦（編）『日本官僚制総合事典　一八六八－二〇〇〇』（東京大学出版会、二〇〇一年）等がある。

近年の政治史関連では清水唯一朗『政党と官僚の近代』（藤原書店、二〇〇七年）、同『近代日本の官僚』（中公新書、二〇一三年）、中野目徹ほか「行政調査会の設置と高等試験制度改正審議」近代史料研究一三号（二〇一三年）、若月剛史『戦前日本の政党内閣と官僚制』（東京大学出版会、二〇一四年）、川手摂「高文官僚優遇の制度的基盤」都市問題一〇五巻七号（二〇一四年）、同「昭和戦前期の官吏制度改革構想」都市問題一〇六巻七号（二〇一五年）、尾原宏之「帝国大学法科卒業生の「特権」廃止問題と「公正」」（佐藤健太郎＝荻山正浩（編）『公正の遍歴』（吉田書店、二〇二二年））等、特に大正期から昭和期における制度改革を中心に目が配られている。

教育史関連では、潮木守一『京都帝国大学の挑戦』（講談社学術文庫、一九九七年）（原著一九八四年）、天野郁夫『増補　試験の社会史』（平凡社ライブラリー、二〇〇七年）（原著一九八三年）等がある。また近年、堀之内敏恵による一連の研究を得た。堀之内敏恵「一九三〇年代の東京帝国大学法学部と国家権力」人間文化創成科学論叢一七巻（二〇一四年）、同「高等試験の試験科目「憲法」に対する天皇機関説事件の影響」史潮八〇号（二〇一六年）、同「高等試験の試験科目「憲法」に関する基礎的研究」リベラル・アーツ一一号（二〇一七年）は、受験雑誌を用いて実態を検討する点で本章と視角を同じくするが、必ずしも網羅的なものではない。このほか受験雑誌を用いないが、堀之内敏恵「高等試験令第七条試験の研究」人間発達研究三四号（二〇二〇年）がある。

（3）このほか、大正一二年法律五二号に基づく旧弁護士試験規則の経過措置として、いわゆる「五十二号試験」があった。

（4）高等試験発足当初の試験科目は以前からの科目を引き継いでほぼ法律学一色であったが、いわゆる「法科偏重」批判に端を発した高等試験令全部改正（昭和四年勅令一五号）では必須科目数が減らされ、また新たに非法律学系科目が数多く選択科目に配された（若月・前掲注（2）八三頁）。一九四一（昭和一六）年の一部改正（勅令一号、一九四二年施行）では戦時を理由に簡素化が進められ、主として外交科の廃止と行政科への統合、科目の整理統合、「国史」の必須科目化がなされた（佐藤達夫「高等試験令の改正に就いて」法律時報一三巻三号（一九四一年））。

(5) 高等試験委員及普通試験委員官制(一九一八年勅令九号)。

(6) 弁護士法全部改正(昭和八年法律五三号)による。こののち一九三八(昭和一三)年に武藤(三淵)嘉子・田中(中田)正子・久米愛の三名が合格した。さしあたり佐賀智惠美『三淵嘉子・中田正子・久米愛 日本初の女性法律家たち』(日本評論社、二〇二三年)〔原著一九九一年〕。なお、行政科は一九四一年に明治大学出身の渡辺美恵が合格した(秦郁彦「戦前期官僚制余話(三)」ファイナンス一七巻二号(一九八二年)七三頁)。

(7) 以下、国家試験編輯部「昭和十四年高等試験の概観」国家試験一二巻四号(一九四〇年)。

(8) 『受験界』については、菅原亮芳「『受験界』/『教学錬成』/『学芸界』」教育ジャーナリズム史研究会(編)『教育関係雑誌目次集成 第Ⅲ期・人間形成と教育編』三三巻(日本図書センター、一九九二年)。

(9) ほか、神職高等試験、弁理士試験、朝鮮弁護士試験、満洲国高等文官採用考試等も取り上げられた。

(10) なお、一九二二(大正一一)年から約一年間、受験界社から高等試験向けに月刊誌『法学界』が刊行されたが、同年一巻一一号をもって休刊した。

(11) 「社告」教学錬成二五巻五号(一九四四年)。『教学錬成』は一九四四(昭和一九)年中まで刊行され、戦後の四五(昭和二〇)年一〇月に『学芸界』として改題復刊するものの、三号のみで終刊となった。

(12) 同記事末尾には通例「文責在記者」とあるため、口述筆記かそれに類するものと推測される。

(13) 野村淳治「答案作成に就いて注意すべき諸点」受験界一三巻一号(一九三二年)。

(14) 佐藤丑次郎「憲法研究上の一、二の注意」受験界一四巻一一号(一九三三年)。

(15) 牧野英一「法律の錯誤と相当の理由」国家試験一二巻一号(一九四〇年)。

(16) 松原一雄「日支事変と国際法」国家試験九巻一三号(一九三七年)。

(17) ただし筆名でも合格者の写真が掲載されている場合もある。

(18) たとえば体験記のひとつに「口述試験なるものは、生れて初めてなので、多少の心配もあった」とある(一鳳生[一九三四年・司法・不明]「司法科受験記」国家試験七巻一号(一九三五年)一四五頁)。以下、合格体験記については執筆者に[高等試験年次・受験科・出身校]の情報を加えた。

(19) 地方在住者は、高等試験事務所からの通知書を受け取るため、東京市内の住所を出願書に記載する必要があった(たとえば官報一九三〇年二月三日)。

(20) 斎藤治平[一九三五年・行政・東京帝大]「在学中に於ける行政科合格の体験 勉学法と使用参考書の解説」受験界一六巻一二号(一九三五年)六〇頁。

(21) 先行研究として、堀之内・前掲注(2)(二〇一四年)。

(22) 【表5-3~5】は試験委員の途中辞任・解任等を反映していない。たとえば滝川事件(一九三三年)の際の佐々木惣一・宮本英脩・末川博の解任(東京朝日新聞一九三三年七月一二日朝刊)や、天皇機関説事件(一九三五年)の際の尾佐竹猛の辞任(山口亮介「昭和期の尾佐竹猛(補遺) 高等試験臨時委員への任免と「天皇機関説」をめぐって」法史学研究会会報二四号(二〇二〇年))等がある。

(23) 東京大学百年史編集委員会(編)『東京大学百年史 部局史一』(東京大学、一九八六年)一九八頁。

(24) 同前二〇五頁。

(25) 堀之内・前掲注(2)(二〇一六年)は憲法科目を取り上げ、試験委員における学説の「ある程度均衡」(六二頁)を指摘するが、これは結果的・副次的なものと理解されうる。

(26) たとえば安芸伸夫「刑法に於ける学説の展望」受験界一四巻五号(一九三三年)、江家義男「刑法学に於ける新旧両派の対立に就いて」受験界一八巻一一号(一九三七年)等。

(27) 柴田紳一「天皇機関説事件」筒井清忠(編)『昭和史講義』(ちくま新書、二〇一五年)。同事件における法学への影響について、近年のものとして、長岡徹「天皇機関説事件と関西学院」関西学院史紀要一八号(二〇一二年)、同「天皇機関説と関西私学」法と政治七一巻二号(二〇二〇年)、小川原正道「国体明徴運動と憲法学者」藤田大誠(編)『国家神道と国体論』(弘文堂、二〇一九年)等。

(28) 一九四三年二月二三日付矢部貞治宛森山鋭一・高等試験委員長書類(「試験採点表」、「矢部貞治関係文書」一〇六―六、政策研究大学院大学蔵)。矢部は同年の行政科政治学科目担任の試験委員である。

(29) 一九三三年六月一〇日付佐々木惣一宛美濃部達吉書簡(「佐々木惣一博士関係文書」二六―一九六、京都学・歴彩館蔵)では、美濃部が佐々木に対して行政科行政法の出題について相談している(ともに当時試験委員)。内容は、(一)「行政処分ノ内容ノ違法ガ其ノ効力ニ及ボス影響ヲ論ズ」(二)「土地所有権ノ公法上ノ制限ヲ論ズ」(三)「府県知事ノ職務権限ヲ論ズ」のうち一つを美濃部案として出題したいとして、これについて「同日正午前試験場に於いて問題御打合せ」、つまり当日の試験会場で決定したい旨が記される。なお、実際に（三）が出題されている。

(30) 堀之内・前掲注（2）（二〇一七年）。

(31) なお、憲法に限らない一般的傾向として、行政科の出題は「総論的」であり、司法科の出題は「各論的」であると認識されていた（堀一朗「高文筆記試験必勝心得帳」受験界一六巻六号（一九三五年））。

(32) 清水澄「帝国憲法改正の限界」国家学会雑誌四八巻五号（一九三四年）。

(33) K生［一九三四年・行政・大学名不明］「体験を語る」国家試験七巻四号（一九三五年）五四頁。

(34) 黒田覚「国家総動員法と非常大権」法学論叢三八巻六号（一九三八年）。

(35) 古渡新二［一九三九年・行政・大学名不明］「行政科受験体験記」国家試験一一巻一六号（一九三九年）八〇頁。

(36) 大村清［一九三七年・行政・不明］「高等試験行政科受験記」国家試験九巻二四号（一九三七年）一〇四頁。傍点ママ（以下同）。

(37) 黒田覚『日本憲法論』中（弘文堂、一九三七年）二六四頁は、C・シュミットに基づいて憲法改正限界説の立場から改正を論じる。

(38) 金井美保［一九三八年・行政司法・東京帝大］「高等試験行政科筆記受験記」国家試験一一巻三号（一九三九年）七八頁。

(39) たとえば稲増久義［一九四〇年・行政・東京帝大］「高文技術」国家試験一二巻一二号（一九四〇年）一〇九頁、山原栄一［一九四〇年・行政・不明］「高文行政科受験につきての感想」国家試験一三巻一号（一九四一年）一六五頁等。

(40) 秀岳生「初めて高文試験戦線に立ちて　本年度行政科受験者」受験界一四巻九号（一九三三年）七七頁。

(41) 昌山幸右［一九四〇年・司法・中央大］「真摯なる努力、之あるのみ　高文・朝鮮に合格して」国家試験一三巻四号（一九四一年）一三九頁。

(42) 上山銀生［一九四一年・行政・東京帝大］「高文行政科合格体験記」国家試験一四巻二号（一九四二

年）一七一頁。

(43) たとえば佐瀬昌利［一九三五年・行政・東京帝大］「行政科受験者の為めに」受験界一七巻七号（一九三六年）五四頁、三治重信［一九三九年・行政・京都帝大］「昭和十四年度行政科口述試験記」国家試験一二巻五号（一九四〇年）一七一頁等。

(44) 「高等試験委員高文合格者を囲む座談会」国家試験一二巻一号（一九四〇年）一六二頁。草野豹一郎（大審院判事・一九三九年司法科刑法担任試験委員）の発言。

(45) 「昭和十七年施行ノ高等試験行政科筆記試験成績」（前掲注（28））。なお、書き込み等から、最終的に合格基準は（2）になったと推測される。

(46) 「外交科試験施行ニ関スル委員会決議事項」（「矢部貞治宛封書」、「矢部貞治関係文書」五六―一二五）。

(47) 前掲注（28）。なお、採点に際して試験委員に受験者の氏名は示されず、受験番号にて扱われる。

(48) 以下、川崎清之助「司法科試験場に於ける体験と実感」受験界二〇巻一〇号（一九三九年）。

(49) 高等試験令第一二条。なお、このときの六法と同様のものが市販されており、たとえば帝国地方行政学会（編）『高等試験用六法』（帝国地方行政学会、一九三九年）。

(50) 一鳳生・前掲注（18）一四四頁では、「不文律」として一五分程度とある。

(51) 以下、田中秀穂［一九三五年・司法・不明］「司法科口述試験についての感想」国家試験八巻六号（一九三六年）一〇五頁。

(52) 山口直之［一九三九年・司法・不明］「私の高等試験体験記」国家試験一二巻四号（一九四〇年）九九頁。このこともあって受験体験記の再現では、口述試験の試験委員の氏名が明記されることも多い。

(53) 浦上一郎［一九四〇年・行政司法・東京帝大］「高等試験雑感」国家試験一三巻一号（一九四一年）一四〇頁。

(54) ただし所蔵の関係から『国家試験』誌は四巻一号（一九三二年）より用いた。なお、同誌の五巻以前には合格体験記はほとんど見当たらない。

(55) 記事中では、主として用いた「基本書」と副次的に用いた「参考書」を分けるものもあったが、集計において同一に扱った。また、大学等で受講した際に自身で筆記したノートについても、著者名にてカウントしている。

(56) 美濃部達吉『憲法撮要』(有斐閣、一九二三年)。同『逐条憲法精義』(有斐閣、一九二七年)もあわせて広く使用された。以下、参考書の出版年については原則として初版を表記し、改版・改訂状況は反映していない。

(57) 本章対象期間において美濃部達吉は、ほとんど行政科および司法科の憲法担任試験委員ではなかった(【表5-3~5】)。しかしながら東京帝大の試験委員であった宮沢俊義や野村淳治、また筧克彦は、当時は高等試験に対応した憲法の参考書を執筆しておらず、このことも美濃部の著作が使用された一因であったと推測される。

(58) 佐藤丑次郎『帝国憲法講義』(有斐閣、一九三一年)。また、逐条解説となる同『憲法』(日本評論社、一九三六年)も参照された。

(59) 黒田・前掲注(37)。同書の上は、国法学的な構成であったため、高等試験の参考書としてはあまり使用されなかった。なお、同書の下は未刊行で、この不足を補うため京都帝大での講義案である同『帝国憲法講義案』(弘文堂、一九三七年)が参照されることも多かった。

(60) 高見勝利「解説」(美濃部達吉『憲法講話』(岩波文庫、二〇一八年))では、天皇機関説事件に関連して、高等試験の憲法における美濃部達吉の位置づけを以下のようにまとめる。(a)機関説事件によって「立憲学派」は試験委員に任命されず、以後「神権派」が任命された、(b)受験参考書では、美濃部説と穂積・上杉説併記の状況から、次第に美濃部説へ重点が移り、機関説事件直前には美濃部説一色の説明となった、(c)事件後の一九三六年以降の受験参考書では「ほぼ「国体」一色の憲法解説」(五九〇頁)であったと述べられる。同理解は、住友陽文「天皇機関説論争」(山口輝臣=福家崇洋(編)『思想史講義　大正編』(ちくま新書、二〇二二年))にも引かれる。しかしながら、堀之内・前掲注(2)(二〇一六年)および本章は、これらの理解が必ずしも妥当ではないことを論ずる。

(61) MK生[一九三〇年・司法・予備試験]「高等試験司法科に合格して」受験界一一巻五号(一九三一年)四八頁。

(62) 伊藤清[一九三三年・司法・日本大]「天は自ら助くる者を助く」国家試験六巻三号(一九三四年)

一二九頁。

(63) 佐藤生［一九三三年・司法・日本大］「敢て合格の要諦と題す」国家試験六巻三号（一九三四年）一八八頁。

(64) 清水澄『逐条帝国憲法講義』（松華堂書店、一九三二年）。同書の刊行以前は、同『帝国公法大意』第一分冊（清水書店、一九二六年）が用いられた。なお、清水は枢密院顧問官の就任（一九三四年）以降、高等試験委員に就いていない。

(65) 多佐弘村［一九三五年・行政・東京帝大］「昭和十年度高等試験行政科受験記」国家試験七巻二四号（一九三五年）一四一頁。

(66) 同年の高等試験失敗を、憲法科目で美濃部の著書を選んだことに求める受験者もいる。たとえば谷川生［一九三六年・司法・大学名不明］「司法科合格体験記」国家試験九巻四号（一九三七年）五六頁、風来坊主［一九三九年・司法・中央大］「曲折の受験生活を回顧す　司法科合格の体験」受験界二一巻四号（一九四〇年）六七頁等。

(67) 江村清［一九三五年・行政・大学名不明］「昭和十年度行政科受験記」国家試験八巻四号（一九三六年）二八頁。同様の見解は、高田重太［一九三五年・司法・大学名不明］「昭和十年度司法科受験記」国家試験八巻六号（一九三六年）七六頁。

(68) 同前。佐藤丑次郎『帝国憲法講義〔増訂改版〕』（一九三六年）は索引を含め三八〇頁弱の分量だが、美濃部達吉『憲法撮要〔改訂五版〕』（一九三二年）は索引がなく六三〇頁弱であった。

(69) 筧克彦『大日本帝国憲法の根本義』（岩波書店、一九三六年）。同書は文部省による憲法講習会の講演をもとにする。このこともあって、大学講義をもとにしたプリント版『皇国憲法』（一九二九年前後？）も広く使用された。

(70) 大山近吉［一九三七年・行政・東京帝大］「行政科受験記　特に政治経済に関する科目を中心として」国家試験一〇巻六号（一九三八年）四九頁。

(71) 美濃部達吉『行政法撮要』（有斐閣、一九二三～二四年）。

(72) 黒須賛太［一九三三年・行政・不明］「平凡なる準備の勝利」受験界一五巻二号（一九三四年）六〇頁。

(73) 美濃部達吉『行政法』Ⅰ・Ⅱ（岩波書店、一九三三・三四年）。
(74) 野口文太郎［一九三九年・行政・不明］「行政科受験体験記」国家試験一一巻二二号（一九三九年）六八頁。
(75) 山原栄一［一九四〇年・行政・大学名不明］「高文行政科受験につきての感想」国家試験一三巻一号（一九四一年）一六〇頁。
(76) 野村淳治『行政法総論』（日本評論社、一九三〇年）。
(77) 山田準次郎『日本行政法』総論・各論（警眼社、一九二五・三六年）。
(78) 杉村章三郎『行政法講義要綱』上下巻（有斐閣、一九三八・三九年）。
(79) 鳩山秀夫『日本民法総論』上下巻（岩波書店、一九二三・二四年）。
(80) 穂積重遠『民法総論』上下巻（有斐閣、一九二一年）。
(81) 三潴信三『物権法提要』上下巻（有斐閣、一九一六・二八年）。
(82) 末弘厳太郎『物権法』上下巻（有斐閣、一九二一・二二年）。
(83) 鳩山秀夫『日本債権法総論』（岩波書店、一九一六年）、同『日本債権法各論』上巻・下巻（岩波書店、一九二四年）。
(84) 桐一葉［一九三七年・行政・東京帝大］「或る初陣行政科合格者との会話」国家試験九巻二三号（一九三七年）一三七頁。
(85) 我妻栄『民法講義』Ⅰ（総則）・Ⅱ（物権法）・Ⅲ（担保物権法）・Ⅳ（債権総論）（岩波書店、一九三三・三二・三六・四〇年）。同シリーズの債権各論の刊行は戦後となる。
(86) 我妻栄『民法』Ⅰ（総則・物権上）・Ⅱ（物権下・債権）（岩波書店、一九三三・三四年）。
(87) 現在では、前掲注（86）を受け継いで戦後に刊行された、我妻栄＝有泉亨『民法』Ⅰ（総則・物権法）・Ⅱ（債権法）（一粒社、一九五四年）が「ダットサン（民法）」として一般に知られるが、その愛称自体は戦前の岩波全書版からのものである（「新刊紹介」法律時報二六巻七号（一九五四年）九二頁）。
(88) 我妻栄『債権法講義案』（我妻栄、一九三六年）、同『債権法講義案』（岩波書店、一九三七年）。
(89) 芝芳雄［一九三九年・司法・大学名不明］「体験の記」国家試験一二巻三号（一九四〇年）一二七頁。

(90) 東大D生「一九三五年・行政・東京帝大」「筆記試験各科目の勉学法　行政科合格の体験から」受験界一七巻七号（一九三六年）九〇頁。
(91) 石田文次郎『民法大要』民法総則・物権・担保物権・債権総論・債権各論（有斐閣、一九三七〜三八年）。
(92) 穂積重遠『親族法大意』（岩波書店、一九一七年）。
(93) 穂積重遠『相続法大意』（岩波書店、一九二六年）。
(94) 中川善之助『民法』Ⅲ（親族・相続）（岩波書店、一九三三年）。
(95) 安芸・前掲注(26)。
(96) 牧野英一『日本刑法』（有斐閣、一九一六年）。
(97) TH生「一九三六年・行政司法・東京帝大」「戦ひの後書　筆記試験を中心としての」国家試験八巻二四号（一九三六年）六二頁。
(98) 小野清一郎『刑法講義』総論・各論（有斐閣、一九三二・二八年）。
(99) 宮本英脩『刑法学粋』（弘文堂書房、一九三一年）。
(100) 滝川幸辰『刑法講義』（弘文堂書房、一九二九年）。同書は滝川事件により発禁となったが、体験記上ではその後も参考書に挙げられる。滝川事件については、伊藤孝夫『瀧川幸辰』（ミネルヴァ書房、二〇〇三年）、松尾尊兊『滝川事件』（岩波現代文庫、二〇〇五年）。
(101) ただし事件後の司法科刑法担任試験委員について、滝川だけでなく小野清一郎も外れ、ともに主観主義の牧野英一・宮本英脩となったことは留意される。これによって、主観主義が優位になるとの推測もあった。たとえば一鳳生・前掲注(18)一四三頁。
(102) 同誌に関連して、向江璋悦『法曹を志す人々へ』（法学書院、一九五八年）。
(103) 同論点は、二〇世紀末からの一連の司法改革の位置づけと評価にも密接に関連しうる。

Column ❺

『法律新聞』素描

——近代法の定着と実務家の息吹

水野浩二

Ⅰ　『法律新聞』とは

法学を学んだ人であっても、『法律新聞』[1]については戦前の判例・裁判例の出典として「新聞」という略称を見たことがある、という程度の知識にとどまることが多いだろう。『法律新聞』は一九〇〇（明治三三）年九月二二日、高木益太郎（一八六九〜一九二九）により創刊された。高木は東京法学校（現・法政大）卒業後、一八八九（明治二二）年に代言人試験に合格し弁護士となった。一九〇八（明治四一）年以降衆議院議員を六期（立憲国民党・憲政会・立憲民政党）務めたほか、尾西鉄道社長・尾張屋銀行監査役、法政大学総務部長などの社会的活動もあった。

『法律新聞』はB5判、初期の発行部数は自称三万部程度[2]、当初の月四回刊から徐々に増加し、一九一六（大正五）年以降はほぼ三日おきの刊行になっていた。各号の内容は、冒頭掲載の論説、通常の記事、社内外の筆者による提言や批評文、法曹へのインタビュー・投稿、判例・裁判例、新法令、法廷傍聴記・弁護士控室での談話、外国事情の紹介（欧米メディアからの転載も多い）、文芸欄などであった。今日では法律メディアというと、お堅い専門的な内容が通例であろうが、『法律新聞』には法（学）との関連が薄い内容も少なくなかった。法実務家たちのプライベート（趣味、交遊録、妻や家族など）や外遊記（どちらかといえば〝お上りさん〟的内容）、法や裁判をモチーフにした史伝や小説[3]、漢詩や短歌などである。写真（人物の肖像のほか裁判所・公的機関の建物、景勝地や時事的テーマなど。外国のものも多い）も毎号それなりの数を掲載していたことを考えあわせると、「法についての総合雑誌」というべき内容であった。

『法律新聞』に類似した体裁・内容のメディアは今日わが国には存在しないし、当時においても『法律案内』（一九〇四年一一月一〇日創刊）[4]くらいと思われる。同時代の他の法曹メディア、すなわち法曹会の『法曹記事』（一八九一年創刊。一九二三年『法曹会雑誌』に改題）、日本弁護士協会の『日本弁護士協会録事』（一八九七年創刊。一九二六年『法曹公論』に改題）、帝国弁護士会の『正義』（一九二五年創刊）、そして社会運動系の『中央法律新報』（一九二一年創刊）は、むしろ今日の『法曹時報』や『自由と正義』に近似した内容であった。[5]『法律新聞』の終刊は一九四四（昭和一九）年八月一五日のことである。

Ⅱ　実務家のメディア

本書で取り扱われているメディアの中では、『法律新聞』の個性はやや際立ったものといえる。『法律新聞』には法学者（大学教授）の文章やインタビューも確かに掲載されていたが（後述Ⅴ参照）、比較的少数にとどまる。それに対して圧倒的に多かったのは法実務家、すなわち判事・弁護士・検事の投稿やインタビュー、そして彼らの視点や利害を反映した記事であった。今日の『ジュリスト』や『法律時報』が法学者の手になる文章をかなり多く掲載し、彼らも読者として想定しているのとは異なり、『法律新聞』は基本的に実務家のためのプラットフォームであった。[6]実務家としては法律家だけでなく、商工業者や官公吏も念頭に置かれていた。[7]

注目すべきは、大審院や控訴院の判検事、地裁所長・検事正、ハイレベルな弁護士といったエリート実務家とならんで、「名も無い」一般の判事・弁護士・検事の業務上の経験に根差した主張や感慨が、同等の、場合によってはむしろより大きな比重を持って掲載されていたことである。その内容を見ても、実務家たちが百花斉放、時に蛮勇といってもよいほど自由に自らの見解を発信していることには、目を見張るものがある。

『法律新聞』のスタンスは、おおまかには弁護士の利害を代表するものといえる。判事・検事、そして司法省や警察のあり方にはしばしば強い批判がなされている。他方、弁護士の資質やふるまいに対する厳しい批判が紙風ともいえるほどに頻繁に掲載され、優れた判事への称賛や判事・書記の待遇改善の必要性も少なからず取り上げられていた。『法律新聞』はいわゆる「傾向紙面」ではなく、当時の法実務（家）のあり方をある程度の公平さを保って報道していたといってよいだろう。

Ⅲ　法実務家の思いと生態

『法律新聞』には法実務家の論考が少なからず掲載されていたが、ここでは今日の法律メディアにはあまり見られない、法実務家の思いや生態を「生き生きと」伝える記事の類型を紹介したい。

［インタビュー・短めの声を集めた企画］　単発の埋め草的インタビューから、一定のテーマについての意見募集、さらには年頭企画としてエリート実務家や年男を対象に複数ページにわたり展開されたものにいたるまで[8]、多様な形態がある。

［裁判所めぐり・各地法況］　記者が地方の裁判所を訪問して現地の実務家と懇談した内容や、各地の実務家からの短信であり、埋め草的な短いものからかなり長いものまで多様である。

［法廷傍聴記・弁護士控室談話］　大正中期にかけてほぼ毎号のように掲載された時期もある。記者（弁護士資格を確認できる者も複数含まれる）が東京・大阪・函館（控訴院があった）の法廷を傍聴したり、弁護士控室で弁護士に話を聞いたりしたもの[9]。内容は具体的な訴訟事件の進行ぶりや司法制度の問題点の指摘などである。

これらの記事で取り上げられた司法制度の問題点や改善案の提言、各地域の訴訟事件の特徴や一般人の法意識（の低さ）などには、一定の類似性を見て取ることができる。当時の実態や潮流をそこから推測することも、ある程度までは可能であろう。またこれらの記事では、インターネットとは比較にならないとしても、編集サイドと読者との間で一定の双方向性が実現していたとも見ることができる。[10]多くの記事では実務家が実名で登場し、[11]中には著名な法律家も含まれており、丁寧に調査すれば彼らのナマの思いを拾い上げることもできる。

Ⅳ　法学（者）へのまなざし

実務家のためのメディアである『法律新聞』は、本書のテーマである法学者、彼らの営みたる法学、そしてそれに依拠した法に対して、どんなまなざしを向けていただろうか。

直接的に法学者を扱った記事としては、彼らの人となりや授業を学生目線で批評したものがある。「欽定憲法論者」という先入観を持っていた穂積八束の授業は、実際に聴いてみると非常に論理的で興味深い。仁井田益太郎（民事訴訟法）は訴訟の愚を説き、得するのは弁護士だけなのでいつも和解を勧めているなど、学説や公の場での発言とはひと味違った側面がうかがえる。[12]

明治後期から大正末にかけての『法律新聞』において、同時代のわが国の法学そして法への評価は、必ずしも芳しいものではなかった。西洋法の継受そのものの必要性が疑われることはなかったとはいえ、異なる歴史や文化的土壌の上に成立した西洋近代法（学）を、それも短期間で日本に移植したことが生み出したさまざまな齟齬が、頻繁に批判されていたのである。舶来の法（学）の無批判的な称揚や、その形式的・表面的な理解が、「不適切な」解釈につながっているとして、実務家や一般人の間に強い不満が生まれていたことがわかる。商実務から乖離した「非常識な」判決（約束手形の「ささいな」記載ミスによる無効など）を、キャンペーン的に批判したこともあった。法典継受が一応完了し、その運用のあり方が問われていた明治後期から大正にかけて――わが国の国際的地位が上昇した時期でもある――、「日本の実情にふさわしい法（学）」を求める主張は、『法律新聞』の社論といえるほど頻繁に見いだされる。[13]こうした批判は「ドイツ法の形式主義や権威主義」と結びつけられ、「それとは対照的な英米法」が称賛されることも少なくなかった。[14]

他方において、日本社会における西洋近代法の普及、それに対応した権利意識の必要性を高唱する見解も、かなり頻繁に掲載されている。商実務について、前記の「非常識」批判への反論として、契約内容をきちんと決めない、書面化しないなどの「前近代的な」商慣行を、西洋近代法の立場から厳しく批判する主張は少なくない。「欧米（権利意識）vs.日本（徳義・人間関係）」という、いささか図式的な評価これらの記事で繰り返されていたことは、この二項対立とその克服の必要性が、今日までステレオタイプとして広く受け入れられてゆくはしりともいえようか。

欧米の法曹メディアからの多数の転載記事も、この関連で位置づけることができる。それらの記事の多くは当然のことながら、わが国の制度や実務の改善に向けたモデルとして紹介されている。一方で、西洋近代法のあり方への懐疑[15]や、その変化の必要性を指摘する内容も少なくなかった。たとえば『法律新聞』は調停や和解の推進を社論と呼べるほどに重視していた。欧米諸国における仲裁・和解制度や簡易な紛争解決手続は、モデルとして頻繁かつ好意的に紹介されている。そこには「伝統的な」あり方の維持・回帰と、社会政策的観点からの有用性という、二つのモチーフの微妙なシンクロを見て取ることができる。[16]

V　法学者の論考

記事の数はそれなりにあるが、それほど詳細なものではない。一般紙からの転載も時期によっては少なくない（「時論一括」としてコーナー化されていた）。[17]以下、例示したい。

「日本法学者の独立(二)(三)」(一九〇三・一〇・三〇、一九〇三・一一・一〇)は、東京帝大教授・松波仁一郎(商法)の国家学会での講演である。千島艦事件(一八九二年)における損害賠償請求で、日本政府はお雇い英国人の愚かな助言に従ったために敗訴してしまった。単なる翻訳や、西洋の著名人の言うことなら何でも善いと引用するのではダメである。商法を起草したロエスレルも誤りを犯している。外国人の日本法理解は、正確な知識に基づいているとは限らない。ドイツは邦ごとに背景が異なるため、学者の出身地まで考慮して検討する必要があるなどと指摘し、日本の法学の自立を唱えている。これはナイーブな「伝統」回帰論や国権論とは、次元を異にする見識といえるだろう。

「アービトレーション」(一九一九・三・一五)は、アメリカの仲裁制度を視察した京都帝大教授・中島玉吉(民法)の講演の要約である。アメリカで盛んに利用されている仲裁は、アメリカ人が自治を尊ぶことの帰結であり、簡単かつ法律に拘泥しない常識的な解決が得られるとして、日本の現状と対比しながら称賛している。京都帝大教授・宮本英雄(英法)は「欧米司法制度に就ての感想」(一九二一・九・八)で、アメリカの裁判が想像していた以上に常識的であることに驚かざるを得なかったと述べている。「被保険人が住所変更を通知しない場合、生命保険契約は無効」とする約款について、判決が「約款の無効」や「原告(被保険人の寡婦)の請求棄却」という両極端な結論ではなく「保険金の半額の支払い」を命じたのは、日本の裁判所と異なり「何んと大岡式ではないか」。日本の現状を改善するためのモデルとして、『法律新聞』でアメリカの制度が好意的に紹介されることは、めずらしくなかった。

東京帝大教授・三潴信三(独法・民法)は「借家借地調停法の運用」(一九二二・一〇・三〇)で、家主と店子の関係は元来親子のようなものだったのであり、今日のようにむやみに法律を振り回すべきではない。調停に際しては法律ではなく四角張らずに、茶や煙草をのみながら裁判所の建物外でやってほしい。当事者も法律家に相談したりせず、素人考えが失せないうちに来てもらいたい。わが国でも他国と同様に調停前置の導入を検討すべき、と述べている。この種の主張には、旧来の「伝統」と社会政策的観点のシンクロを見て取ることができる。[18]

「梅博士と語る」(一九〇九・一・二〇)は、韓国での民商法慣習の調査から帰国した、梅謙次郎の談話である。[19]李朝の下で官吏は腐敗し、悪習が踏襲されている。民商法規完成の暁には、裁判所の信用は高まり、紛争は進歩した法理に従って解決されるはずである。鞭撻刑を野蛮と非難する人もいるが、韓国の下層社会の現状からすれば、「短期刑の制裁の如き、寧ろ楽園に遊ぶが如く喜んで罪を犯すに至るべく」、存置の必要が認められると述べている。当時のわが国における認識のあり方がうかがえよう。

これらの特徴は、すでに述べた『法律新聞』の紙風と基本的には一致するといえる。紙風と一致するから掲載されたのか、それとも当時の一般的傾向を紙面が反映していたのかは、テーマごとの検討により判断すべきであろう。

Ⅵ　法政策・法学(者)への影響は？

以上の特徴を持っていた『法律新聞』は、同時代の法政策や法学(者)にいかなる影響を与えたと見るべきだろうか。

特定のテーマについてキャンペーン的に記事が展開された例については、[20]その影響いかんは個別の検討を要する。より長期的には、たとえば旧旧民事訴訟法(一八九一年施行)の改正作業(一八九五〜一九二六年)について、『法律新聞』の論調の一定の影響を——かなり穏当にされた形ではあるが——見て取ることが可能である。[21]

エリート実務家はしばしば寄稿やインタビューで

紙面に登場していた。そのコメントの端々からは、法曹界での世論形成に『法律新聞』が果たしている役割を、彼らが軽視していなかったことがうかがえる。[22] 一般の実務家たちの認識や思いも『法律新聞』を通じて可視化され、法曹界の世論として、影響を与えうるものになっていったのである。

翻って戦後から現在にいたるまで、エリート層は別として一般の実務家たちの声や生態を、『法律新聞』と同じ規模で、かつ直截に伝えるメディアは、存在してきたといえるだろうか。今日ではインターネット空間での発信が、その役割をある程度は果たしているかもしれない。しかし、多様な意見を集約し、法学（者）や法政策に実際に影響を与えるという点では、なお課題があるように思われる。

継受された西洋近代法をどう運用してゆくべきかがイシューとなっていた時期のメディアとして、[23]『法律新聞』はとりわけ、当時の実務（家）の意識を検討するために、非常に豊かな史料といえる。本コラムでは論点の素描にとどまったが、今後本格的な検討がなされることを、心から期待したい。

（1）詳細は拙著『葛藤する法廷—ハイカラ民事訴訟と近代日本』（有斐閣、二〇二二年）一五頁以下も参照。本コラムの内容は基本的には、拙著『葛藤する法廷』執筆に際して大正末までの『法律新聞』を悉皆的に検討し得られた知見に基づき、かつ限定されていることを了解されたい。また以下の記事の引用はあくまで例示であり、網羅的なものではない。引用に際しては、新かな新漢字に改め、適宜句読点・ふりがなを挿入・省略した。

『法律新聞』には当時刊行された紙媒体とその復刻版・DVD-ROM版（不二出版）がある。名古屋大学の「日本研究のための歴史情報」ではデータベース（現時点では一～九二二号まで（二〇二四年一一月二日確認））が公開されている〔https://jahis.law.nagoya-u.ac.jp/法律新聞〕。

（2）「神戸地方裁判所池上検事正の談」（一九〇三・二・九）。『法律新聞』の記事は以後このように引用する。

（3）「町奉行跡部甲斐守」（一九〇〇）、「危機一髪」（一九〇四）、「梟せられし司法卿」（江藤新平）（一九〇五）、「紅爛怨」（一九〇六）、「俊才」（懸賞付き法律小説）（一九〇七）、「天野屋利兵衛」（忠臣蔵）

「佐倉宗五郎」（一九〇八）、「大岡政談享保名判決」（一九〇九）、「大塩中斎の逸話」（平八郎）「桜田烈士の祭典に就て」（一九一〇）、「明断録」（伝統中国）（一九一三）、「徳川時代の刑政」（一九一四）など。

(4) 『法律案内』は井関源八郎（弁護士）を主幹とする「法律顧問会」により発行され、全体としては『法律新聞』に類似した体裁・内容であったが、文例（書式）や会員から寄せられた質問への回答欄に特徴が見られる。六四号（一九〇七年一一月一〇日）から『法律日日』に改題し、後期には事実上判例のみの内容に変化していった。二八六号（一九一七年一〇月一五日）で事実上廃刊になったと見られる。

(5) 一九二九（昭和四）年創刊の『法律時報』の性格については、第四章〔森元〕Ⅱを参照されたい。

(6) 今日のわが国で「法学者」といえば大抵は法学を専攻する大学教員を指しており、本コラムでもその意味で用いる。ただし、海外での留学・視察経験を持つエリート実務家と大学教員との学問的あるいは経験の相違は、当時においては今日よりはるかに小さかったことに注意が必要である。

(7) 創刊号の「法律新聞発刊の趣旨　主幹高木益太郎」（一九〇〇・九・一二）では、「従来世に現われたる法律雑誌の類　尠《すくな》からずと雖も、是れ亦《また》概ね高尚なる学理の討究に励《つと》め、専ら学者若しくは学生の一助たるに過ぎずして、其目下の急務たる法律の適用を　詳《つまびら》かにし法律の実用に資するを以て目的となすものは、未だ之あるを聞かず」、「〔実業家や一般人民が法知識を得るためには〕須《すべか》らく之を通俗の文平易の筆を以て法律の智識を与うるの新聞雑誌に俟《ま》たざるべからず」、「本紙は、法律が社会百般の事物に対し如何に適用せられ、社会は之に依て如何なる反響を受くるかを紹介し」とある。また、明治末期から一九四〇（昭和一五）年末までの一面柱には、「本紙は東洋に於ける法律界唯一の専門新聞にして、夙に斯界の羅針盤たり。判検事、弁護士、公証人、議員、実業家、其他一般官公吏等は云う迄もなく、苟くも社会に法律的活動を為し公私権利の伸長を企図せんと欲するものは必読すべき新聞紙なり」などと書かれていた。本書第二章〔荒邦〕で紹介された『現代法学全集』発刊の趣旨と通じるものが感じられる。

(8) 不動産売買について（一九〇四）、松田法相への意見（一九一二）、実業家より法律家へ（一九一三）、年頭企画（一九一四、一九一五、一九一七）、原法相への希望（一九一八、一九一九）、大木法相への希望（一九二〇、一九二一）など。

(9) 「法廷見聞録」「中央法衙の一隅より」「法廷総マクリ」など、タイトルはさまざまである。『法律新聞』は大阪・名古屋・長崎・函館（いずれも控訴院の所在地）に支局を置き、かつ各地方に通信員を置いていた（一九〇九・一・二〇　一九頁柱）。

(10) 法律問題について読者からの質問に回答する企画も同様に位置づけることができる。欄外柱で「裁判所、登記所、警察署、税務署、執達吏公証人、市町村役場等に不親切なる行為あらば通報あらんことを望む」と呼びかけていた時期もある（一九〇八年頃）。

(11) 法廷での粗忽なふるまいなど、専門職としての名誉に関わる内容の場合は匿名にされている。

(12) 「法科大学たより」（一九〇五・三・二五）、「東大法科だより」（一九一六・五・三〇）。後者が紹介する仁井田の話。「仁井田博士又曾て曰く、訴訟というものは決してなすべきものでない。いくら有利なつもりでいても、どんな事があって敗訴にならないとも限らない。だから、自分は訴訟でも起そうという人へは、いつも和解をすすめている、と。……博士更に訴訟の愚を述べて曰く、よく西洋のポンチ絵にこういうのがある。一匹の牝牛を農夫が二人で争っている、一人は前足をひっぱっている、一人は後足をひっぱっている……すると弁護士が真中にいて、牝牛の乳を搾っている図である。訴訟の結果利得するものは弁護士のみ、当事者は働き損のくたびれ儲けとなると」。

(13) 高木益太郎は、衆院選挙立候補に際しての公約として、「国情国風に適せざる法律規則の改正」を目指すとしている（一九〇八・三・五号外）。

(14) もちろん、ドイツ法学の全面的否定が意図されていたとはいえない。第一次大戦でのドイツの敗北を受けた「独逸の屈伏」（一九一九・七・三）においてさえ、法学をはじめとして「世界文明に遅れたる日本帝国をして、欧米と伍せしむるに至りしもの、主として独逸智識の賜なりと云わざるべからず」と評価している。

(15) 「タフト氏の判事時代（上）」（一九〇七・一一・五）、「トルストイと法律　伯林弁護士ドクトル、ストランツ氏述」（一九一一・六・二五、一九一一・六・三〇）。海外メディアからの転載ではないが「明治座とヴェニス法廷」（一九〇八・一・二〇）、「大岡政談の独逸劇（一九一一・七・二五）は、シェイクスピア『ヴェニスの商人』と大岡裁きが日欧いずれでも受け入れられる内容であることに注目している。

(16) 「和解に就て」（一九〇四・二・五）、「再び紛議仲裁法制定の必要を論ず」（一九一二・一二・一〇）、「司法上に於ける国民的勢力の発展と之に反対せし官僚の降伏」（一九二三・一〇・一五）。

(17) 京都帝大教授・雉本朗造（民事訴訟法）の一一回にわたる長期連載「民事訴訟制度の変遷及改正運動（付・墺太利新民事訴訟法及び匈牙利新民事訴訟法）」（一九一三年）は質量ともにハイレベルであるが、例外である。他方転載記事が多く見られることは、『法律新聞』と法学者とのコネクションが必ずしも密でなかった可能性をも示唆する。法学者と『法律新聞』のコネクションのあり方については、今後詳細に検討する必要があろう。また、当時法学者が執筆した時論・

雑文については、Column❸〔小野〕、❹〔坂井〕を参照されたい。

(18)「論考」ではなく大学での講義であるが、注(12)で紹介した仁井田益太郎の紹介に引き続く部分。「仁井田博士の言わるるが如く、健訟の風は固より好ましいものに非ざるべし。されど権利の主張をいかにせん……之を三潴教授の話しにきけば、独逸あたりにては権利思想の発達著しく、自己の権利を主張するためには、いつでも訴訟をなすを苦にせず。毎日談笑して暮らしておる下宿の主婦でも、一寸下宿代の滞りあれば、直に下宿人を訴えて少しも怪まず。しかも訴訟以外に於ては、両者の関係昨猶今の如く、相変らず談笑して暮らし、殆ど訴訟関係にあるのを知らないかと思う計りにて……日本人の目から見れば、奇異の至りなりとか」。三潴のスタンスはやはり微妙である。

(19)梅は一九〇二～一〇年にかけて、『法律新聞』に「判例批評」を執筆している。

(20)たとえば商事裁判所の設置(一九〇二～〇三)、商事実務と法律の乖離について(一九〇七)、借地・借家(一九〇八)、陪審制(一九〇九～)、法廷での時間励行(一九一三～一四)、仲裁機関の設置(一九二二頃)など。折々の重要法案については、当然多くの記事が出ている。

(21)拙著・前掲注(1)を参照されたい。

(22)「本社七周年会」(一九〇六・五・五)からは、二晩に分けて開催された祝賀会に多数のエリート実務家・実業家が出席し、横田国臣(検事総長)・磯部四郎(東京組合弁護士会長)・渋沢栄一・安田善次郎・穂積陳重・富井政章が祝辞を述べたことが知られる。

(23)昭和に入る頃から、『法律新聞』の紙面構成には変化が見られる。娯楽的要素、一般の実務法曹の声や生態、そして欧米メディアからの転載は非常に少なくなり、今日の法曹メディアのフォーマットに接近してゆく。一九四一(昭和一六)年以降には、判例に圧倒的に重点が置かれる紙面へ移行する。同年五月一日号より月六回発行となり(「社告」(一九四一・四・三〇))、一九四四(昭和一九)年五月以降は月二回の合併号となる。特に昭和一〇年代については戦時体制下として、別途詳細な検討が必要であろう。

第六章

戦後日本における憲法学者の「社会的位置」
――論壇誌の登場回数と新聞での規範的語りに注目して

山本昭宏

I　はじめに――問題意識と方法

本章は、戦後日本社会において憲法学者が有した知識人としての社会的位置をめぐるメディア史的かつマス・コミュニケーション論的な問題意識にそって、戦後の主要論壇誌と主要全国紙を調査・分析するものである。

具体的な作業としては、以下の二種類の方法を採る。まず、憲法学者を世代別に整理した上で、論壇誌『世界』『中央公論』『文藝春秋』への寄稿数を集計し、戦後社会における三誌の持続と変容を考慮に入れつつ、彼らの社会的位置について分析する。[1] 専門外である筆者は憲法学者たちの個別の学説には立ち入ることができないため、ここでは寄稿数という「形式」的な側面にもっぱら注目することになる。現代における広義の言説研究では、計量テクスト分析という手法が多用されるが、特定の知識人たちの社会的位置を測定するという本章の目的に照らして言えば、計量テクスト分析よりも、特定の知識人の寄稿数をカウントし、その上で代表的な言論を複数引用するという意味では素朴な方法が適していると考えられる。

かつて丸山眞男はジャーナリズムへの寄稿を「夜店」にたとえた。研究者が論壇誌に書くことは、その研究者の業績とは本質的なかかわりは薄いと言えるし、場合によってはアカデミズム内部での評価を落とすこともありうる。ただし、本章の目的は、研究者の（アカデミズム内部の位置ではなくて）社会的位置の歴史性を測定し、憲法学者と出版社との関係の変容を遡ることにあるため、このような方法もありうるだろう。

当然ながら、知識人としての社会的位置は、論壇誌への寄稿回数のみで測れるものではない。単著や教科書の影響力は無視できないし、社会運動と部分的に合流する知識人も多い。このように、知識人が社会の中で特定の位置を占めるとき、その背景では多様な要素が複合的に作用している。本章ではそれらの要素を意識してはいるが、すべてを扱えるわけではない。そのため、本章では新聞における彼らの「語り」を確認することで、知識人としての彼らの発話内容を分析する。ここで「語り（ナラティブ）」という言い方を選んだのは、学説の意義ではなく、発話内容の構造あるいは意味連関を重視するためである。これが第二の方法である。新聞は、論壇誌の論考とは異なり、紙幅の都合からより社会的発信が集約される。新聞については、寄稿・インタビュー・短いコメントなどが入り乱れるため、集計は行わずに、重要と思われる議論を抽出することにした。

さて、冒頭で「憲法学者を世代別に整理」すると述べたが、取り上げる憲法学者の世代をどのように整理するのが妥当だろうか。本章は、鈴木敦＝出口雄一「「戦後憲法学」とは何か」（鈴木敦＝出口雄一（編）『「戦後憲法学」の群像』弘文堂、二〇二一年）に倣って、四世代に整理して把握する。「戦後第一世代」は、戦前・戦時に研究者としての自己形成をなした一群の憲法学者を指す。本章では、宮沢俊義（一八九九〜一九七六）、佐藤功（一九一五〜二〇〇六）、鈴木安蔵（一九〇四〜八三）、鵜飼信成（一九〇六〜八七）の四名を取り上げる。なお、清宮四郎（一八九八〜一九八九）、田畑忍（一九〇二〜九四）らは、代表的な論壇誌への寄稿数が前掲四名よりも相対的に少ないため、寄稿数の集計の対象にはしなかった[2]。

「戦後第二世代」は、戦争を兵士として経験し、戦後に研究者としてのキャリアを開始した世代にあたる。本章では、小林直樹（一九二一〜二〇二〇）、高柳信一（一九二一〜二〇〇四）、星野安三郎（一九二一〜二〇一〇）、渡辺洋三（一九二一〜二〇〇六）の四名を取り上げる。なお、芦部信喜（一九二三〜九九）と和田英夫（一九一八〜二〇〇一）らは、論壇誌への寄稿数が前掲四名よりも相対的に少ないため、寄稿数の集計の対象にはしなかったが、和田については本章の後半部で彼の新

聞での論説を取りあげる。(3)

「戦後第三世代」は、一〇代前半以前に敗戦を迎えたいわゆる「少国民」世代であり、戦後に自己形成をなしたという意味では「戦後派」世代に当たる。本章では、奥平康弘（一九二九〜二〇一五）、樋口陽一（一九三四〜）、杉原泰雄（一九三〇〜）、横田耕一（一九三九〜）の四名を取り上げる。

最後の「戦後第四世代」は、戦争体験を持たず、さらには団塊の世代よりもまだ年少の世代である。本章では、長谷部恭男（一九五六〜）、高橋和之（一九四三〜）、棟居快行（一九五五〜）、松井茂記（一九五五〜）の四名を取り上げた。さらに年少世代の中で、特に各種雑誌への寄稿が多いと思われる、石川健治や木村草太らは、今回の「戦後」の範疇に入れるべきか議論が分かれると判断し、本章では扱わない。

以上の四世代は「積極・消極の差異はあるものの、「抵抗の憲法学」に一定の評価を加える世代であったと考えてよいであろう」とされる。(4)「「抵抗の憲法学」に一定の評価を加える」という精神性を、本章の問題意識にそって言い換えるならば、それは〝戦後民主主義〟にほかならない。

Ⅱ　戦後民主主義とは何か

戦後民主主義という言葉は、論者によって指すところが微妙に異なっており、何か統一的な見解があるわけではない。このような広く共有された概念には、多かれ少なかれそういうところがあるが、戦後民主主義もそうである。かつて拙著『戦後民主主義』（中公新書、二〇二一年）でこの言葉の使用例を調査した際、筆者はこの言葉が文脈に応じて融通無碍に使われがちだったと指摘した。さらに、それでもあえてこの言葉の概念規定を行うとすれば、戦後社会を生きる人びとが「現代日本を形成したもの」を指して戦後民主主義と呼んでいたと理解するしかないとも指摘した。

しかしながら、この言葉が定着したのは、たんに論壇の議題として便利だったからだという消極的理由からだけではない。「戦後民主主義」という言葉の定着の背景には、同時代を生きた人びとの「戦後」認識における共通点があったと理解すべきである。その共通点は以下の三点に整理可能である。なお、拙著『戦後民主主義』と重なる記述となるため、可能な限り端的に述べるにとどめておく。

第一に平和主義。憲法前文と九条は、冷戦を見据えたアメリカの極東戦略に合致するものだったが、為政者側の意図とは別に、戦後の人びとのあいだには、戦争に関わることへの強い拒否感があった。そして、憲法はそれをつねに活性化したり補強したりする機能を持った。消極的な平和主義から、積極的な平和主義まで、その内実は多様だが、ここでは一概に平和主義と呼んでおく。平和主義というと、一九五〇年代の反基地運動や六〇年代のベトナム反戦運動、あるいは非武装中立論に注目が集まりがちである。しかし、日本が海外で起こった戦闘行為に関わることは

――たとえそれが間接的であったとしても――自制的であるべきだとする態度は、政治的な思想信条を問わず広く共有されていた。軍事一般への忌避感は、生活保守主義と結びつきながら、それなりの強固な層を形成していたといえる。政党でいえば、それを最も強く表現したのが日本社会党だったが、広く浅い平和主義は保守政党の政治家たちや支持層にも、ある時期まで、一定程度は浸透していた。ところが、一九九〇年代初頭の湾岸戦争の前後には、戦後日本の平和主義が一国に閉じこもった平和主義であるという鋭い批判が登場する。その批判には一応の根拠があった。戦後日本の平和主義は、結局のところ、アメリカの東アジア戦略の中での「一国だけ」の平和に過ぎなかったというのは間違いのない事実である。もっとも、正しい戦争はありえないのだから、「一国だけでも平和にしがみつく」べきだと主張した憲法学者・樋口陽一のような主張も、九〇年代には少なくない影響力を保っていたと考えられる。(5)

第二に直接的民主主義への志向性である。これは、民主主義を国政選挙や地方議会選挙だけに限定せず、自らに関わりが深いと当人が感じられるような意思決定のプロセスを重視する態度である。たとえば、社会運動、コミュニティ活動、言論活動などを指す。一般的に、民主主義を考える際には次のような理解がある。政治参加によって自己の利益を増大させようとするのは主に中間層であり、それゆえ民主主義は分厚い中間層の存在と相性が良いという考え方である。これは、社会課題への方策の決定権を握るのは生活保守を目指す中間層であり、彼ら彼女らに支持された政治家であり、そのための諸手続きは法に基づく官僚制によって確保されるという考え方だと言い換えることができる。それは確かにそのとおりだが、日本の「戦後民主主義」について考えるとき、それだけでは十分とはいえない。「戦後民主主義」は、民主主義を統治の手段ではなく参加の手段として捉えた点に最大の特徴の一つがある。さらに踏み込んでいえば、パートタイム的に政治に関与する主体の問題として民主主義を理解しようとする機運も強かった。

第三に平等主義である。これは単に「法の下の平等」を指すのではなく、さまざまな生の局面で平等を重視したことを指す。富のより平等な分配、教育の機会均等などの制度から、「対等な議論」や「誰にでも開かれた議論」を求める規範（対話的理性の重視）まで、平等を求める機運は単なる建前を超える推進力を持っていた。他方で、男女同権や少数派の権利という面では、戦後民主主義は多様な問題を抱えていた。また、「国民」に限定されたため、在日朝鮮人の権利などは視野の外に置かれた。これらを考慮すれば、平等主義など全くの建前に過ぎなかったと評価することも可能である。

以上、本章が使う戦後民主主義という言葉の指示対象となる観念形態を分節化して整理した。次に、本章が対象とする論壇誌と新聞というメディアの特性についても、確認しておこう。

Ⅲ　論壇誌の機能

この二〇年間に進んだ一連のメディア史研究の潮流の中で、論壇誌・総合雑誌の研究もまた蓄積されてきた。日本メディア学会の『メディア研究』（旧『マス・コミュニケーション研究』）や、日本出版学会の『出版研究』、あるいはメディア史研究会の『メディア史研究』、を紐解けば、雑誌研究の進展は明らかである。以下、本章が扱う論壇誌・総合雑誌について、近年の研究を踏襲しながら、その特性を整理する

社会学者の竹内洋によれば、論壇誌とは「政治・経済から文藝・哲学・科学まで部門を限定せず掲載し、一つの体系をあたえる高級評論誌、いわゆる「総合雑誌」」を指す。(6) 本章はこの定義を踏襲して、論壇誌と総合雑誌を同じ意味で使用することにする。(7) さて、竹内による定義の中に「高級」という言葉があったように、論壇誌の読者として想定されたのは高い教育を受けた知識人や、その知識人予備軍を自覚する読者だった。また、寄稿者の選定は基本的には編集者が行う。編集者はその時々に求められるアジェンダを設定して読者の議論を先導し、読者の関心を引きあげようとすると同時に、読者の「期待の地平」を意識してときに迎合することもあるが、両者のバランスは編集部の人員配置次第である。いずれにせよ、少なくない読者共同体の期待と、それに介入したり迎合したりする編集部との相互作用の中から、特定の執筆者が選ばれるのであり、そこに知識人の社会的位置を測定するための手がかりがある。

論壇誌を対象にすることについて、もう少し踏み込んで考察を付け加えておこう。たとえば、アカデミズム内部で知的達成を競う学会誌や特定領域に特化した専門誌（たとえば『ジュリスト』など）を対象にする場合、学説史研究には資するし、アカデミズムや専門業界などの小社会内部

での位置を知ることはできるが、より広い社会的位置を見定めるのは困難である。他方で、消費者の欲望に応え続ける大衆誌を対象にした場合は、特定知識人が「有名」かどうかを測ることはできる。しかし、有名性は知識人の社会的位置を測る際に重要な指標になりうるものの、そもそも知識人が大衆誌に登場する回数は少ないし、登場しても談話記事や紹介にとどまる場合が多いため、通時的な変容を見るには適していない。ここに論壇誌を扱う積極的な意義が浮き彫りになる。つまり、論壇誌とは、部数は限定的だが、月単位である程度の長さの論説が掲載され、それらがエリート層やその予備軍に熟読されることで（時代によって濃淡はあるものの）基本的には戦後ながらく一定の影響力を保持していたメディアだった。読者たちは論壇誌を読むことで、月単位の「現在」を意識し、いま議論・考察すべき課題を与えられ、それを論じる知識人たちの存在を重視するようになるのだった。それゆえに、論壇誌は知識人の社会的位置を捕捉するのに適した資料群だといえる。

では、新聞はどうだろうか。本章が扱う論壇誌の部数については後述するが、部数のみに注目すれば、日本の全国紙の部数は、論壇誌とは比較にならないほど多い。しかしながら、「日刊」という日々移ろいゆく情報環境の中で発表される知識人の論説は字数も限定的であり、論壇時評に代表されるように整理・紹介機能に特化していることが多い。ただし、多数の読者を前提として整理・紹介機能に特化しているがゆえに、新聞というメディアは、談話やインタビュー記事という形式の中に知識人の思想を落とし込むことに長けている。専門研究者の議論が新聞に掲載されるということは、その議論が大衆的読者にも理解可能なテクストに「翻訳」されるということを意味している（談話やインタビュー記事ではなく、寄稿の場合も、専門研究者がある程度は「翻訳」を意識して短文を記述したと判断しうる事例は多く、そうしたふるまいを通して、専門研究者は知識人に「なる」ともいえる）。知識人と新聞というメディアの関係を以上のように理解するならば、本章が新聞紙上での憲法学者のメディア表象に注目する理由もおのずと明らかだろう。本章では、憲法学者たちの「語り」に着目して、彼らの発言や記述における意味連関を分析することとする。

ここで、本章が扱う三誌『世界』『中央公論』『文藝春秋』についても、基本的事実を簡潔に整理しておきたい。『世界』は、岩波書店によって一九四六（昭和二一）年一月に創刊された。[8] 発行元の岩波書店は、一九一三（大正二）年に岩波茂雄が開いた古書店の名前だったが、岩波茂雄は出版業に進出。岩波と夏目漱石には個人的交流があったため、漱石の小説を発行することが可能であり、それによって出版界における地歩を固めた。その後は、岩波文庫と岩波新書に象徴されるように、教養主義的な知的オーラを身に着けることに成功し、それを裏書きするように『思想』『文学』『科学』など、主に知識人・専門家向けの雑誌を出し続けた。教養が学歴に直結し、学歴が職業や年収に直結すると信じられていた時代である。この岩波書店が戦後新たに創刊したのが『世界』である。『思想』『文学』『科学』が明らかに知識人向けだったのに対して、『世界』は総合誌として幅の広さが意識され、幅広い読者が想定された。『世界』は、戦後民主主義を体現する雑誌として認知されるようになり、一九五〇年代には知識人とその予備軍に絶大な影響力を有した。部数は一九五四（昭和二九）年に一〇万部、五五（昭和三〇）年には一二万部に迫ろうとする勢いだった。反戦・平和運動の高まりとともに部数を伸ばしたと言っても過言ではないだろう。

『中央公論』は、一八九九（明治三二）年一月に『反省会雑誌』から改題して始まった[9]。『反省会雑誌』とは、その名のとおり「反省会」が出していた雑誌であり、では「反省会」とは何かというと、西本願寺系の学校の学生たちが一八八六（明治一九）年に結成した会である。『反省会雑誌』は、宗教を通した社会的正義の模索や各種の啓蒙・啓発を主眼にしていたが、東京に拠点を移して『中央公論』と改称し、時事評論や文芸作品を掲載する総合雑誌へと脱皮した。その後、いわゆる大正デモクラシー期には、リベラルな言論を載せて時代を代表する総合雑誌として認知された。しかし、一九四三（昭和一八）年に編集者が治安維持法違反容疑で逮捕されると、中央公論社への風当たりは強くなり、一九四四（昭和一九）年七月には内閣情報局に代表者が呼び出されて、自主的な廃業を申し渡されることとなった。戦後は一九四六（昭和二一）年一月号から再出発した。購読数は、竹内洋によれば、一九五〇年代後半は一〇万部前後で推移していたが、六〇年代に入って右肩上がりで伸び、六五（昭和四〇）年には一二万部に迫った。その後は下降し、一九七〇年代は八万部前後を推移し、八〇年代は五万部台に、九〇年代には二万部台にまで落ちた。

『文藝春秋』は、一九二三（大正一二）年一月創刊[10]。文学者でジャーナリストでもあった菊池寛が創った雑誌であり、企業名も雑誌と同じ文藝春秋である。作家が創刊した雑誌ということもあり文芸に強かったが、菊池寛の個性もあってか、名士のスキャンダル記事を積極的に載せて部数を伸ばした。戦前から戦時期にかけての部数では、一九三〇年代初頭の二五万部がピーク。戦後の一九五〇年代に部数を飛躍的に伸ばして、一九五〇年に二八万部、五一年に四〇万部を超えた。その後は長期的には右肩上がりで、一九七〇年代前半に六〇万部を超え、七〇年代後半には八〇万部に迫り、部数のピークを記録した。部数が示すように、『世界』『中央公論』とは異なり、より大衆的な読者に支えられていた点に、『文藝春秋』の論壇誌としての特徴がある。同誌が「国民雑誌」とも呼ばれる所以である。

Ⅳ 分析① 論壇誌への寄稿回数

本章はここからようやく分析に移る。まずは、憲法学者を世代別に分けて、『世界』と『中央公論』と『文藝春秋』への寄稿回数を確認した。カウントの方法は雑誌記事索引データベースの「ざっさくプラス」と「CiNii Research」を利用した。両データベースには漏れもあるため、検索結果を比較・統合したうえで、掲載誌を確認するという手段を採った。なお、宮沢俊義の寄稿のリストアップについては、松田義男（編）「宮沢俊義著作目録」〔https://ymatsuda.kill.jp/Miyazawa-mokuroku.pdf〕とも照らし合わせた。また、『世界』への寄稿数については、二〇〇六年一月に発行された『世界』の別冊（第七四八号）に収録されている「総目次」および「執筆者別総索引」も利用した。論文・論考のみ（単独での談話も含む）をカウントし、書評や追悼文、対談・鼎談・座談会、共同研究、声明文、アンケートへの回答、編著、選評などは、特にことわらない限り除外している。[11] ただし、対談・鼎談・座談会は、論者間の関係性（たとえば〇〇と〇〇は思想信条が近いとか遠い、あるいは仲が良い、など）を読者に示す重要な機能を持っていると考えられるため、本章の本文と注で個別かつ部分的に取り上げることにする。なお、掲載誌は臨時増刊号を含んでいる。

では、代表的憲法学者たちの『世界』『中央公論』『文藝春秋』への寄稿総数を確認しよう。

【表6-1】からは、以下の三点を指摘できる。第一に、戦後第一世代から第三世代にいたるまで、『世界』への寄稿数の多さが一目瞭然である。これ

【表6-1】『世界』『中央公論』『文藝春秋』への寄稿総数

戦後第一世代

	宮沢俊義	佐藤功	鈴木安蔵	鵜飼信成
『世界』	30	26	4	22
『中央公論』	1	3	3	7
『文藝春秋』	6	0	0	0

戦後第二世代

	小林直樹	高柳信一	星野安三郎	渡辺洋三
『世界』	23	6	8	18
『中央公論』	1	0	1	0
『文藝春秋』	0	0	0	0

戦後第三世代

	奥平康弘	樋口陽一	杉原泰雄	横田耕一
『世界』	24	22	11	8
『中央公論』	1	0	0	0
『文藝春秋』	0	0	0	0

戦後第四世代

	長谷部恭男	高橋和之	棟居快行	松井茂記
『世界』	8	3	2	2
『中央公論』	0	0	2	0
『文藝春秋』	0	0	0	0

＊2024年10月まで

に対して、第四世代は少ない。第四世代の少なさについては、若干の補足が必要だろう。たとえば長谷部恭男には『世界』での対談・鼎談・書評連載が、棟居快行には『中央公論』での対談が、一定数存在する。[12]すでに述べたように、今回は書評や対談・鼎談をカウントから除いているが、それによって、長谷部と棟居の寄稿数は実際よりも少なくなっている。ただし、それらを加えたとしても、総体としては第四世代の寄稿は少ないと言っていい。

さて、鈴木敦と出口雄一は、第一世代の営為を「啓蒙の憲法学」とし、第二世代・第三世代にまたがる営為を「抵抗の憲法学」として整理していた。また、『世界』を論じた佐藤卓己はその特徴を「戦後民主主義のメートル原器」と表現した。こうした指摘を踏まえれば、『世界』が、戦後の「啓蒙」と「抵抗」を論壇レベルで体現したことは疑えず、そこに憲法学者の寄稿が多いのは当然であるといえる。

第二に、『中央公論』への寄稿は全体的に少ないことが挙げられる。強いて言うならば戦後第一世代が一定程度は寄稿している。【表6-1】に挙げた中から戦後第一世代の憲法学者による『中央公論』への寄稿数を年代別に整理すると、次のようになる。宮沢俊義は、五〇年に一本のみ。佐藤功は、五〇年代に二本、六〇年代に一本。鈴木安蔵は、四〇年代に一本、五〇年代に二本。鵜飼信成は、五〇年代に四本、六〇年代に三本である。非常に限られたサンプルではあるが、概ね六〇年代以降は『中央公論』への寄稿は減少しているといえる。この傾向は、一九六〇年代前半の『中央公論』の編集方針に関する先行研究の指摘と一致する。先行研究では一九六〇年代前半に『中央公論』の編集方針が「現実主義化」と指摘されているからである[13]。

第三に、『文藝春秋』への寄稿がほとんどないという傾向である。三誌の中では最も大衆寄りで部数も多く、（『世界』『中央公論』に比べれば）一貫して保守的と呼べる『文藝春秋』には、憲法学者はほとんど寄稿していない。この結果から、憲法学者の影響力が強かったのは、あくまで知的エリートとその予備軍に対してであって、大衆レベルでの影響力はさほど強くはないと指摘できるかもしれない。ただし、この指摘の当否を判断するためには新聞などにも視野を広げたより詳細な調査が待たれる。本章の後半部では新聞での憲法学者の語りに注目するが、それはあくまで手がかりに過ぎない。なお、『文藝春秋』の集計結果からは、宮沢俊義は例外的な存在であったということもわかる。

V 分析② 世代別の『世界』寄稿数の集計と分析

これまで確認してきたように、寄稿数の長期的変動を有効に追跡しうる論壇誌は、論壇誌では『世界』しか存在しない。そこで以下では、世代別に『世界』への寄稿回数の年代別の推移を検証する。

「戦後第一世代」による『世界』への寄稿回数が【表6-2】と【図6-1】である。一九五〇年代前半と六〇年代前半の寄稿が多いのが、五〇年代前半については占領終結に伴う改憲論の浮

【表6-2】「戦後第一世代」による『世界』への寄稿数の年代別推移（表）

	宮沢俊義	佐藤功	鈴木安藏	鵜飼信成	合計
1940年代後半	0	1	0	1	2
1950年代前半	2	2	2	11	17
1950年代後半	4	0	2	5	11
1960年代前半	14	18	0	4	36
1960年代後半	10	2	0	1	13
1970年代前半	0	2	0	0	2
1970年代後半	0	1	0	0	1
1980年代前半	0	0	0	0	0

＊1980年代前半以降は寄稿がないため、80年代後半からは割愛した。

【図6-1】「戦後第一世代」による『世界』への寄稿数の年代別推移（グラフ）

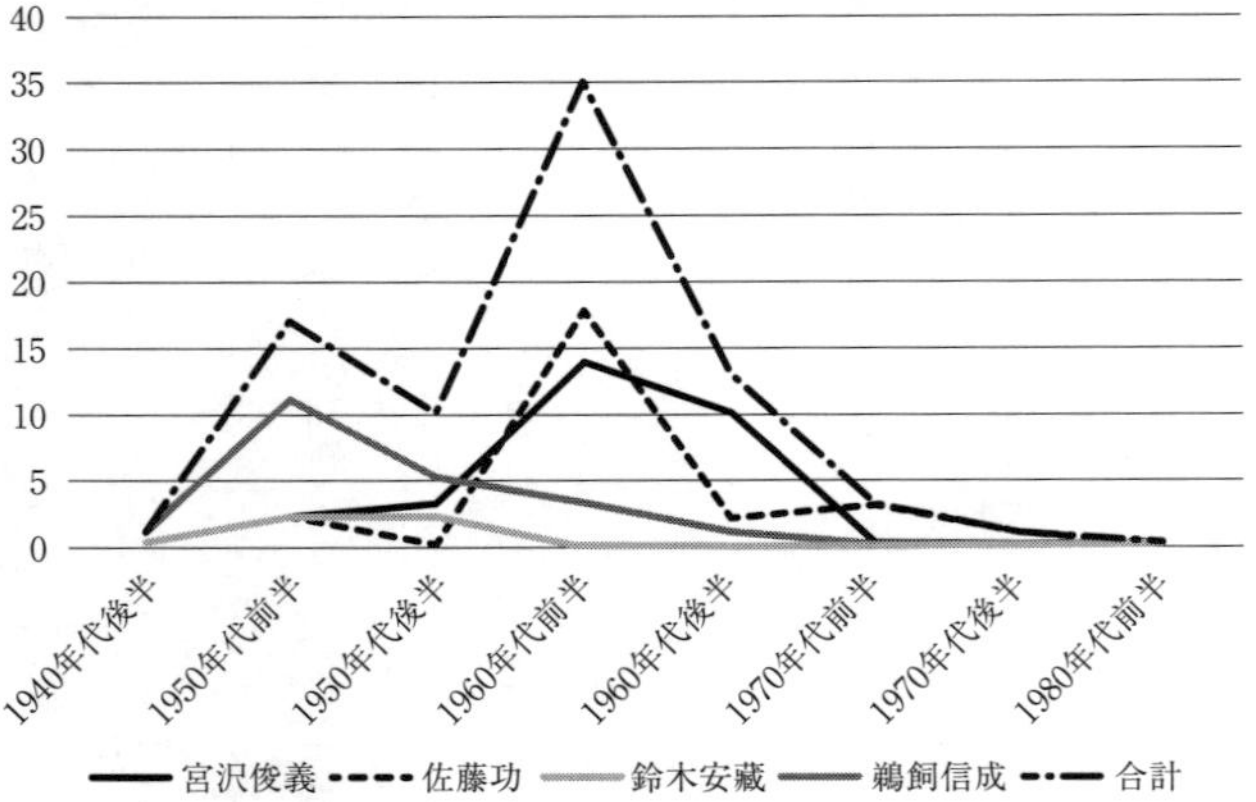

上と、六〇年代前半については憲法調査会の報告書がまとめられるタイミングと重なったために、憲法学者の発言が求められたからである。

「戦後第二世代」による『世界』への寄稿回数が【表6-3】と【図6-2】である。六〇年代前半にピークがある点で、第一世代と同様の傾向を指摘できる。もっとも、これは六〇年代を通して指摘できることだが、同じ六〇年代でも、第一世代と第二世代とでは話題が微妙に異なっていた。

【表6-3】「戦後第二世代」による『世界』への寄稿数の年代別推移（表）

	小林直樹	高柳信一	星野安三郎	渡辺洋三	合計
1940年代後半	0	0	0	0	0
1950年代前半	3	0	0	0	3
1950年代後半	3	0	2	3	8
1960年代前半	6	0	4	9	19
1960年代後半	4	2	0	4	10
1970年代前半	5	4	1	2	12
1970年代後半	1	0	0	0	1
1980年代前半	0	0	1	0	1
1980年代後半	0	0	0	0	0
1990年代前半	0	0	0	0	0
1990年代後半	0	0	0	0	0
2000年代前半	1	0	0	0	1
2000年代後半	0	0	0	0	0

＊2010年代以降は寄稿がないため割愛。

【図6-2】「戦後第二世代」による『世界』への寄稿数の年代別推移（グラフ）

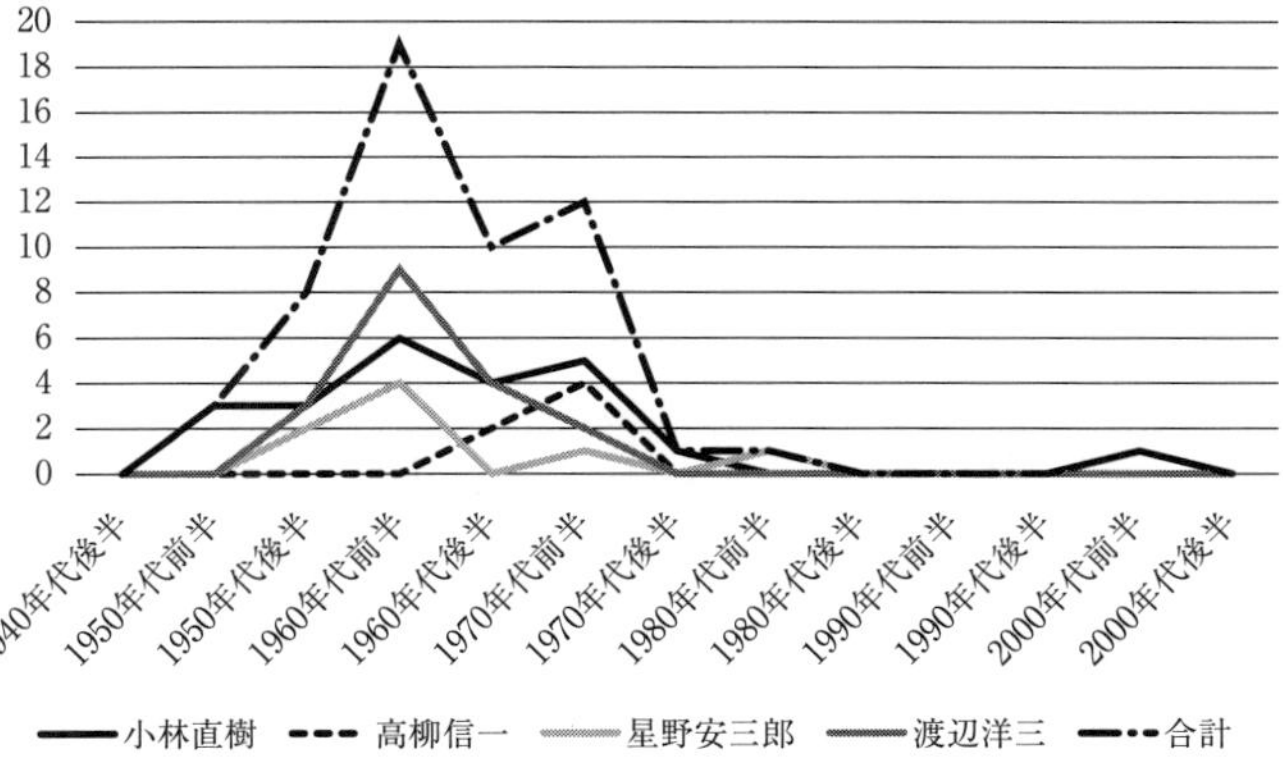

第一世代が憲法調査会関係の話題での寄稿が目立ったのに対し、第二世代では『世界』誌上での「誌上憲法公聴会」関係での寄稿や、恵庭裁判やさまざまな人権問題、そして司法権をめぐる話題での寄稿が求められていた。編集部としては、誌上企画への関与や、具体的事件についての解説などは、年少

世代の憲法学者のほうが依頼しやすかったのではないかと考えられる。

いずれにせよ、『世界』に限っていうならば、六〇年安保から憲法調査会の報告書へといたるこの時期は、世代を越えた憲法学者が同じ誌面で健筆をふるっていたのであり、『世界』の読者にとっては憲法学者が最も活躍しているように見えた時代だったと指摘できる。

「戦後第三世代」による『世界』への寄稿回数が【表6-4】と【図6-3】である。この世代の特徴は、論壇での活動期間の長さである。これは文壇を含めた戦後の言論活動に共通する特徴だといえる。大日本帝国下で幼少期を過ごし、戦後に精神形成を遂げたいわゆる「戦後派」世代は、たとえば文化・芸術関係では石原慎太郎・大江健三郎・江藤淳などが挙げられるが、二〇代から三〇代で影響力のある月刊誌に寄稿する機会が多く（その意味では専門的訓練を経た研究者の論壇デビューは「遅い」）、長く健筆をふるって抜群の知名度を誇る知識人が多かった。彼らは戦後的知識人の一類型である。

ただし、それ以外の点で、「戦後第三世代」の憲法学者の寄稿数から、これまでのようにわかりやすい傾向を見て取ることは難しい。強いてあげれば一九七〇年代後半と九〇年代前半、そして二〇〇〇年代に寄稿数が増えているといえる。七〇年代は彼らの論壇デビューの時期と重なっており、九〇年代前半と二〇〇〇年代は、よく知られるように日本の国際貢献のあり方をめぐる議論が起こり、自衛隊の活動範囲への関心が高まり、改憲論が浮上した時期である。国家の根幹に関わる問題で憲法学者の意見が求められるという傾向自体は、第三世代においても変わらない

【表6-4】「戦後第三世代」による『世界』への寄稿数の年代別推移（表）

	奥平康弘	樋口陽一	杉原泰雄	横田耕一	合計
1960年代前半	0	0	0	0	0
1960年代後半	1	0	0	0	1
1970年代前半	1	0	3	0	4
1970年代後半	3	4	4	0	11
1980年代前半	3	2	1	0	6
1980年代後半	4	1	2	0	7
1990年代前半	4	5	0	1	10
1990年代後半	0	3	0	1	4
2000年代前半	3	1	1	2	7
2000年代後半	3	1	0	2	6
2010年代前半	2	3	0	1	6
2010年代後半	0	1	0	1	2
2020年代前半	0	1	0	0	1

＊1950年代後半以前は寄稿がないため割愛。2020年代前半は、2024年10月まで。

【図6-3】「戦後第三世代」による『世界』への寄稿数の年代別推移（グラフ）

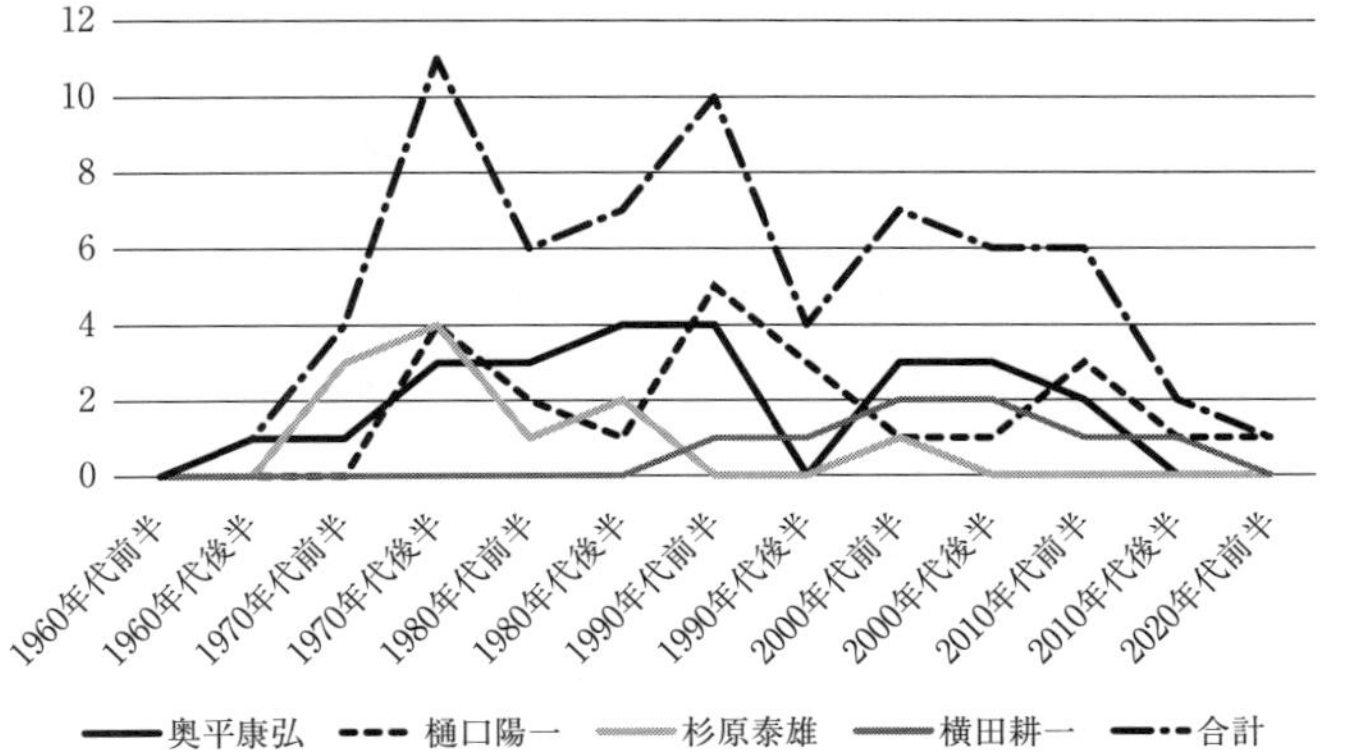

といえる。

最後に、「戦後第四世代」による『世界』への寄稿回数を整理して考察を付け加える。【表6-5】と【図6-4】を見れば、彼らが二〇〇〇年代から継続的に書き始めたことが見て取れるが、それ以外に有意の傾向を抽出することは、寄稿数の総体的な少なさから言って困難であ

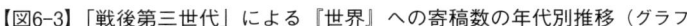

【表6-5】「戦後第四世代」による『世界』への寄稿数の年代別推移（表）

	長谷部恭男	高橋和之	棟居快行	松井茂記	合計
1980年代前半	0	0	0	0	0
1980年代後半	0	1	0	0	1
1990年代前半	0	0	0	0	0
1990年代後半	0	0	0	0	0
2000年代前半	1	0	0	0	1
2000年代後半	1	0	0	0	1
2010年代前半	1	0	1	1	3
2010年代後半	3	2	1	0	6
2020年代前半	2	0	0	1	3

＊1970年代後半以前は寄稿がないため割愛。2020年代前半は、2024年10月まで。

【図6-4】「戦後第四世代」による『世界』への寄稿数の年代別推移（グラフ）

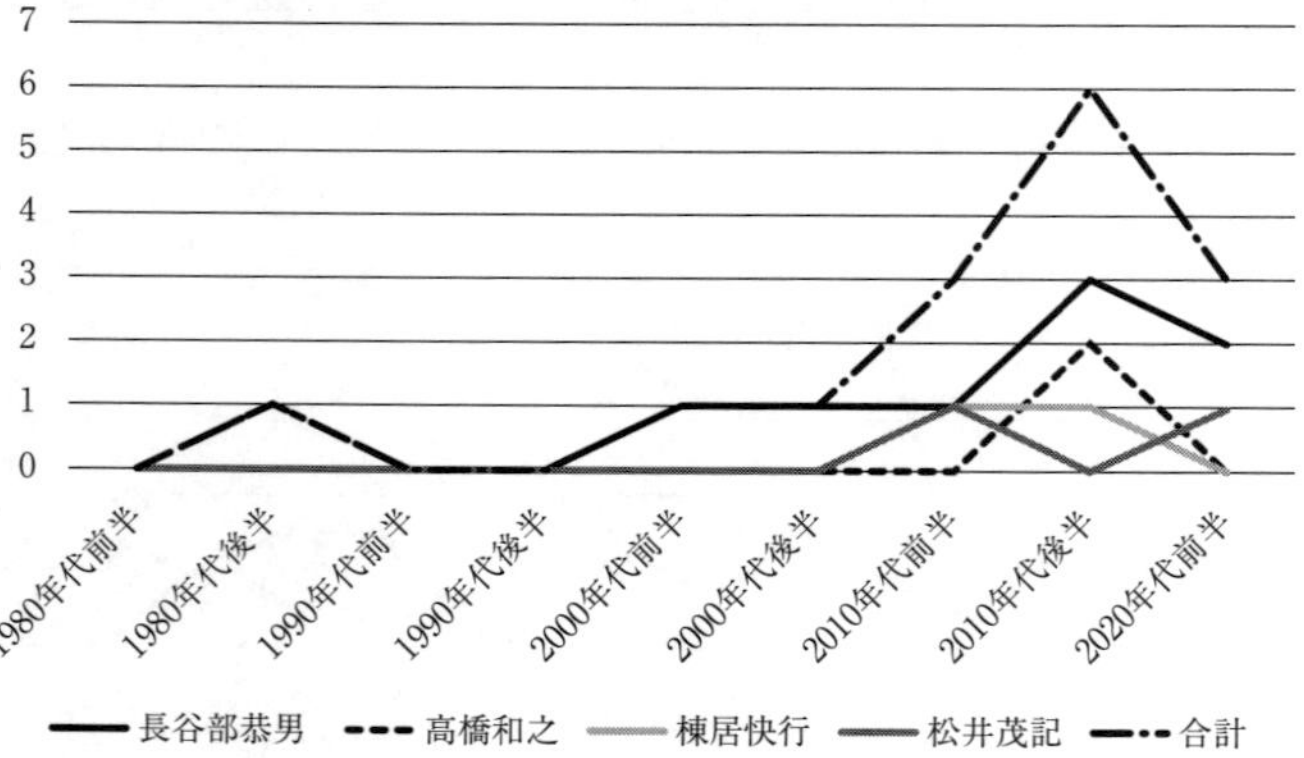

る。

最後に、各世代四名の『世界』への寄稿数を合計した上で、世代別の寄稿数の推移を示すグラフを重ねたものが【図6-5】である。一九六〇年代前半をピークにして七〇年代前半に急降下し、その後は長期的かつ非常にゆるやかに寄稿数が減っていることがわかる。限定的な調査であるため、この結果をもって直ちに「雑誌『世界』における憲法学者の影響力低下」や、「戦後民主主

【図6-5】世代別の『世界』寄稿回数のグラフ

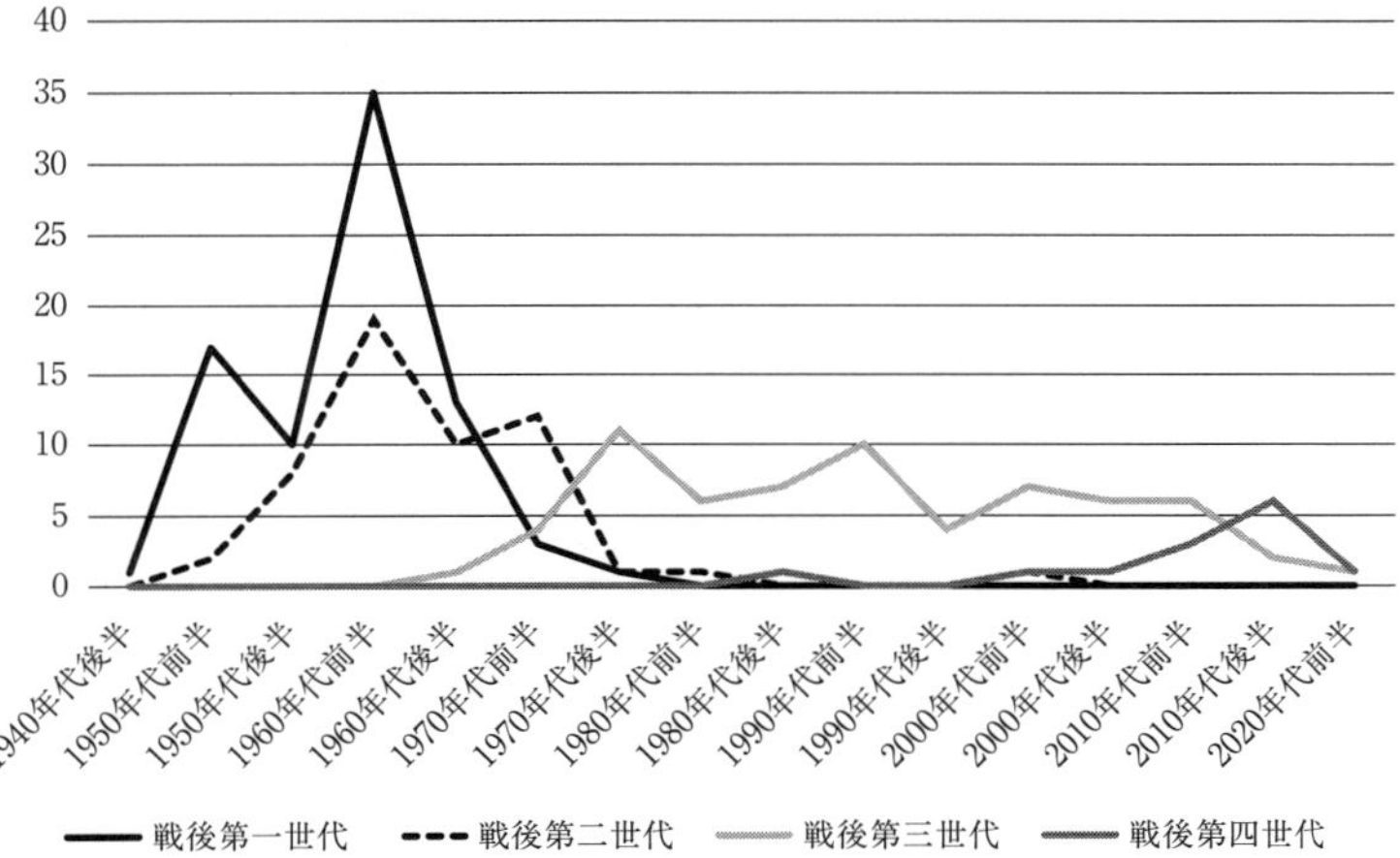

義の後退に伴う寄稿数の低下」とまではいえないが、今後に期待される憲法学者の社会的位置に関するより踏み込んだ調査のための仮説としては、こうした理解も提示可能ではないだろうか。

Ⅵ 新聞での論説——補足的事例として

論壇誌の寄稿回数とは別に、新聞紙上での憲法学者のメディア表象もまた、本章にとっては重要な対象となる。論壇誌では対談や鼎談は除外したが、新聞においてはそれらも取り入れ、より広く各世代の語りを確認することで、論壇誌の調査・分析を補いたい。なお、これ以降の本章が紹介する憲法学者の語りは、最初と最後の例を除いてすべて五月初旬に発表されたものである。これは、言うまでもなく憲法記念日関連の論説であり、戦争報道がしばしば「八月ジャーナリズム」と呼ばれるのに倣えば、憲法の「五月ジャーナリズム」とでも呼ぶべき慣習である。

では、「戦後第一世代」から順番に確認していこう。以下は、宮沢俊義が、戦後第一回の総選挙後に『朝日新聞』の求めに応じた談話記事である。宮沢は、女性議員の誕生と、女性有権者の存在について、次のようにコメントしている。

婦人の当選振りは喜ばしい、これは今の日本にとって小さな問題ではないのだ。しかし「女だから女に投票する」という単純な気持ちで、政党とか政見にはあまり関心を持たなかったのが婦人選挙者の実情らしい。これを考えると婦人代議士に急に期待を懸けるのは無理かもしれぬ。大きな啓蒙的な意味を買うべきだろう。

こんどの婦人投票は政治的自覚というのにはまだ遠いが、必ずしも夫の言う通りにはならなかった。女は女でまた一個の意見を持ったという点で満足すべきである。婦人候補の選出は「女性の男性に対する抗議」だ。政治上の婦人の位置は今後社会的、経済的な環境が改善されねば本当のものは望めまい(14)。

女性の政治参加が始まったばかりの時期であり、抑制的なコメントではある。それでも、「男性への抗議」を読み込み、女性たち自身に変化を求めるというよりも社会的・経済的環境の改善を指摘するところに、宮沢の卓見があるといえる。それに加えて、女性議員の誕生から「大きな啓蒙的な意味」を取り出そうとするところからは、新憲法下の諸制度がもつ規範的作用に対する宮沢の強い期待をうかがい知ることができる。こうした強い期待は、主権者たる国民の主体性の涵養を求める言論にも繋がっていった。宮沢は一九五一年の憲法記念日に際して、『読売新聞』に次のように寄稿している。

日本国憲法の目的は、一言にしていえば、民主主義の確立である。ところで、民主主義は、自主的な人間によってのみ、実行されることができる。言葉をかえていえば、民主主義の価値を認識し、それを欲し、それをかちうるために努力する者だけが、ほんとうの民主主義を共有することができる。民主主義の価値を知らず、それを欲せず、それをかちうるために努力しようとしない者に、民主主義を与えても、それは健全に成長することはできない。(15)

「自主的な人間によってのみ」「努力する者だけ」「民主主義を与えても」という言葉や、「ほんとうの民主主義」「健全」などの言葉の選択からは、まだ占領下だった日本社会に憲法の価値を定着させたいという使命感を指摘することもできるし、高みから解説する啓蒙者の権力性を指摘することもできるだろう。もっとも、専門家が啓蒙者としてふるまう際の一種のパターナリズムは宮沢だけでなく、当時の学者に多かれ少なかれ共有されていたものだ。

次に、「戦後第二世代」から和田英夫の言論を確認してみよう。和田は一九六五（昭和四〇）年の「全国憲法研究会」の発足に際して、その動機と組織の概要について『朝日新聞』に寄稿していた。和田は、すでに年長世代による「憲法問題研究会」があるのだから、「屋上、屋」ならぬ「屋下、屋」を重ねることになりかねないという批判がありうるかもしれないと述べ、それでも「戦中派のエネルギーを中心とする専門家集団としての存在理由」があるのだと述べて、次のように続ける。

考えてみると、わたしたち四十歳ないし四十五歳の前後のものは、二割ないし三割の学友をこの戦争で失っている。

つまりわたしたちは、これらかつての学友の多くのしかばねの間に取残されたわけである。取残され、生残らされたわたしたちのやるべきことは、わたしたちを残して死んでいったあの学友たちの死の意味を、ぜったい不毛に終わらせてはならぬ、という決意から出発しなければならないだろう。(16)

ここには、現在時の行為の根拠を戦死者に求めるという意味で、典型的とも呼べる戦争体験者の語りがある。それについて、後世の人間が、体験と研究とは切り分けるべきだと言うのはあまりに容易い。若手から中堅の研究者たちが結集した研究会が一九六五(昭和四〇)年に発足するのに際して、二〇年前の戦争体験が再確認され、強調されているというところには、戦後日本の知識人の言論の特徴が見出されるし、新聞を通してそれを読んだ読者にも、戦争体験を言論の説得力に繋げる回路が共有されていたと言うことができる。

よく知られているように、「全国憲法研究会」はいわゆる「護憲派」の憲法学者によって構成され、学会内部のみならず社会に対する影響力を有していた。たとえば、憲法施行四〇周年の一九八七（昭和六二）年には声明を発表し、「憲法九条の精神に立ち返ることこそが、日本の最善の安全保障である」「国民の人権保障が新たな問題となっており、裁判所が憲法によって期待された役割を果たすことが切実に求められている」と主張した組織である(17)。

この寄稿から一年後の一九六六（昭和四一）年五月、今度は『読売新聞』において、和田は「生活の中に憲法を」という議論を提起していた。憲法が掲げる「民主・人権・平和の三原則」が戦後社会の中でいかに動揺し、いかに定着したかを反省して、賃貸対照表（バランス・シート）を作成することは「われわれ国民の義務かもしれない」と述べる。

和田が挙げる「賃貸対照表」の「項目」は、「大衆天皇制」として定着したかに見える天皇制が日本の民主化に果たす役割についての「項目」、集会・結社・示威行進などが公安条例によっていかに規制されているのか、あるいは最低限度の生活を送る権利が歪曲・縮小されていないかという憲法の人権体系に関わる「項目」、自衛隊と平和主義の関係についての「項目」である。和田はこれらの「項目」を挙げて、「賃貸対照表」の「負債」としている。その上で、都市・農村・漁村・家庭・職場・学園に根付いた「新鮮な価値」が、「負債」をはるかに上回る「資産」

だと述べる。[18]「生活の中に憲法を」という言葉は、一九六〇年代から七〇年代にかけてのいわゆる「革新自治体」のスローガンでもあったということを付け加えておこう。

「戦後第三世代」の新聞での言論活動はどうだろうか。ここでは、当時東北大学教授だった樋口陽一が一九七五(昭和五〇)年に『読売新聞』に寄稿した文章を確認してみたい。樋口は戦後三〇年を振り返り、保革両陣営がともに「自由」を積極的に位置づける努力を怠ってきたことを指摘し、自由の価値を再考するように求めて次のように続ける。

戦争の犠牲を代償として私たち日本国民がようやく手に入れたいちばん貴重なものも、「ものを自由に考え、ものを自由に言えること」だったはずである。三十年前に「国民学校五年生」であった私自身でも、それは子どもなりの実感だった。

あのとき、戦争がようやく終わっても、空腹は変わらなかった。しかし、なぜ、みんなが不思議な明るさを感じたのだったろう。それは、灯火管制が終わり、貧しい夕食でも明るい電灯の下で食べられるようになったからだけではなく、ともかくも「自由」が手に入ったからではなかったか。戦後三十年——私たちは、何よりも「自由」についての思考をたえず掘りおこし、掘りかえす必要があろう。[19]

ここでも「戦後第二世代」の和田と同様に、現在時の行為(「自由」についての思考の掘り起こし)

の根拠として戦争体験が使われるという構造を指摘することができる。和田が述べた学友の戦死と、樋口が想起する「国民学校五年生」の実感とでは体験の質は異なるが、広義の戦争体験という点では同じである。もっとも、樋口陽一は自らの体験を強調しすぎることはなかった。個の尊重を重視するといわれる「樋口憲法学」のエッセンスは、むしろ次の『朝日新聞』の談話記事のほうが読み取りやすいだろう。樋口は『朝日新聞』との関わりが深く、折に触れて寄稿し対談などにも参加していた。以下は、憲法五〇年のタイミングでの談話記事からの引用である。

第九条の精神で軍事的かかわりを拒否し、非西欧世界で個人の尊厳、人権の確保という西欧世界の基本的価値観を人類普遍の原理としてきたことが、民族主義や軍事主義、さらに日本の言語・文化共同体としての独自性を過度に強調する方向への傾斜の歯止めになってきた。憲法が象徴するこの開かれた価値が、これからも日本人の行き方の基軸としては唯一のものではないのか。[20]

この言論は、憲法九条が一種の「歯止め」としてじゅうぶんに機能してきたという見方を強調するものであり、戦後憲法学の基本見解を端的に整理したものとして読むことができるだろう。

最後に、「戦後第四世代」の言論を瞥見しよう。二〇〇七（平成一九）年一月に行われた、東京大教授（当時）の長谷部恭男と読売新聞東京本社特別編集委員の橋本五郎との対談から、長谷部の語りに着目したい。

長谷部　「自衛隊の存在は憲法9条に反している」という主張は間違いだと思う。そう主張する人は「非武装こそ人類の理想で、日本人誰もがそれに従って生きるべきだ」と言っているわけだが、これは特定の価値観で公的領域を占拠しようとしており、「多元的な世界観の公平な共存をはかる」という立憲主義の大前提と矛盾する。国民の生命や財産を守るのが国家の第一義の任務である以上、常備の実力組織をもつのは当然。憲法9条は、「平和というのはとても大事な価値であり、かつそれを実現するための実力組織はなるべく小さくする」という原理としてとらえるべきだ。

橋本　しかし、進歩的文化人と言われる人たちは戦後ずっと非武装平和主義を主張してきた。

長谷部　人間は「自分にとって正しい人生観は他人にとっても正しい」と思いがちで、「日本人はこういう価値を共有して生きるべきだ」といった考え方は保守・革新のいずれにもありうる。ものの考え方としては自然だが、立憲主義は、人間は「自然な考え方」に従って物事を決めてはいけないと考える。(21)

ここから明らかなように、長谷部は憲法の価値を戦争体験と結びつけて語ることはしない。立憲主義という思想から自衛隊違憲論を排しつつ、「実力組織はなるべく小さくする」として憲法による縛りを重視する。自衛隊違憲論を「間違い」と明言する点では前世代と異なるが、現行憲法の規範性を維持する護憲の立場に立つ点では前世代とも重なるところがある。

また、自分が属する世代集団の共通体験を議論に導入して読者に訴えかけるところがほとんどないのも、長谷部の語りの特徴である。議論の説得性のために持ち出されるのが体験ではなく、立憲主義という思想であるという点は、啓蒙的とも呼べるものであり、その語りだけに注目するならば、部分的には「戦後第一世代」と重なる点を指摘できる。つまり、テクストのレベルでは、憲法の規範性を重視する態度が論者の語りそのものの規範性へとスライドし、論者の語り自体が「啓蒙」のアポリア——啓蒙が、パターナリズムとも呼びうるような指導性・権力性をはらむ——を体現してしまうという点で、「戦後第一世代」と「戦後第四世代」が部分的に重なるように見えてしまうのである。

もっとも、憲法学者の語りに規範性・指導性・権力性があるのは、ある意味では当然のことであり、問題はその使い方である。二〇一〇年代前半の日本社会では、政府が集団的自衛権に関する憲法解釈を変更するかもしれないということが話題になっていた。このとき、長谷部恭男が『朝日新聞』に寄稿した文章から一部を以下に引用する。

憲法9条2項の規定は、「陸海空軍その他の戦力はこれを保持しない」とする。平和に向けた決意表明としては尊いが、現実問題として、何らの実力組織も備えないで領土の保全や国民の生命・財産の安全を図れるかと言えば、それは無理であろう。だから「戦力」と言い得るほどの規模・能力の部隊を保持することはできないが、自衛のための必要最小限の実力であれば、保持は禁止されない。そうである以上、国際社会の平和と安全という一般公益のために自衛隊が活動することはなく、あくまで、自国の安全が脅かされている場合にのみ行動する。ほどほどの知性と良識を備えている人であれば、納得のいく理屈ではなかろうか。(22)

長谷部の議論は、結果としては憲法九条の意義を評価する従来の憲法学者たちの議論を踏襲しているようにも見える。「戦後第四世代」もまた、「抵抗の憲法学」に一定の評価を加える世代だという指摘(23)は妥当である。ただしそれは「結果」であって、評価しているといっても、その評価の方法は異なる。また長谷部の一般読者を対象とした叙述は、「理屈」を重視する傾向があるが、ここには、「体験」で憲法を語ることのできない(あるいは、「体験」で憲法を語ることには自制的な)「ポスト戦後」とでも呼ぶべき言論環境の特徴が表れているともいえる。憲法をめぐる語りが「体験」の「呪縛」から解き放たれたというべきか、それとも「理屈」でしか語れなくなったというべきなのだろうか。いずれにせよ、憲法学者による日本国憲法の評価をめぐる社会的発言は、大枠では変わらなかったが、その様態が変化してきたことは間違いないのである。

Ⅶ　おわりに

本章では、戦後日本の憲法学者による論壇誌の寄稿回数と新聞での語りを調査・分析した。論壇誌については、『世界』への寄稿回数の突出した多さと、長期的な低下傾向を指摘し、そこから憲法学者の社会的位置の変容を辿り、その原因を推察することができた。これらはいずれも、戦後の憲法学者について関心のある読者にとっては、「当たり前」であり「退屈な事実」かもしれないが、それをメディアとしての論壇誌という角度から論証することができたのではないか。

新聞紙上での語りについては、集計作業を行わずに筆者が最も代表的と考える談話・寄稿を抽出するのみにとどまったため、萌芽的な調査・分析となったが、それでも憲法学者の語りの変容を世代別に整理することができた。

結論を述べるならば、憲法学者が知識人としての社会的位置を確保していること自体は、戦後第一世代から第四世代まで変わらないといえる。二一世紀に入って、戦後民主主義という価値観はほとんど過去のものとなったが、第四世代の憲法学者に対しても、社会は知識人としての役割を求めている。社会から寄せられる一定の期待は、憲法という彼らの専門領域が関係しているのであり、そのことは、かつて知識人とみなされた他の専門家集団（たとえば詩人・小説を書く文学者）の社会的位置の明らかな低下と比較すれば、より明瞭になるだろう。

ただし、論壇誌への寄稿数は総数としては一九六〇年代前半から長期的な減少傾向にあり、語りの内容にも変化が見られた。一九六〇年代前半の論壇誌への寄稿数が例外的に多すぎたのだと見るのが妥当だという可能性もありうるだろう。この点について検証し、論壇誌・新聞との関係で憲法学者の社会的位置の歴史を見極めるためには、もはや本章のような外在的分析では間に合わず、政治史や社会運動史へと踏み込んだより詳細な議論が求められる。本章はそのための手がかりを提供するささやかな試論であった。

第六章注

（1）雑誌への寄稿回数をカウントして分類するという方法は、計量テクスト分析などの方法が定着した現代では「素朴」に映るかもしれないが、メディア史研究においては一定の蓄積がある。本章では、新聞への寄稿も併せて確認することで、特定の語りを生んだ社会的な力学に関心を払うことにする。なお、社会的「位置」という言い方を選択したのは、P・ブルデューによる知識人界のマッピング（地図）を意識してのことである。

（2）清宮四郎は、『世界』に五本の論考を寄稿している。「法学者はどう考えるか—憲法無視の再武装」（一九五二年五月号）、「MSA援助をめぐる憲法論議」（一九五三年一〇月号）、「東大ポポロ座事件の判決について」（一九五四年九月号）、「憲法の「変遷」」（一九六一年六月号）、「憲法のよしあし」（一九七四年八月号）である。なお、『中央公論』への寄稿はゼロである。

田畑忍は、『世界』に五本の論考を寄稿している。論考は、「軍事協定の締結と憲法感情」（一九五一年一〇月号）、「自衛と戦力の問題点—再備価のために憲法の改悪はできない」（一九五二年五月号）、「学生諸君に告ぐ」（一九五二年九月号）、「日ソ交渉と日本国憲法」（一九五六年五月号）、「領土問題の法理」（一九五六年一一月号）である。

田畑の『中央公論』への寄稿は五本あり、「人と思想・新島襄」（一九四七年一〇月号）、「日本の平和主義の成否」（一九五〇年四月号）、「日本の運命的課題—憲法と再軍備」（一九五一年三月号）、「講和後の基本的人権―自由と人権の擁護のために」（一九五一年一一月号）、「違憲論」（一九五四年一二月号）である。

（3）芦部信喜は、『世界』に三本の論考を寄稿している。「大学の自治と警察権―東大ポポロ劇団事件の判決の問題点」（一九六三年七月号）、「恵庭判決の問題点―恵庭裁判と憲法第九条」（一九六七年六月号）、死後に発見された論考の「新憲法とわれらの覚悟」（二〇二二年五月号）がそれである。なお、『中央公論』への寄稿はゼロである。

和田英夫は、『世界』に二本の論考を寄稿している。「生命と言論への挑戦―一法律学者の発言」（一九六〇年一二月号）、「政治力学のなかでの司法権」（一九七〇年九月号）がそれにあたる。なお、『中央公論』への寄稿はゼロである。

（4）鈴木敦＝出口雄一「「戦後憲法学」とは何か」鈴木敦＝出口雄一（編）『「戦後憲法学」の群像』（弘文堂、二〇二一年）六頁。

（5）樋口陽一「「一国平和主義」ではなく何を、なのか」世界一九九一年八月号。

（6）竹内洋「序論」竹内洋＝佐藤卓己＝稲垣恭子（編）『日本の論壇雑誌―教養メディアの盛衰』（創元社、二〇一四年）一頁。

（7）もっとも、一九七〇年代に『諸君！』や『正論』が創刊され、既存の総合雑誌とは異なる存在感を示して「オピニオン誌」として認知されるようになってからは、論壇誌と総合雑誌というそれぞれの呼称が指す内容も変容したと考えられるが、この問題は本章では問わない。

（8）この段落の『世界』と岩波書店に関する記述は、紅野謙介『物語　岩波書店百年史1―「教養」の誕生』（岩波書店、二〇一三年）、佐藤卓己『物語　岩波書店百年史2―「教育」の時代』（岩波書店、二〇一三年）、佐藤卓己「『世界』―戦後平和主義のメートル原器」竹内ほか（編）・前掲注（6）を参照した。

（9）この段落の『中央公論』と中央公論社に関する記述は、竹内洋「『中央公論』―誌運の法則」竹内＝佐藤＝稲垣・前掲注（8）を参照した。

（10）この段落の『文藝春秋』に関する記述は、井上義和「『文藝春秋』―卒業しない国民雑誌」竹内ほか（編）・前掲注（6）を参照した。

(11) 集計に加えた書評論文として、樋口陽一「どう読み、どう考えたか 藤田宙靖『覚え書き─集団的自衛権の行使容認を巡る違憲論議について』に接して」世界二〇一六年六月号。除外した編著の例としては、星野安三郎（編）「憲法改正をめぐる国会議事録」中央公論一九五六年五月号など。

(12) 長谷部恭男の『世界』での対談・鼎談は次のとおり。落合恵子との対談「「曲がりなり」にも民主的な、この社会を守るために」（二〇〇四年一〇月号）、丸谷才一との対談「改憲論と御霊信仰」（二〇〇七年五月号）、城山英明・常木淳との鼎談「国家と規制 何が問われているか」（二〇一〇年一〇月号）、山口二郎・石川健治との鼎談「山口二郎のムホン会議（第二回）立憲主義のエッセンス」（二〇一六年五月号）の三本である。長谷部はまた、二〇二二年から定期的に読書録を寄稿している。

棟居快行の『中央公論』での対談としては、大塚英志との対談「「純ちゃんに奪われた私」恢復大作戦」（二〇〇一年一〇月号）がある。また、読者投稿企画「夢の憲法前文をつくろう」の選評やそれに関する座談会にも参加している。

(13) 拙稿「アカデミック・ジャーナリズムの「高度成長」─粕谷一希の「中公サロン」編集術」アステイオン九五号（二〇二一年）では、次のように整理した。「現実主義化」の引き金になったのは、いわゆる「風流夢譚事件（嶋中事件）」だった。深沢七郎の小説「風流夢譚」が『中央公論』（一九六〇年一二月号）に掲載されると、一九六一（昭和三六）年二月一日に嶋中鵬二宅に暴漢が乱入、嶋中夫人が重傷を負い、家政婦が死亡するという事件が起こった。この事件を経て、編集者の粕谷一希が『中央公論』の編集部次長に就任。以後、粕谷は『中央公論』の論壇方面の企画を主導し、高坂正堯・永井陽之助・萩原延寿らを抜擢していく。粕谷はまた、企業経営者や実務家に経営関係の論説を依頼するなど、『世界』とは異なる方向性を打ち出した。こうして、一九六〇年代を通して、保守の『中央公論』と革新の『世界』という棲み分けが明確になったと考えられるのである。

とはいうものの、すでに述べたように、戦後憲法学の第四世代にあたる棟居快行は、二〇〇〇年代初頭の『中央公論』で、大塚英志とともに憲法の企画（「夢の憲法前文をつくろう」）に関わって、寄稿回数を伸ばしている。この例が示すように、編集者の企画次第で寄稿回数が大きく変動するため、特定の傾向を抽出するのはなかなかに困難である。

(14) 「民主議会は果たして生れるか 顔と因襲の世界 平野義太郎氏談 「保守的」もまた民意 宮沢俊義

教授談」朝日新聞一九四六年四月一三日三面。なお、引用に際して、現代仮名遣いに改めた。また原文は談話記事であるため、すべて読点で文が繋がれているが、引用文では読みやすさを考慮して一部の読点を句点に改めている。

(15) 宮沢俊義「四周年を迎えて」読売新聞一九五一年五月三日一面。
なお、この宮沢の寄稿文は、「日本国憲法が連合国最高司令官の協力と指導によって作られたことは、占領下の日本においては、当然すぎるくらい当然の話」とした上で、そこに「重大な弱みが潜んでいるとすれば、われわれ国民は決してそれに無関心であってはならない」とも述べている。そして、民主主義の価値を認識することを、「たとえ最高司令官の協力と指導をはなれても」民主主義の価値を認識するための努力を続ける決意を固めなくてはならない、としている。

(16) 和田英夫「全国憲法研究会の発足」朝日新聞夕刊一九六五年五月三日五面。

(17)「憲法四〇周年で護憲派学者が声明」読売新聞一九八七年五月二日二二面。

(18) 和田英夫「生活の中の憲法 〝憲法二〇年〟を迎えて」読売新聞夕刊一九六六年五月三日五面。

(19) 樋口陽一「戦後三〇年と憲法(上) 貴重な「自由」について」読売新聞夕刊一九七五年五月一日五面。

(20)「憲法五〇年 前文の「原理」に世界史的意味 上智大教授・樋口陽一氏に聞く」朝日新聞夕刊一九九六年五月二日五頁。

(21) 長谷部恭男=橋本五郎「対談「憲法学の今」(上) 多様な価値観、共存目指す」読売新聞二〇〇七年一月一〇日一九面。

(22) 長谷部恭男「憲法、アメリカ、集団的自衛権」朝日新聞二〇一三年二月一四日一五頁。

(23) 鈴木=出口・前掲注(4)六頁。

終章

法学における出版

小石川裕介・出口雄一

Ⅰ　法律出版の現況

「出版不況」が叫ばれて久しい。紙の書籍と雑誌を合わせた出版物の推定販売金額は、一九九六（平成八）年の二兆六五六四億円をピークとして以後は毎年右肩下がりとなり、二〇二三（令和五）年では一兆六一二億円まで落ち込む状況に至っている。[1] ピーク時の約六〇％減である。この出版不況については、もちろん法律分野も例外ではないものの、少し様相が異なるところもある。

【図7-1】は、二〇〇〇（平成一二）年以降における法律分野書籍の新刊出版状況の推移を示

【図7-1】法律分野書籍の新刊出版状況の推移

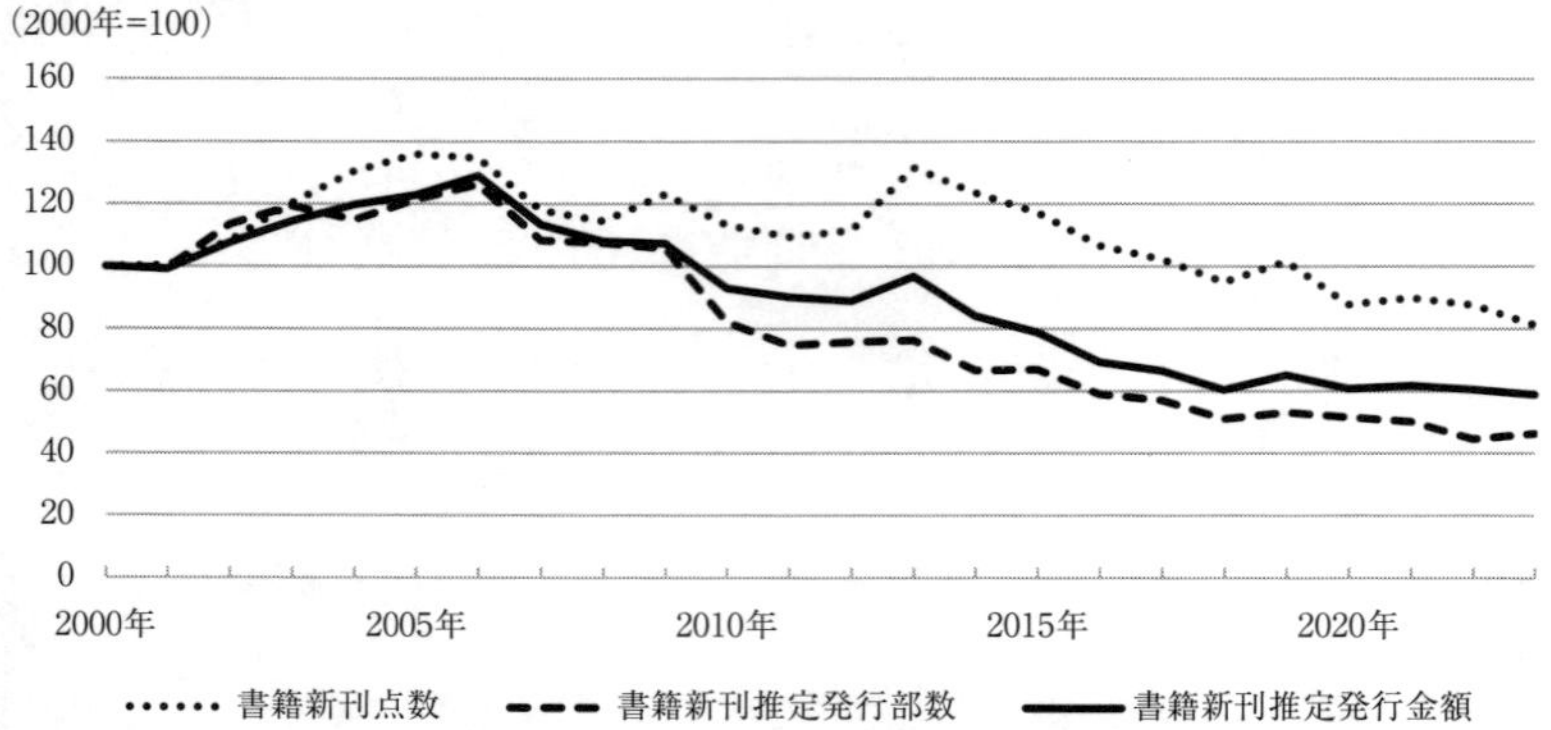

※『出版指標年報』（全国出版協会出版科学研究所）各年版より作成

したものである。これを見ると、法律分野においてゼロ年代半ばの新刊書籍の状況はそこまで悪くない。新刊点数は二〇〇五（平成一七）年の二〇九四点、推定発行部数・推定発行金額は二〇〇六（平成一八）年の四四四万冊・九六億四四〇〇万円が最高となっている。このゼロ年代における法律書籍の好況は複合的な要因であり、主として二〇〇四（平成一六）年の法科大学院の開設および民法現代語化、また翌二〇〇五（平成一七）年の新会社法の制定等が重なったことによる[2]。

しかしながら一〇年代以降、特に推定発行部数と発行金額は下降傾向をたどる。二〇〇〇（平成一二）年に比較すると、二〇二三（令和五）年の新刊点数（一二五三点）は一九％減、部数（一六三万冊）は五四％減、金額（四四億七七〇〇万円）は四一％減となった。

他方、法律分野の雑誌（月刊誌）については、書籍に比べて状況はさらに厳しい（【図7-2】）。発行銘柄

【図7-2】法律分野月刊誌の出版状況の推移

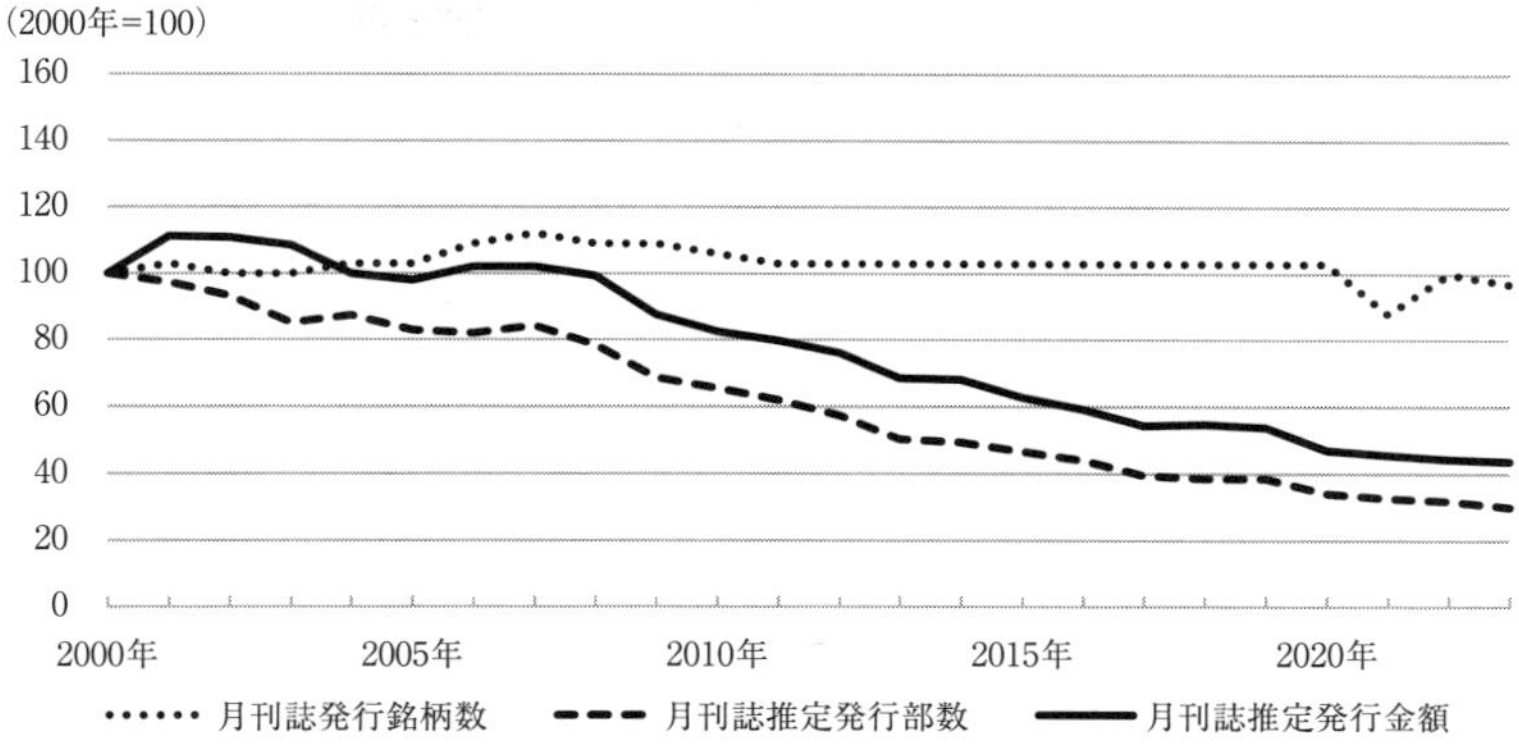

※【図7-1】に同じ

数はそれほど変化がないものの、発行金額はゼロ年代末から、発行部数は当初より下降傾向にある。二〇〇〇（平成一二）年に比較すると、二〇二三（令和五）年の銘柄数（三二点）は三％減、部数（六七万冊）は七〇％減、金額（一一億一九〇〇万円）は五六％減となった。

以上のように、法律分野についても出版不況は例外ではない。ただし、これらは全て紙ベースでの出版の数字である。近年では法律書籍・雑誌でも電子書籍版が並行して出版されることが多くなり、また法律書籍等のサブスクリプション（定額課金制）の導入についても徐々に広まっている。[3] もちろん、これらが紙ベースの出版減少分の全てを補うわけではないだろう。しかし、すでにウェブ上での法令関係データベースの提供が一般的なものになっているように、今後はこれに組み合わせるなどして、法律書籍等についても本格的なオンラインサービスの展開（または移行）が進む可能性もある。[4] 法学における出版の形態も、時代状況によって変転しうる。

Ⅱ 法学における「教科書」の使用

法学に限らず、現在の学術出版業界において、その商業的基盤はテキストの売上にあることが多い。[5] この場合のテキストというのは、主として大学等の授業にて教科書や参考書として用いられるものである。より専門的な学術書と比べて、テキスト（教科書・参考書等）は相対的に販路が確保されやすいところに利点がある。

ただし、歴史的には、大学における法学教育において、必ずしも当初から「教科書」が使用されたわけではなかったことには留意したい。たとえば民法学者の末川博は、自身の大学生時代について「だいたい、そのころの講義では、教科書が使われることは例外で、原則的には口述を筆記させられた」[6]と振り返る。末川は、一九一四（大正三）年の京都帝大法科大学の入学生であるが、大正期の京都帝大ではそれほど教科書等は使用されなかったようである。[7] このような、口述筆記的にノートを書き取らせるというやり方は、戦前期における大学の講義スタイルの典型であった。[8]

他方で、同じ大正年間でも東京帝大では少し様相が異なったように見受けられる。口述筆記的なノートについては同じであるが、たとえば鳩山秀夫は、一九一五（大正四）年度の民法の講義において「一回約二時間、約三十回ヲ以テ債権総則ノ全部ヲ講述センガ為メニ毎回予メ講義ノ要領ヲ印刷シテ之ヲ学生ニ配布」している。[9] いわゆる「講義案」の配布であり、これが実質的な教科書として使用された。さらには、これをもとに鳩山『日本債権法　総論』（一九一六年）は書き上げられている。同様に、穂積重遠『親族法大意』（一九一七年）についても、前年一九一六（大正五）年度に配布された講義案がもとになった。[10]

このように大正年間において東京帝大では、講義に際して講義案が使用されることも珍しくなかった。このような背景からか、学生側から講義案の配布を要望する場面も現れている。たとえば一九一七（大正六）年度、大学一年生の我妻栄は同級生とともに、ローマ法講義におけるノート筆記の難解さを理由として、講座担当者の春木一郎に講義案の作成・配布を交渉している。[11] 我妻らの要望は、講義案（すなわち教科書）の使用が、少なくとも大正期の東京帝大において「例外」の位置づけではなくなってきたことを示すものだろう。

ところで、このような講義案の配布については、当時の印刷技術の発展とも無関係ではないと思われる。特に大正期はマスメディアの発達に伴い、印刷機械の刷新と国産化が進んだ時期であった。[12] 少し時代は下るが、田中二郎は、一九三八（昭和一三）年に初めて東京帝大にて行政法第一部講義を担当した際の、講義案[13]の作成と配布について以下のように回想する。

……講義案の原稿がなかなかできなくて閉口したものです。月曜日の朝八時から講義があるというのに、印刷所に渡すのが、その前の週の水曜日の夕方とか木曜日の朝になるのです。神田の精興社の工場に持って行って、金曜日の夕方までにそれを組み上げて校正刷を出して貰う。私は、渡部〔良吉・岩波書店――引用者注〕さんと一緒に精興社に出かけて行って、夜遅くまでかかって校了にする。精興社では、ともかく、月曜日の朝八時からの講義にまに合うように講義案を研究室の小使室に運んでくれる。そこで学生に配布するというわけです。その頃、私は牛込に住んでいたのですが、朝正門を入ると、学生がずらっと行列して買っているのにぶつかるのです。その講義案を使って講義をするというわけです。三週間か四週間くらいごとにそれを続けてとにかく三百数十ページと五〇〇ページに近い上巻と下巻ができたのですが、渡部さんと精興社にはずいぶんお世話になったものです。今では考えられないくらいです。(14)

同講義案は、一分冊あたり四〇〜一〇〇頁程度で、このとき印刷された数量は各数百部程度と推測される。(15)これが水曜または木曜に入稿され、金曜に校了、月曜朝までに納品されたというのは、もちろん一般的な事例として考えることはできない。

しかしながら、当時このようなことが可能であったこと自体は留意したい。昭和戦前期に入ると、講義案については相当数増加を見る。(16)すなわち教科書としての使用も、より一般化していったと推測されるが、その背景の一つとして印刷技術との関わりもまた考えるべきだろう。

なお、戦前期の講義案については、前述のとおり鳩山や穂積の事例では加筆修正等を加えて書籍として出版されたが、我妻栄『債権法講義案』[17]（岩波書店）や黒田覚『帝国憲法講義案』[18]（弘文堂書房）のように、学生向けに頒布したものにほとんど手を加えないで出版社から公刊される場合もあった。[19]

以上のように、一口に「教科書」といっても歴史的に一様ではなく、必ずしも現在と同じような状況が法学において続いていたわけではない。出版との関係についても、歴史的な変遷が法学にあったことを、ここであらためて確認した次第である。

Ⅲ　法律出版社の役割と編集者

最後に、出版社の役割と編集者について少しだけ言及して、本書の結びとしたい。

民法学者の加藤一郎は、二〇世紀末に日本の法律出版社について論じている。[20]加藤によれば、法律出版社とは法令集、判例集、法律雑誌、法律全集・双書、法律単行本等を主として扱う出版社であり、刊行物の種類や濃淡は出版社によってかなりの差があるとする。文中で触れられた法律出版社は、言及順に、有斐閣、岩波書店、ぎょうせい、第一法規出版、新日本法規出版、判例時報社、判例タイムズ社、日本評論社、商事法務、青林書院、弘文堂等であった。[21]もちろん、これらは数ある法律出版社の中での例示に過ぎない。

同文章中で注目すべきは、「法律出版社の役割」について論じられる箇所である。加藤によれば、法律出版社の基本的な役割とは、法律知識の普及であるという。すなわち、「これは、高度の研究成果の伝達までを含んだ広い意味での普及で、法学生への教科書等による普及で〔ママ〕、一般市民への啓蒙書等による普及、専門家や実務家への学問的・実務的な普及など、執筆者の頭脳や机上にあるもの、あるいは埋もれているものなどを、広く知らせて利用に供することである(22)」とする。

翻って本書では、加藤が指摘するような法律出版社の役割を前提としながらも、その「広い意味での普及」の態様や枠組みを、総論的に、また個別具体的に論じることに注力した。さらには法律出版社以外での、法学者たちの営為にも目を向けたつもりである。これらは、これまで必ずしも十分に用いられなかった分析視角であり、その目論見が成功しているかどうかは別として、おそらく法律分野において本書の類書はほとんどないといえるだろう。

ところで、先の加藤による文章の末尾では、「ことに日本では、出版社あるいはその編集者と執筆者との関係が、単なるビジネスではなく、特別の人間的なつながりをもっていることを、最後に強調しておきたい(23)」として閉じられる。本書では、出版社に対してはともかく、残念ながら編集者についてはその十分にその対象として捉えることはできなかった。

編集者について一例を挙げれば、民法学者である川島武宜の回想録『ある法学者の軌跡』は、「東大法学部出身であり三十年間にわたって私〔川島武宜——引用者注〕の著書の出版について何かとお世話になった新川君を聞き手にして話すのを録音する、という方法で実現されることになった。気心の知れた聞き手を前にして、全くリラックスして話すことができたことは、言うまでもない」[24]と述べられる。この「新川君」とは新川正美のことであり、一九四七（昭和二二）年に「恩師」である田中二郎の推薦によって有斐閣に入社した編集者である。[25]新川は編集者として数多くの法律書籍を手がけたが、これによって「特別の人間的なつながり」が形成され、川島の回想録の聞き手にもなりえたのだろう。[26]

このように編集者についても法学史における重要な研究対象となりうるが、繰り返すように本書では検討できなかった。[27]今後の課題としたい。

終章注

（1）『出版指標年報　二〇二四年版』（全国出版協会出版科学研究所、二〇二四年）五頁。

（2）『出版指標年報　二〇〇五年版』（全国出版協会出版科学研究所、二〇〇五年）九七頁および『出版指標年報　二〇〇六年版』（全国出版協会出版科学研究所、二〇〇五年）九〇頁。このほか個人情報保護法の施行（二〇〇五（平成一七）年）も影響した。

（3）一例として、「法律書でもサブスク、テレワーク普及で需要増、行政文書・判例も対象へ」日本経済新聞二〇二〇年六月二九日朝刊一一頁。

（4）たとえば第一法規は、二〇二四年三月期において電子版商品（電子書籍およびデータベース）の売上が出版部門の五割以上を占めるようになり、紙の書籍の売上を逆転した（「第一法規、前期単独税引き益30％増」日本経済新聞二〇二四年六月二一日地方経済面信越版二二頁）。また、有斐閣についても二〇二二年一一月より自社でサブスクリプション・サービスを展開している（ジュリスト一五七七号（二〇二二年）広告頁）。

(5) 佐藤郁哉＝芳賀学＝山田真茂留『本を生み出す力—学術出版の組織アイデンティティ』（新曜社、二〇一一年）一八二頁以下。同書では、有斐閣を事例研究の一つの対象としている。
(6) 末川博『彼の歩んだ道』（岩波新書、一九六五年）一七二頁。
(7) たとえば、大隅健一郎『商事法六十年』（商事法務研究会、一九八八年）二八頁。大隅は一九二五（大正一四）年に京都帝大法学部へ入学した。
(8) 竹内洋『大学という病—東大紛擾と教授群像』（中公文庫、二〇〇七年）〔原著二〇〇一年〕五二頁以下。
(9) 鳩山秀夫『日本債権法　総論』（岩波書店、一九一六年）序言四則一頁。以下、引用にあたって旧字は新字とした。
(10) 穂積重遠『親族法大意』（岩波書店、一九一七年）緒言一頁。
(11) 我妻栄「論文と講義案」同『身辺随想』（有斐閣、一九六三年）〔初出一九五三年〕一一二頁。なお、我妻等の申し入れは春木に拒絶されている。
(12) たとえば、印刷博物館（編）『日本印刷文化史』（講談社、二〇二〇年）二四〇頁以下。
(13) このときの講義案は、田中二郎『行政法講義案』（田中二郎、一九三八〜四〇年）として、上巻が七分冊、下巻が八分冊となっている。
(14) 田中二郎『日本の司法と行政—戦後改革の諸相』（有斐閣、一九八二年）二九三頁。
(15) 一九三八（昭和一三）年当時、行政法第一部（総論）は、東京帝大法学部政治学科の第二学年必須科目（法律学科は第二学年選択科目）であり（東京帝国大学（編）『東京帝国大学一覧　昭和一三年度』（東京帝国大学、一九三八年）一五〇〜一五一頁）、前年入学した政治学科の在学生は約二五〇名であった（同前四五二〜四五四頁）。なお、法学部全体の入学定員は六五〇名である。
(16) 「国立国会図書館サーチ」〔https://ndlsearch.ndl.go.jp〕において「国会図書館」および「全国の図書館」の所蔵を対象として、「法」および「講義案」のタイトルを有する書籍を検索した結果、明治期が四三件、大正期が二九件であったのに対して、昭和戦前期は三七四件となった。ただし検索結果には重複する講義案が見られ、また年代が特定されていないものも八五件あったことは留意される。（二〇二四年一〇月二九日最終確認）

(17) 我妻栄『債権法講義案』(岩波書店、一九三七年)。

(18) 黒田覚『帝国憲法講義案』(弘文堂書房、一九三七年)。

(19) 我妻・前掲注(17)序では、公刊の経緯について、「本書は元来東京帝国大学法学部の講義に際して、学生諸君の筆記の労を省く為めに、学生諸君に限つて配布したものである。これを公刊することは私の極めて不本意とするところであるが、本書が古本市場で法外な値段で売買せられて居ることを聞き、又近時これを謄写版にうつししかも私の講義と称して極めて不正確な註を加へて公然販売する不徳漢あるを見、遂に意を決してこれを発売し一般の需要に応ずることとしたのである」とある。

(20) 以下、加藤一郎「法律出版社の役割　日本の場合」書斎の窓四三九号(一九九四年)。同文章は、各国の法律出版社の状況を紹介する、リレー連載の最終回として掲載された。

(21) 雑誌名のみ挙げられ、出版社名自体は直接言及されていないものも含む。

(22) 加藤・前掲注(20)一六頁。

(23) 同前。

(24) 川島武宜『ある法学者の軌跡』(有斐閣、一九七八年)はしがき二頁。

(25) 矢作勝美(編)『有斐閣百年史』(有斐閣、一九八〇年)四二〇頁。

(26) 川島・前掲注(24)については、有斐閣のPR誌である『書斎の窓』での連載をまとめたものになる(はしがき二頁)。新川が聞き手となった理由については、川島と新川との人間関係とともに、雑誌媒体上の性質もまた考えられる。なお、回想録の執筆を川島に勧めたのも、新川である(はしがき一頁)。

(27) なお、本書については、編者の一人となる出口が、弘文堂の編集者である登健太郎氏に企画内容の相談を受けたことが端緒となった。このことを持ち出すまでもなく、現在の出版には編集者の存在が必要不可欠であり、また書籍の内容にも多かれ少なかれ影響を及ぼしうる。

坂井大輔（さかい・だいすけ）　＊ Column ❹執筆

1984 年生まれ。一橋大学大学院法学研究科博士後期課程修了、博士（法学)。一橋大学大学院法学研究科特任講師（ジュニアフェロー)、明治学院大学法学部法律科学研究所研究員を経て、現在、千葉大学大学院社会科学研究院法学研究部門准教授。主要著作として、「憲法学史の「語られ方」と法学方法論」日本評論社法律編集部編『法学者・法律家たちの八月十五日』（日本評論社・2021 年)、「上杉慎吉の国家論は「宗教」的か」法と文化の制度史 4 号（2023 年）など。

水野浩二（みずの・こうじ）　＊ Column ❺執筆

1973 年生まれ。東京大学大学院法学政治学研究科博士課程修了、博士（法学)。北海道大学大学院法学研究科准教授を経て、現在、北海道大学大学院法学研究科教授。主要著作として、「西洋中世における訴権の訴訟上の意義（1）～（5・完）―「訴権を軸とする文献」についての一考察」法学協会雑誌 122 巻 5 ～ 12 号（2005 年)、『葛藤する法廷 ハイカラ民事訴訟と近代日本』（有斐閣・2022 年）など。

山本昭宏（やまもと・あきひろ）　＊第六章執筆

1984 年生まれ。京都大学大学院文学研究科現代文化学専攻二十世紀学専修博士後期課程修了、博士（文学)。現在、神戸市外国語大学准教授。主要著作として、『核と日本人：ヒロシマ・ゴジラ・フクシマ』（中公新書・2015 年)、『戦後民主主義―現代日本を創った思想と文化』（中公新書・2021 年)、『残されたものたちの戦後日本表現史』（青土社・2023 年）など。

【編者・執筆者紹介】

出口雄一（でぐち・ゆういち）　＊編者、序章（共著）、第一章、終章（共著）執筆
1972 年生まれ。慶應義塾大学大学院法学研究科公法学専攻後期博士課程単位取得退学、博士（法学）。桐蔭横浜大学法学部教授等を経て、現在、慶應義塾大学法学部教授。主要著作として、『戦後法制改革と占領管理体制』（慶應義塾大学出版会・2017 年）、『「戦後憲法学」の群像』（共編、弘文堂・2021 年）、『概説 日本法制史〔第 2 版〕』（共編、弘文堂・2023 年）など。

小石川裕介（こいしかわ・ゆうすけ）　＊編者、序章（共著）、第五章、終章（共著）執筆
1981 年生まれ。京都大学大学院法学研究科博士後期課程研究指導認定退学、博士（法学）。後藤・安田記念東京都市研究所研究員等を経て、現在、関西大学法学部准教授。主要著作として、『日本法史から何がみえるか』（共編、有斐閣・2018 年）、「戦時・占領期における『経済法』と法学」伊藤孝夫編『経済法の歴史』（勁草書房・2020 年）など。

山口亮介（やまぐち・りょうすけ）　＊ Column ❶執筆
1982 年生まれ。九州大学大学院法学府博士後期課程単位取得退学。九州大学法学部助教、北九州市立大学法学部専任講師等を経て、現在、中央大学法学部教授。主要著作として、「天保・弘化期のオランダ法典翻訳における burger 関連語の訳出」額定其労＝佐々木健＝髙田久美＝丸本由美子編『身分と経済』（慈学社・2019 年）、『概説 日本法制史〔第 2 版〕』（分担執筆、弘文堂・2023 年）など。

荒邦啓介（あらくに・けいすけ）　＊第二章執筆
1985 年生まれ。東洋大学大学院法学研究科博士後期課程修了、博士（法学）。高岡法科大学法学部准教授等を経て、現在、淑徳大学コミュニティ政策学部准教授。主要著作として、『明治憲法における「国務」と「統帥」―統帥権の憲法史的研究』（成文堂・2017 年）、「『戦後憲法学』の多様化―戦後日本の「保守」憲法学の展開」鈴木敦＝出口雄一編『「戦後憲法学」の群像』（弘文堂・2021 年）など。

兒玉圭司（こだま・けいじ）　＊ Column ❷執筆
1977年生まれ。慶應義塾大学大学院法学研究科公法学専攻後期博士課程単位取得退学、修士（法学）。舞鶴工業高等専門学校人文科学部門教授等を経て、現在、大阪成蹊大学経営学部教授。主要著作として、「自由刑の場としての「監獄」」歴史評論 876 号（2023 年）、「近代日本の刑事施設における構外作業の理論と実態」矯正研究 4 号（2021 年）など。

水谷瑛嗣郎（みずたに・えいじろう）　＊第三章執筆
1986 年生まれ。慶應義塾大学大学院法学研究科博士課程単位取得退学、博士（法学）。現在、関西大学社会学部メディア専攻准教授。主要著作として、「ポスト・トゥルース：陰謀論の時代における「リアル」な政治を求めて」駒村圭吾編『Liberty 2.0 ―自由論のバージョン・アップはありうるのか？』（弘文堂・2023 年）、『憲法学の現在地』（共著、日本評論社・2020 年）など。

小野博司（おの・ひろし）　＊ Column ❸執筆
1979 年生まれ。大阪大学大学院法学研究科博士後期課程単位取得退学、博士（法学）。神戸大学大学院法学研究科教授等を経て、現在、大阪大学大学院高等司法研究科教授。主要著作として、『戦時体制と法学者　1931 ～ 1952』（共編、国際書院・2016 年）、『近代日本の行政争訟制度』（大阪大学出版会・2022 年）など。

森元　拓（もりもと・たく）　＊第四章執筆
1969 年生まれ。北海道大学大学院法学政治学研究科博士後期課程中退、修士（法学）。山梨大学教育学部教授等を経て、現在、東北公益文科大学公益学部教授。主要著作として、『近代法思想史入門』（共著、法律文化社・2016 年）、「大日本帝国憲法体制における反法実証主義―若き美濃部達吉の『挑戦』と二つの論争」法の理論 41 号（2023 年）など。

【編　者】
出口　雄一　慶應義塾大学法学部教授
小石川裕介　関西大学法学部准教授

法学者たちと出版
——戦後日本法学の知的プラットフォームをたどる

2025（令和７）年１月15日　初版１刷発行

編　者　出口雄一・小石川裕介
発行者　鯉 渕 友 南
発行所　株式会社 弘 文 堂　101-0062 東京都千代田区神田駿河台１の７
TEL03(3294) 4801　振替00120-6-53909
https://www.koubundou.co.jp

装　幀　宇佐美純子
印　刷　大 盛 印 刷
製　本　井上製本所

ISBN978-4-335-36017-6